土地产权与种植户耕地
质量保护行为研究

——以新疆生产建设兵团国有农场植棉户为例

李 博 王瑞梅 著

中国农业出版社

北 京

内 容 简 介

    耕地质量是促进农业高质量发展的基础要素，关系着我国重要农产品供给、农业提质增效和绿色发展。新疆是我国最大棉产区及优质棉生产基地，2019 年中央 1 号文件中提出恢复启动新疆优质棉生产基地建设、巩固棉花生产能力，新疆棉区的重要地位不言而喻。虽然新疆棉花单产及亩均产值位居我国主要棉产区首位，但与世界上棉花生产大国相比，主要表现为高投入高产出的粗放式生产模式，化肥、农膜投入始终保持在较高水平，化学品不合理投入及残膜不合理回收带来的土地退化甚至荒漠化问题严峻，极大制约了棉田生产潜力。新疆 2016 年颁布了《耕地保护与质量提升项目实施方案》，2018 年印发了《2018 年创建废旧地膜回收利用示范县项目实施方案的通知》《兵团农田残膜污染治理三年行动攻坚计划的通知》。"双循环"新发展格局下，如何减少耕地污染、提升耕地生产潜力对于促进棉花产业高质量发展、提升棉花国际竞争力至关重要。

    新疆生产建设兵团（简称"新疆兵团"）实行党政军企高度统一的特殊管理体制，农业生产具有国有农场性质。新疆兵团实行职工家庭承包经营为基础、大农场套小农场的双层经营体制，土地为国家所有，职工家庭拥有土地使用权。2017 年新疆兵团改革了多年来计划经济式的农场经营模式，全面取消了"五统一"，兵团职工与农村农户享有基本相同的经营自主权，但新疆兵团行政化、组织化程度较高，职工享受身份田的同时需要履行职工义务，其环境行为或多或少仍受到一定规制。兵团职工与农村农户所享有的土地承包经营权有一定差异，但这种特殊性对于完善我国土地承包经营制度仍有借鉴意义。新疆兵团土地经营制度改革后，种植户的环境行为有何特点？土地制度的放权赋能对于兵团农田生态环境改善发挥着何种作用？

本书构建了经营主体养护耕地的经济模型，主要基于新疆兵团国有农场 1 191 个棉农调研数据，运用考虑了内生性的估计策略如 Ⅳ 有序 Probit 模型、条件混合模型（CMP）、控制函数法（CF）等，重点考察了高商品化率、市场化流转的大规模农业中产权因素对不同经营主体耕地质量保护的激励作用，同时对比分析了经营权稳定性在国有农场和农村农户养护耕地中的影响差异。主要结论如下：

第一，改良土壤对种植户存在相对显著的经济拉力，近两年采纳土壤改良措施的种植户产出平均会增加 11.5 千克/亩* 左右，其中配方肥与土壤改良剂的增产效果比较显著，近 3 年改良了土壤的种植户平均产出可分别显著增加约 11.448 千克/亩和 12.731 千克/亩，但土壤改良是否可增产还需考虑技术约束。增加地膜回收程度的经济拉力并不显著，特别是在残膜污染并未超过"危害阈值"的情况下。

第二，承包权方面，随着土地行政调整减少，种植户对土地承包权有稳定预期，过去频繁的土地调整经历不会阻碍种植户采取改良土壤的措施，与频繁土地调整相关联的丰富种植经验反而促进了种植户改良土壤，但它与缺乏经济拉力的地膜回收行为并无显著相关关系；较长承包期（可能是 5 年或以上）能够激励承包户改良土壤，但不能显著增加缺乏经济拉力的地膜回收行为，与较长产权期限相关联的负面特征（较低的治污价值认知）使产权期限对地膜回收程度有反向影响；子女继续承包并不会激励种植户改良土壤，但能促进承包户增加地膜回收程度。

第三，经营权方面，与农村相比，新疆兵团国有农场土地流转发生在亲子或亲戚之间的非正式流转比较少见，且合约期限在 5 年以上的样本比例（12.12%）远低于农村（25.51%）。在以亲子两代代际流转和亲朋好友代耕代种的非市场化流转下，由不确定期限、零租金所表征的

---

* 1亩≈667平方米。

经营权不稳定阻碍了农村农户耕地质量保护投资，较长转入期限仅与农户的采纳程度显著正相关；在相对规范的市场化流转（非零租金、非代看代管）中，转入期限与租入户改良土壤无显著相关，但较长耕作预期有显著的激励作用，对于无明显经济拉力且有环境规制的地膜回收行为，经营权稳定与否并不重要。

第四，不同性质产权方面，尽管租入户的合约期限远低于承包户的承包期限，但承包地退出价值不明确、改良土壤的规模效应小，通过市场化流转获得耕地的规模租入户改良土壤反而比承包户更积极，而在残膜对产出的影响未超过"危害阈值"的情形下，租入户在地膜回收上比承包户消极。随着经营权流转市场化、正规化，经营权流转能够促进耕地养护，特别是对于规模租入户以及政府无差别干预的养护行为。同时经营主体所具备的大规模、高管理技术水平特质使其获取的收益能够抵消产权期限短带来的不利影响。

第五，种植户耕地养护行为的滞后并非完全因为缺乏经济拉力，技术约束、规模因素、危害阈值等在很大程度上限制了种植户的行为选择。虽然改良土壤的增产效果显著，但缺乏获益能力（面临技术约束）或者获益不足（缺乏规模效应）可能使种植户行为滞后，而地膜回收行为的滞后可能与污染未超过"危害阈值"导致缺乏经济拉力有关。然而，产权因素、非正式规制能够缓解种植户面临的技术约束、动力不足等问题，针对具有显著经济拉力的土壤改良行为，产权因素在种植户面临技术约束时能够缓解其有限理性（认知和能力不足），保障种植户能有较长时间去接受和实践相关技术；针对经济拉力不足的地膜回收行为，非正式规制能缓解种植户动力不足的问题。

在国家、农场、承包户和租入户多主体之间的多重委托代理关系下，除了赋予和引导经营主体签订相对稳定的合约外，应重点考虑规避委托代理风险的激励机制，从而弥补产权不稳定可能带来的不利影响。为了激励不同用地主体积极养护耕地，应从以下方面着手：（1）加快耕地质量保护立法并加强执法力度；（2）强化产业基础并完善土地市场以促进土地高效、长期流转；（3）完善土地承包经营退出机制以提升耕地养护的远期价值；（4）提供技术支持和信息干预以提升经营主体的获益能力；（5）完善农村金融服务体系以缓解种植户的资金约束；（6）加强对市场参与主体（如残膜回收再利用企业）的引进与扶持；（7）加大土壤监测力度以发挥养护耕地的市场价值；（8）完善相关奖补政策，注重奖补资金及时性。

本书从产权视角剖析新疆兵团耕地质量保护，使相关学者能了解新疆兵团土地制度的特点以及耕地质量保护现状，使相关管理者、决策者明确耕地质量保护的驱动和制约因素、兵团土地制度的优劣，为完善土地承包经营制度、促进耕地资源用养结合提供一些理论依据与翔实资料，为棉花产业高质量发展建言献策。

由于水平有限，本书中还存在许多不足之处，恳请各位同仁给予批评指正的同时，希望此书能为相关学者进一步研究新疆兵团问题提供一些思路。

目　　录

1 导　　论

1.1　选题背景

土壤退化是全球性环境问题，直接导致土壤生产力大幅下降，同时全球农业扩张已到达极限，因而必须考虑增加单位面积的农业产出。早在 1987 年《中华人民共和国土地管理法》就将对耕地质量的保护纳入法律，1988 年以后全国陆续有约 16 省（市）出台了专门的耕地质量保护规定、办法或条例①。自 2005 年以来，测土配方施肥、保护性耕作及施用有机肥等耕地质量提升项目连续被写入中央 1 号文件，国家出台各种专项规划②以推动相关实践；2015 年农业部印发《耕地质量保护与提升行动方案》，提出要坚持"用养结合"理念，根据不同区域耕地质量现状，通过改良土壤、培肥地力、保水保肥、控污修复方式提升耕地质量；2016 年国家全面推行农业支持保护补贴以支持耕地地力保护和粮食适度规模经营；2018 年《关于实施乡村振兴战略的意见》明确提出藏粮于地、藏粮于技战略，要求稳步提升耕地质量。大量补贴资金被用于土壤有机质的提升，但耕地退化、耕地污染、基础地力不足问题仍然突出。根据 2019 年农业农村部的调查数据显示，我国中低等地仍占全国耕地评定面积的 68.76%③，可见我国耕地质量仍然有较大的提升空间。

尽管我国耕地质量在短期内已有恢复和提升④，但我国土地所有制决定了政府在耕地保护方面仍占主导地位，农户保护耕地的主体意识不强。当前耕地质量的提升主要依赖于政府公共投资，如高标准农田建设、中低产田改造等工程措施的推进，农户耕地质量保护技术采纳相对滞后。在被国内学者广泛探讨

---

① 黑龙江最早重视对耕地质量的保护，1988 年黑龙江省人民政府发布《黑龙江省耕地培肥规定》，1996 年发布《黑龙江省耕地保养条例》，2016 年发布《黑龙江省耕地保护条例》，耕地质量保护所涉及的内容越来越全面和细致。

② 例如，《保护性耕作工程建设规划（2009—2015 年）》《全国农业可持续发展规划（2015—2030 年）》、《2017 年农业部耕地质量提升与化肥减量增效项目补助资金申报指南》等。

③ 数据来源：《2019 年全国耕地质量等级情况公报》。

④ 根据农业部《2014 年全国耕地质量等级情况公报》《2019 年全国耕地质量等级情况公报》所示，与 2014 的耕地质量数据相比，2019 年全国耕地质量等别有所上升，劣等地比例在下降，中高等地比例在增加。

的有机肥施用、测土配方施肥、保护性耕作行为中，余威震等（2019）和胡乃娟等（2019）分别关于湖北地区和稻麦轮作区农户的调查显示，有机肥施用率分别为 46.94％和 20.15％；冯晓龙等（2018）和李子琳等（2019）分别关于陕西省苹果种植户和江西省农户的抽样调查显示，配方施肥技术的采用比例分别为 33.9％和 29.2％；李然嫣和陈印军（2017）关于黑龙江省绥化市保护性耕作技术的研究中，秸秆还田比率高达 100％，但深翻、深松比例仅分别为 23％和 34％，免耕比例为 0。可以看出，农户在相关技术的采纳上还比较滞后。

理性小农是大多数研究的逻辑起点，农户是否采取耕地质量保护实践，取决于其对成本收益的衡量（Mcconnell，1983）。若农户耕地质量保护投资的成本大于可能产生的收益，则不会采取耕地质量保护行为。耕地质量保护并非短期投资，农户当年投入资金、时间或人力成本，在随后若干年份获得全部收益（Knowler 和 Bradshaw，2007）。若土地产权期限小于耕地质量保护的投资回收期，则会降低农户已有投资的收益。土地产权会影响农户从耕地质量保护投资中获得的收益，土地产权若不稳定，农户会减少相关投资甚至不投资。与此同时，耕地保护实践还存在广泛的外部性（Knowler 和 Bradshaw，2007）和公共物品属性（王军等，2019）。这意味着要让农户采取耕地质量保护行为，应当首先保证稳定的产权、较长的规划期，同时耕地质量保护实践的外部性和公共物品属性也需要从产权视角考虑农户的可持续性行为。

地权是农户耕地质量保护的基础，而我国土地承包经营权随着两次延长承包期限以及土地确权已然得到强化，当前是否还存在地权不稳定的事实？首先，随着我国土地流转及社会化服务市场发育，因土地流转和土地托管等产生的经营权稳定及其耕地保护效应不可忽视。有学者认为在三权分离下会因权能不完备而产生严重的"准公共池"问题，从而加剧耕地质量恶化（段龙龙等，2016）。那么，"三权"分置基础上推行的土地流转，是否会因经营权不稳定阻碍耕地地力提升？其次，农户主观实践和认知（如土地转出、土地承包权退出、土地政策的合理性认知）产生的承包权问题及其耕地保护效应仍然值得探讨。土地转出和土地承包权退出会造成经营预期的不稳定，农户对土地政策的合理性认知与承包权稳定性有关，这些不稳定因素是否会阻碍耕地质量保护和提升？总而言之，农户滞后的耕地质量保护实践是否与承包权和经营权中不稳定的因素有关？

我国除农村集体所有的农用地外，还存在约 1.6 亿亩的国有农用地。国有农场具有大规模、高组织化、高机械化、高商品化率特征，它的规模优势、组织优势是农村地区农业改革的方向（贺雪峰，2017）。国有农场土地制度大体遵循农村地区的土地改革思路，总体有以下特征：土地所有权和使用权分别由国家和农场所有，农场将土地租赁给职工，职工缴纳土地承包费；土地承包租赁期限不超过退休年龄，外来人员租赁土地受到限制，且合同期限较短①。职工微观层面所拥有的土地产权特征与农村农民类似②，但在承包期限、经营权流转（流转期限、流转对象）方面仍有特殊性。虽然我国国有农场土地制度与农村地区存在差异，但有助于回答产权权限、子女耕种、市场化流转等与产权稳定有关的因素在国有农场耕地保护中所起的作用，相关结论能够提供新的经验和证据，对我国农村地区耕地保护也有前瞻和启示作用。

在缺乏外部激励和经济补偿的情况下，产权是经营主体耕地质量保护的基础，稳定的承包经营关系、长期的使用权能够激励经营主体养护耕地吗？承包经营关系不稳定、产权期限较短是经营主体不养护耕地的主要原因吗？国有农场特殊的土地制度所得到的结论对农村地区有何启示？目前我国各省市除西藏外均有国有农场，其中新疆国有农场数量（318 个）及职工人数（42.7 万人）最多③。新疆兵团下辖农牧团场 200 多个，棉花是新疆兵团国有农场的主要经济作物，2020 年播种面积占其农作物总播种面积的 61%。因此，为破解经营主体耕地质量保护的障碍因素、完善土地制度及承包经营退出机制，本研究以新疆兵团国有农场棉花种植户为研究对象，考察土地产权对经营主体耕地质量保护行为的激励作用。

1.2　文献综述

1.2.1　农户耕地质量保护行为综述

（1）研究动态

在 web of science 中以 "farmer＋soil conservation" 为主题检索出 1 394 篇 SSCI 收录的文献，2021 年发文量达历年最大值 189 篇，最早见于 1958 年；在中国知网中以 "农户＋耕地质量保护" 为主题检索发现，国内对耕地质量保护行为的探讨最早见于 1999 年，2019—2021 年 CSSCI 年发文量均达到历史高值 13 篇。由于耕地质量保护所包含的内容广泛，国内外关于农户耕地质量保护投资活动多有不同，国外的保护性农业、最佳管理实践（BMPs）都与耕地

---

① 2016 年《深化农垦改革专项试点工作方案》。

② 职工所拥有的土地承包权也是成员权，包含收益、流转、抵押担保等权利；经营权包含使用、收益、担保物权等权利，经营期限受限于承包期限等。

③ 《中国农村统计年鉴 2020》。

土壤管理相关。相较而言，国外对耕地质量保护的研究更广泛和深入，变量选取相对多元化，具体包括三类：土壤肥力提升（有机肥、保护性作物、休耕）；保护性耕作（等高耕作、免耕少耕、残茬处理、秸秆还田）；水土保持（堤坝、石阶、种树）（Ervin C. 和 D. Ervin，1982；Gould 等，1989；Baumgartgetz 等，2012；Adimassu 等，2016）；国内虽然以耕地质量保护为主题的研究并不多见，但与之相关的有机肥施用、化肥减量、秸秆还田等方面研究相当丰富。Knowler 和 Bradshaw（2007）通过文献梳理发现发达国家有关保护性农业的研究大多涉及保护性耕作，而发展中国家通常涉及覆盖作物、堆肥或类似技术。

根据 2015 年农业部印发的《耕地质量保护与提升行动方案》，农户耕地质量保护行为主要涉及土地利用方式（轮作休耕、保护性耕作、间作）；土地投入方式（化肥减量、有机肥施用、土壤调理剂、测土配方施肥、控施农药）；废弃物处理方式（秸秆还田、农膜回收）。进一步，本书检索了在中国情境下所涉及的耕地质量保护行为（表 1-1）。

表 1-1　农户耕地质量保护行为研究的期刊检索结果

分类	主题词	CNKI		web of science	
		起始年	CSSCI	起始年	SSCI
土地利用	轮作	2004	28	1992	376
	休耕	2002	65	1989	264
	保护性耕作	2008	62	1983	328
土地投入	有机肥施用	2001	118	1990	374
	化肥减量	2009	38	1999	33
	农药减量	2009	11	1994	145
	测土配方施肥	2006	66	2019	5
	土壤改良	2006	8	1994	58
废弃物处理	秸秆还田	2003	110	2013	8
	残膜回收	2016	10	2021	5

注：①检索关键词：CNKI（"农户＋主题词"）、web of science（"farmer＋主题词"）；②时间截至 2022 年 2 月 22 日。

根据检索结果可知，国外比较关注轮作、休耕、保护性耕作、有机肥施用、农药减量，并且相关研究基本早于国内；而国内关于有机肥施用、秸秆还田、测土配方施肥、休耕、保护性耕作的研究相对丰富，其中测土配方施肥、秸秆还田、残膜回收的研究都早于国外。以上数据凸显了不同国家所面临环境问题的差异性。

具体而言，国内外关于轮作、休耕、保护性耕作等土地利用方式的研究相对丰富，并且国外的相关研究早于国内，国内的此类研究在近些年才得到较大关注，有关轮作、休耕、保护性耕作的 CSSCI 发文量分别在 2019 年（7 篇）、2018 年（18 篇）、2018 年（9 篇）达到历史峰值。土地投入上，国内外文献中关于有机肥施用的研究都比较丰富，国外比较关注由农药施用带来的环境和健康问题，农药减量研究较国内丰富；而国内由化肥过度投入带来的土壤板结、耕地地力下降问题突出，因此测土配方施肥和化肥减量研究更丰富。废弃物处理方面，国内由于秸秆焚烧、白色污染带来的环境问题比较突出，因而关于秸秆利用、农膜回收的研究相对丰富。

（2）影响因素综述

通过梳理相关文献，影响农户行为的既有经济因素，也有非经济因素（Defrancesco 等，2008；Ervin C. 和 D. Ervin，1982），总体可分为四类：禀赋特征、经济因素、技术因素、制度因素。

首先，禀赋特征因素被讨论的更多，主要涉及人口特征、资源禀赋（人力资本、自然资本、社会资本）、主观认知（态度、感知、价值观、动机）等。①人口特征如不同代际通常作为文化的代理变量，以此推测农户行为背后的社会文化原因（余威震等，2017；杨志海，2018；曹慧和赵凯，2018；Burton，2014；Gould 等，1989）。②人力资本、土地规模等资源禀赋对农户行为有促进作用（霍瑜等，2016；杨志海，2018；费红梅等，2021；Lastra - Bravo 等，2015；Pavlis 等，2016；Aynsau 和 Graaff，2007），但缺乏正向引导的资源占有（如社会资本）不利于环境行为（Jr.James 和 Hendrickson，2008），耕地质量差以及兼业程度高的农户并没有出现较高程度的保护行为（杨志海等，2015；刘帅等，2019），不同类型兼业户会偏向不同耕地质量保护技术（赵丹丹等，2020）。③基于计划行为理论的主观认知模型被广泛运用，相关研究强调主观因素（认知、感知、态度、动机）的潜在影响（Defrancesco 等，2008；Pavlis 等，2016；Reimer 等，2012；Greiner，2015；van Dijk 等，2016；Battershill 和 Gilg，1997；Greiner 等，2009；Lynne 等，1988；Wauters 等，2010；Liu 和 Zhou，2018；孔喆等，2016；张文斌等，2016；刘洪彬等，2018；吴璟等，2020）以及农户对相关实践的认识，认为农民应当转换自身角色使环境改善在文化上可持续（McGuire 等，2015）。

其次，经济因素通常涉及家庭收入、保护成本（Lapar 和 Pandey，1999）、预期收益（Mcconnell，1983；Gebremedhin 和 Swinton，2003），这是农民环境行为的基础和主动因（毕继业等，2010），但仍需要考虑非经济因素

（Defrancesco 等，2008）。①经济基础（家庭收入、收入结构）影响农户的参与能力和参与意愿。主流观点认为，一方面生存型农户因能力受限而难以改变耕作方式；另一方面，经济压力使农民更愿意容忍不道德行为（Jr. James 和 Hendrickson，2008）。然而，也有研究结论表明收入较低的农户反而越愿意参与环境保护（Battershill 和 Gilg，1997）。②有利可图的绿色农业有利于提升农户的参与意愿。若预期收益大于预期成本，农户采取某种环境行为的可能性便会增加（Defrancesco 等，2008）。如果知道土壤基础会影响农地的转售价值，农户会采取保护措施（Mcconnell，1983）。农户若感知到或可观察到较高的相对收益，将会增加保护行为（Reimer 等，2012）。

再次，技术是推动绿色农业变革的基础，农户是否采取保护技术取决于技术的可获得性、易用性、可获利性。①可获得性意味着应当保证农户能够学习和发展绿色农业技术（Burton，2004），同时可以获得及时的技术指导。若农户未能及时得到技术指导，会降低体验品质转而弃之不用；②易用性意味着使用方法对于农户来说简单且易于接受，即便一项绿色农业技术被认为有价值，但如果加大了农业作业的复杂程度，也难以推广开来（Defrancesco 等，2008；霍瑜等，2016）；③可获利性意味着农户应能感知到绿色技术或者环境行为的价值（Reimer 等，2012；霍瑜等，2016；王淇韬和郭翔宇，2020）。Cary 和 Wilkinson（1997）认为土地管理者感知到的技术可行性和获利性对耕地保护非常重要，若新技术的收益与传统技术相差无几，则农户不会采用。可获利性是新技术采用的前提，可获得性、易用性决定了技术推广效率，三者共同影响了农户对环境技术的采纳。

最后，制度具有激励和约束功能，能够改变农户参与环境治理的交易成本，有效的制度安排是农户参与的保证（Greiner 和 Gregg，2011）。①补贴对农户行为的长期激励作用存在截然不同的观点。一种观点认为财政激励如成本补偿、公平补贴是缓解农户环境行为约束最有效的工具（Defrancesco 等，2008；Lastra - Bravo 等，2015；Greiner 和 Gregg，2011；乔金杰等，2019）。由于耕地质量保护存在正外部性，应依据区域差异、耕地等级给予农户有差别的补贴（Ervin C. 和 D. Ervin，1982；何蒲明等，2018；靳相木和杜茎深，2013；谢文宝等，2018）。另一种观点则认为补贴的有效性不仅值得怀疑（Kleijn 等，2001；何蒲明等，2018），同时补贴会削弱农户的内在动机（Deci，1971），存在动机拥挤效应，使农户由"好农民应当保护环境"的思维转换为"要提供金钱激励才保护环境"；②从政府规制（费红梅等，2021）、农地流转制度（龙云和任力，2017；谢文宝等，2018）、组织化程度（Ma 等，2018）、产权制度（Fenske，2011）、交易成本（Falconer，2000；Kleemann，

2016）层面考虑农户相关行为的比较多见。既有研究认为农民专业合作社发挥了积极的作用（王静等，2011；梁流涛等，2016；Ma 等，2018），地权稳定性、贷款可得性、认证制度、政府规制均有利于可持续农业的投资，但过高交易成本、合约执行不力、利益主体缺乏信任会形成强约束制约农户的参与行为（Falconer，2000；Kleemann，2016）。

1.2.2　地权稳定性的相关研究综述

（1）地权稳定性的内涵

产权是指由物的存在及关于它们的使用所引起的人们之间相关认可的行为关系，它包含四种基本权利：所有权、使用权、用益权和让渡权，其基本功能包括激励约束、外部性内在化和资源配置功能（卢现祥和朱巧玲，2012），产权制度本身并不能产生经济收益而只决定收益的分配（钟甫宁和纪月清，2009）。Higgins 等（2018）认为地权是有关土地使用、抵押和转让的正式和非正式安排，它被他人所认可，并能保护土地不受侵犯（Higgins 等，2018）。虽然许多文献探讨的是农地产权（land tenure）、农地确权（land titling），但由农地产权状态和制度安排（如权利归属、权利范围、权利存续时间）而表现出的安全性或稳定性是学者们关注的焦点。

通过 web of science 中有关 SCI/SSCI 的文献检索可知，有关地权稳定性（farmland tenure security）的研究集中开始于 20 世纪 90 年代，国内外相关研究中以中国和非洲地区（加纳、肯尼亚、赞比亚、埃塞俄比亚等）为研究对象的更常见，并且农地产权因研究对象的制度差异而表现出特殊性和差异性。例如，发达国家的制度健全、土地市场发达，并不存在发展中国家普遍存在的土地调整，同时土地租赁也比较稳定，因而，此类研究中农地产权通常用自有还是租赁来表征（Prokopy 等，2019；Leonhardt 等，2019）；中国"三权"分置背景下，地权稳定性不仅涉及土地调整和农地确权实践产生的承包权稳定（洪炜杰和罗必良，2018；林文声和王志刚，2018；钟甫宁和纪月清，2009），还涉及土地流转产生的经营权稳定（邹伟和崔益邻，2019；李博等，2021b）；非洲国家与中国的产权状态存在相似之处，但除了农地产权调整实践，还不乏对农地产权权利范围的探讨（Besley，1995；Brasselle 等，2002）。

地权稳定性虽然在不同的国家均表现为土地发生变动的风险或可能性较小，但引起变动的原因却随各国制度实践不同而有所差异，因此同一定义所体现的内涵有差异。Holden 和 Yohannes（2002）认为若未经个人同意，个人感知到有较大概率或可能性将失去部分或全部土地，则认为土地产权不稳定。Broegaard（2009）认为如果农户不能证明他们对土地的权利，或者能够证明但不能在制度上得到加强，或者在地块重复登记的情况下通过证明但仍然存在困惑和争议，则认为农户有较低的地权稳定性。发展中国家关注法律不完善或者法律政策实践滞后产生的不稳定，发达国家关注租赁市场产生的不稳定，国内外不同制度环境为学者们呈现了相关研究的完整脉络——地权不稳定既可能源于行政手段进行的土地配置，也源于市场手段进行的土地流转。针对前者，相关法律法规的完善加强了法律上的稳定性，但实际执行偏差导致的经常性和不确定的调整加剧了事实上的不稳定，法律上和事实上的不稳定又造成了认知上的不稳定（Ma 等，2015）。针对后者，不稳定的租赁安排，如较短的租赁期限、缺少保障的租赁方式、有限的经营权利等可能导致土地产权的不稳定。

综上所述，若由法律所赋予的产权性质表现出相对不安全或不稳定，或者产权制度的安排和实施加深了土地变动的频率、程度或可能性，或者农户没有对这一权利束和制度安排形成比较稳定的预期，则认为土地产权不稳定。上述定义包含了自愿或非自愿的土地调整和土地权利变动所产生的稳定性问题，囊括了发展中国家由法律法规不完善所带来的稳定性问题，以及发达国家在土地租赁或托管过程中所产生的稳定性问题（李博和王瑞梅，2021a）。地权稳定性不仅指所有权的稳定性，还可以指使用权、收益权等派生权利的稳定性。我国"三权"分置下，地权稳定性包括了承包权的稳定和经营权的稳定。

（2）地权稳定性的影响因素

地权不稳定主要由农地调整引起，农地调整具体可涵盖两个方面：通过行政手段进行的土地重新配置和通过市场手段进行的土地流转。

针对前者，行政手段进行的土地调整主要基于以下原因：①随着村庄内部人口增长和可耕地增加（如垦荒、退还地），政府出于地方稳定和公平考虑，通过改变农户初始土地资源禀赋以改善农民福利水平，或者迫使村民执行中央和地方的政策（Wang 等，2011）；②随着工业化、城镇化扩大，为了满足基础设施和城市建设需要而发生的耕地占用（Deininger 和 Jin，2009；Jacoby 等，2002；Zikhali，2010）。基于以上原因，资源禀赋（村庄人地关系、农户政治资源、农户土地规模）（李尚蒲和罗必良，2015；Alston 等，1996；Holden 和 Yohannes，2002）、正式制度（民主选举、政策调整与执行、信息传播、地权分割）（Deininger 和 Jin，2009；Sklenicka 等，2015）、非正式制度（村庄传统秩序、村民和村干部信任）（Ma 等，2015；Rao 等，2017；Brasselle 等，2002）等因素构成了影响地权稳定的主要因素。关于农地是否应长期保持稳定，存在农户对公平和效率诉求的矛盾，即不论是否存在农地调整都会产生社会冲突，因此通过其他制度（如户籍制度、社会保障）来缓和这一矛盾尤为必要（Wang 等，2011；Ma 等，2015）。

针对后者，市场手段进行的土地流转是资源的优化配置方式，社会资本是影响经营权不稳定的因素之一（江激宇等，2018），租赁关系不稳固（如口头协议、短租期、不确定租期等）是农地经营权不稳定的主要表征。合同签订形式（正式文件、口头协议）、合同签订期限（短期、中长期、不确定）（Paltasingh，2018；Zhou 等，2019）、流转对象（亲戚、非亲戚）（郜亮亮和黄季焜，2011a）、租金支付方式（固定租金、实物地租、浮动地租、收益分成）（Paltasingh，2018；Abdulai 等，2011）等都涉及地权稳定与否（Myyra 等，2005；Zhou 等，2019；Sklenicka 等，2015）。兰勇等（2019）运用 AHP 分析方法从交易成本、渠道关系、关系承诺三个方面衡量家庭农场土地经营权稳定性，不同土地流转模式下经营权稳定性评价的结果依次为：股份合作制流转＞反租倒包流转＞出租流转。薛建良（2018）从法律产权、事实产权、认知产权三个层面衡量经营权稳定性，结合 255 个新型农业经营主体进行评价的结果表明，认知层面的稳定程度最高，法律层面的权利保障程度次之，事实层面的控制程度相对弱。

（3）地权稳定性与要素获得

要素获得主要包括土地资源和资金两个方面，其中农地流转与农户获得土地资源有关，而农业信贷可得性与农户获得资金有关。

相关研究主要从以下两个方面考虑地权稳定与土地流转关系。一方面，地权稳定对土地流转与否、流转范围、流转租金的影响：①农地确权通过增强农地安全性降低了流转的交易成本（Wang 等，2018）、避免了土地租赁中存在的土地争议和恶意侵占（Macours 等，2010），促使擅长农耕的农户增加农地需求从而转入农地，非农倾向的农户增加农地供给从而转出农地，从而增加了农地流转的可能性（Xu 等，2017）；②地权稳定确保农地流转在更大范围发生（李隆伟，2016），土地资源在不同阶层、不同群体之间配置，保证了公平和效率（Macours 等，2010）；③地权稳定意味着较长的租赁期限，通过节省交易成本、刺激具有更高生产力和盈利能力的长期投资从而提高了土地租金（农地价值）（Xin 和 Li，2019），但不相关关系仍然存在（周力和王镱如，2019；李隆伟，2016）。另一方面，从效率和公平两个角度考虑地权稳定与农地流转问题。如果相关法治薄弱，私人行为者需要花费资源来确保土地产权的安全，并谨慎选择租赁对象从而使流转交易仅在亲朋好友或同一社会阶层发生，这不仅导致社会效率低下，还使穷人失去了获得土地的机会，同时损失公平和效率（Deininger 和 Jin，2009；Macours 等，2010）。农地流转不仅提高了农户生产效率，还提高了社会福利（增加收入、减少收入差距），但地权稳定与农地流转的不显著关系依然存在（Xu 等，2017）。

关于地权稳定与农业信贷可得性两者的关系，地权稳定可以确保土地作为抵押物获得银行贷款，从而降低农户投资的流动性约束。Haque 和 Jinan（2017）调查发现土地所有者可以抵押土地因而有更多的机会获得正规贷款，租赁者因无法提供抵押而不能获得正规贷款，但有更多机会接触到半正规贷款。Zhang 等（2019）发现确权有助于经济水平较高的农户获得正规信贷，并减少了经济水平较低农户对非正规信贷的依赖。而 Higgins 等（2018）通过系统性文献回顾发现地权稳定性的信贷效应并不显著，而这可能与银行的抵押贷款政策、服务目标受益者的意愿和能力有关。

（4）地权稳定性与农业投资

农业投资可分为短期集约化经营投资和长期保护性投资。短期集约化经营投资主要包括选种、肥料、农药、劳动、灌溉、翻耕等旨在提高短期农业产出的投资活动。长期保护性投资主要涉及注重长远收益的农业环境技术或措施，如建造土堤和石阶、水井和篱笆、耕地质量保护、种植树木等。稳定的土地产权通过稳定投资收益预期、促进土地向高效率农户流转、赋予较长规划周期、降低流动性约束、更多的创新自由、降低土地争议的私人成本从而鼓励了私人投资（Mcconnell，1983；Alston 等，1996；Bambio 和 Agha，2018；Ma 等，2013；Brasselle 等，2002）。较多研究考察了地权稳定性与农业投资之间的关系，但无论是长期投资还是短期投资，地权稳定性的影响效应和方向均存在不一致。

Nahayo 等（2017）发现，若农户获得土地的方式是继承或购买，他们更有意愿参与农业集约化经营项目（CPI）。Paltasingh（2018）认为稳定的产权（土地自己所有、较长的租赁期限）有利于农户采用改良品种。Alston 等（1996）、林文声和王志刚（2018）、郑淋议等（2021）的研究均表明确权增加了农地投资（如资金投入、劳动力投入、化肥投入、农药投入等），特别是与特定地块相连的长期投资（如秸秆还田、施用有机肥等）（Xu 等，2014；孙小龙，2018；钱龙等，2021），但对与特定地块不相连的农业机械投资无显著影响（应瑞瑶等，2018）。流转年限对大户或家庭农场的土地长期投资（如测土配方、土地平整、土地改良等）有显著正向影响，对期限内经营权纠纷事件发生有显著负向影响（江激宇等，2018；程玲娟和邹伟，2022）。在固定期限、现金租赁中，潜在的土地使用权不安全使租户长期改良土地的动机恶化（Myyra 等，2005），地权不稳定是农户掠夺性生产进而导致耕地退化的诱因（Sklenicka 等，2015；俞海，2002），稳定的经营权提高了长期投资的概率和水平（张建等，2019）。

　　然而，Holden 和 Yohannes（2002）发现地权不稳定与农户是否投资无关，土地重新分配提升了投资强度。Muraoka 等（2018）认为地权稳定性与长期投资有关，但与一年内产生回报的投资无关。马贤磊（2008）的研究证明了地权并不激励短期投资，但能够激励长期投资。钟甫宁和纪月清（2009）认为在土地规模小、经营收益低的情形下，地权不稳定并不是影响农户投资的主要因素。也有研究表明在其他条件接近一致的情况下，自有地和租入地农户的耕作习惯将趋向一致，地权与土壤侵蚀的关系并没有那么显著（Osgood，1941）。相关研究认为土地产权的地区差异、投资变量差异和单一性、是否考虑内生性问题等可能导致了研究结论不一致（Brasselle 等，2002；Besley，1995；Mcconnell，1983；Deininger 和 Jin，2006）。

　　（5）地权稳定性与农业产出

　　此处仅考虑农户的经济产出，具体包括作物产出及生产效率。稳定的地权通过投资效应、转让效应、要素强度效应（Ghebru 和 Holden，2015；Zikha-li，2010）促进了农业产出增长：①稳定的地权通过增加土地安全性激励了农业投资，促进了资源的优化配置，同时耕地质量提升促进了产出的增长，最终提高了农业生产效率；②稳定的地权降低了农地流转的交易成本和风险，使农户通过转入农地而将经营规模保持在最优水平上，进而提高了技术效率及农业产出；③稳定的地权降低了获得正式信贷的交易成本，缓解了农户的流动性约束从而提高了要素投资强度，进而提高了产出。邹伟和崔益邻（2019）的研究发现，农地经营权的持续性对农业生产绩效有显著正向作用，作用路径主要是农业生产投资、抵押信贷金额和农地转入规模等。耿鹏鹏（2021）的研究表明，确权通过增加劳动力投入提高了综合效率，通过农业投资、农地流转和劳动力投入改善了规模效率。

　　然而，若土地流转市场缺失或不发达，通过行政手段将土地分配给有效率的农户能提升农业产出。Zhou 等（2019）采用农户层面数据分析发现，行政手段进行土地重新配置形成了对土地租赁市场的替代，因而土地调整提高了粮食生产的技术效率，但每年一签或开放期限的转让合同对技术效率有负面影响。Lawin 和 Tamini（2019）的研究表明土地租赁者有较高的技术效率。Bugri（2008）研究发现如果忽视非产权因素（资金、资源禀赋等），仅仅靠增加地权稳定性的政策并不能提高农业生产和环境可持续性。

　　（6）地权稳定性研究的综合性评述

　　国内外学者围绕地权稳定性进行了一系列研究，包括地权稳定性的影响因素以及地权稳定性对要素获得、农业投资和农业产出的影响。为进一步厘清地权稳定性与耕地质量保护行为的关系，本书首先梳理国内外地权稳定性与农业生产之间的因果逻辑联系。此处仅梳理地权稳定性带来的直接经济影响，不讨论间接的社会影响（社会公平、食物安全）和环境影响（减少土地退化）（Higgins 等，2018）。图1-1总结了地权稳定性的相关研究，包括了地权稳定性的影响因素及其对要素获得、农业投资及农业产出的影响。

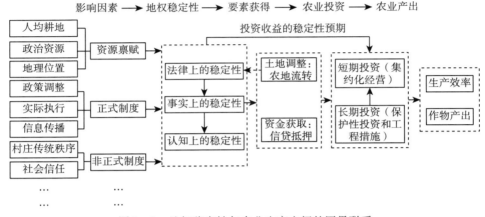

图1-1　地权稳定性与农业生产之间的因果联系

根据图1-1可知：第一，对地权稳定性的衡量体现了不同国家制度差异。非洲关注法律不完善产生的不稳定，中国关注法律政策实践滞后产生的不稳定，发达国家关注发达的租赁市场所产生的不稳定，国内外土地市场的不同制度环境为学者们呈现了地权稳定性研究的完整脉络。地权稳定性不仅要从法律上、事实上、认知上进行衡量，还要同时从行政手段和市场手段进行的土地调整加以考虑。

第二，资源禀赋、正式制度、非正式制度等是影响土地产权不稳定的主要因素。中国情境下人地关系紧张及均分思想是导致土地调整的直接原因，实际执行偏差、政策信息传播、社会信任影响土地调整及其认知；非洲国家主要强调村庄传统秩序、个人政治资源对土地调整的影响。另外，城市建设需要是影响农地调整的共同因素，因此，与土地调整相关的资源禀赋、正式制度、非正式制度因素构成了影响地权稳定的因素，而影响资源禀赋、正式制度和非正式制度的因素都会影响地权稳定性。

第三，地权稳定性通过收入效应（稳定预期收益）、转让效应（降低交易成本）、抵押效应（增加抵押的可能和价值）影响农业投资的机理已达成一致共识。稳定的土地产权增加了农地流转和抵押贷款的可能性，为农户获得土地、资金提供了产权保证，进而发挥了稳定产权的转让效应和抵押效应。首先，稳定的地权意味着有较长规划期、较低折现率及成本分担（Lee 和 Stewart，1983），其本质在于稳定农户的投资收益，通过收入效应发挥作用。其次，确权通过降低交易成本增加了农地流转的可能性，农户通过转入或转出农地实现集约化经营，从而促进了农业投资。然而，租赁市场发育程度和特定的租赁安排会影响投资方向和程度，农地流转与农业投资之间存在不确定关系（龙云和任力，2017；俞海等，2003；杨柳等，2017；谢文宝等，2018）。最后，稳定的地权增加了土地被抵押的可能性和价值，从而降低了农户的流动性约束，进而增加农户投资的可能性。

第四，农户长期的保护性投资和工程措施会影响短期投资，并共同影响农业产出。长期保护性投资如轮作休耕通过提升土壤有机质和阻碍病虫害的代际繁衍，减少了化肥和农药的过度施用；施用有机肥会形成过度施用化肥的替代（若不存在化肥过度投入，化肥和有机肥为互补投入），从而减少化肥施用量；工程措施如防止水土流失的石阶投资，通过减少有机质流失从而减少了化肥和有机肥的投入。长期保护性投资涉及农业技术的采用，有可能推动生产可能性边界外移，从而提高农业产出。简言之，地权稳定性通过影响投入要素获得进而影响农业投资，最终共同影响农业产出。

1.2.3　地权稳定性与耕地质量保护行为综述

（1）地权稳定性的衡量

通过总结土地产权的相关研究，借鉴 Van Gelder（2010）、Ma 等（2015）的研究，考虑产权的行政调整和市场调整以及产权的性质、范围和存续期等（邹伟和崔益邻，2019；Smith，2004），从三个维度来衡量土地产权的稳定性：法律上的稳定、事实上的稳定和认知上的稳定（Ma 等，2015）（表 1-2）。

法律上的稳定。法律上稳定涉及产权的法律地位及国家权力机构的保护，如果有明确法律来管理土地，或者某一时期在某一地区实行的土地政策加强了土地稳定性，则认为法律上的稳定性得到强化（Besley，1995）。法律上的稳定性依赖于国家法律层面的承认和保护（Van Gelder，2010），例如保护农地归属的土地承包法、土地管理法、合同法等，以及政府出台的各项稳定土地产权的政策，这些都增加了土地产权在法律上的稳定。若政策出台减少了土地变动的可能性，则认为产权比较稳定；若某些公共政策诱发了土地产权变动，则土地产权缺乏稳定性或安全性，具体指标主要是政策变量（Zikhali，2010；Gao 等，2017；Lin，1992）。

事实上的稳定。事实上稳定与农户实际所拥有的产权有关，而与其法律状态无关。例如，法律明确不能随意调整土地，但实际中因各种主观或客观原因仍存在调地的可能，这造成了土地产权在法律上稳定、事实上不稳定。Van Gelder（2010）认为事实上的稳定会被各种内在（占有土地的时间长短及规模）或外在因素（第三方支持、政治认同、管理实践）所强化，并且可能会影响土地产权在法律上的稳定。在中国，地权事实上的不稳定主要源于基层实践与法律政策的不一致或地方政府政策实践的滞后，并且可能源于农户主观的产权实践（承包权退出、经营权流转）。事实上稳定可从产权状态、产权调整、产权保障三个层面衡量：①产权状态涉及产权性质、产权范围及产权存续期，考虑的是农户自主使用的程度。在非洲，遗赠、借出、出租、买卖依次与越来越稳定的土地产权相联系（Bambio 和 Agha，2018）。相对于收益分成租赁（意味着非完全权利），固定租金承租的土地产权是稳定的（Abdulai 等，2011；Lawin 和 Tamini，2019）；②产权调整与政府的行政实践有关，通常涉及调整与否、调整时间、调整程度。若土地距上一次调整的时间较长，土地产权相对是稳定的（Gebremedhin 和 Swinton，2003）；③产权保障考虑的是土地产权以什么样的形式固定下来，在中国主要考虑是否拿到确权证、是否签订承包经营合同。

认知上的稳定。认知上稳定是农户感知到的失去土地的可能性。Van Gelder（2010）认为认知上稳定是农户感知到的被国家或土地所有者驱逐的可能性较小，或来自邻居、家庭成员或其他群体发生的冲突和威胁而导致非自愿失地的可能性较低。Ma 等（2015）将认知上稳定概念化为两个方面：①未来土地调整或者被不合理征收的可能性较小；②对保护农户土地权利的各种正式或非正式机制（例如土地证、法律规定、文化传统等）的可靠性具有较高认知。综上，认知上稳定可从产权认知和产权预期两个方面来考虑：①权利认知和权利保障认知。若农户建立的是强产权或私有产权认知，即土地法律上是国家的，但农户深信是自己或村集体的，不会被分配给别人，意味着农户认知上是稳定的（苏柳方等，2019；陈胜祥和黄祖辉，2013）。拥有确权证意味着土地产权法律上的稳定性得到强化，但法律意识薄弱、对制度政策不信任有可能使农户产生确权证不重要的认知，这意味着农户认知上不安全或不稳定（Ma 等，2013）。②非自愿失地或自愿失地的可能性预期，如土地调整或被不合理征收的可能性预期、农户自身经营预期（承包地或经营地的退出预期）等。征用风险增加，土地产权不稳定；若农户选择遗赠或子女继续耕种，则预期土地产权比较稳定（Li 等，2022）。

进一步，通过在 web of science 中以"Land Tenure＋Soil Conservation"为主题检索 SSCI 收录的文献，在中国知网中以"土地产权＋耕地质量保护"为主题检索 CSSCI 收录的文献，并以相关研究为种子进行二次检索，选取了以两者关系为研究主题的 27 篇 SSCI 和 13 篇 CSSCI 定量文献（截至 2020 年 4 月），分析了相关指标在 40 篇文献中出现的频次，具体如表 1-2 所示。

表 1-2　地权稳定性的衡量

衡量维度	二级指标	具体指标	出现次数	代表性文献
法律上稳定	政策调整	政策效应（时间虚拟变量）	1	Gao 等，2017
事实上稳定	产权状态	产权性质（自有地/租赁地、私人地/集体地、自留地/责任地、使用/遗赠/出租/买卖、承包权/经营权等）	24	Hayes 等，1997；Brasselle 等，2002；Myyra 等，2005；Zikhali，2010；Sklenicka 等，2015；Lovo，2016；Bambio 和 Agha，2018；Leonhardt 等，2019；Lyu 等，2019；何凌云和黄季焜，2001；马贤磊，2009；高立等，2019；Akram 等，2019；Ali 等，2012；Abdulai 和 Goetz，2014
		产权范围（被批准/未被批准权利的数量、固定租金/收益分成、完全所有/部分所有/完全租赁等）	9	Besley，1995；Lee 和 Stewart，1983；Abdulai 等，2011；Lawin 和 Tamini，2019；Akram 等，2019；Ali 等，2012
		产权期限（短期、中长期还是不确定合同等）	5	Fraser，2004；徐志刚等，2018；李兆亮等，2019；Abdulai 和 Goetz，2014
	产权调整	调整与否（是否增人增地或减人减地、某年以来是否调整等）	3	许庆和章元，2005；Deininger 和 Jin，2006；陈铁和孟令杰，2007
		调整时间（距上一次土地调整的时间）	1	Gebremedhin 和 Swinton，2003
		调整程度（是否频繁调整、区域调整水平等）	3	Deininger 和 Jin，2006；Xu 等，2014；马贤磊，2009
	产权保障	确权与否（是否拿到土地确权证、是否完成确权）	4	马贤磊，2009；黄季焜和冀县卿，2012；应瑞瑶等，2018；周力和王镱如，2019
		合同签订（是否签订经营合同、正式合同/口头协议）	1	Xu 等，2014

（续）

衡量维度	二级指标	具体指标	出现次数	代表性文献
认知上稳定	产权认知	权利认知、强产权/弱产权、土地证的重要性认知	4	苏柳方等，2019；Deininger 和 Jin，2006；Ma 等，2013；钱龙等，2019
	产权预期	预期是否增人增地/减人减地、失地风险、五年后是否继续耕种、是否遗赠等	6	Jacoby 等，2002；Gebremedhin 和 Swinton，2003；Deininger 和 Jin，2006；郜亮亮等，2013；Teshome，2014

注：由于一篇文献中会出现多个地权稳定性变量，此处整理了每类变量在分析文献中出现的次数。以上整理了截至 2020 年 4 月的文献。

由表 1-2 可知，产权性质（如自有/租赁、使用/遗赠/出租/买卖等）、产权范围（如固定租金/收益分成、完全所有/部分所有/完全租赁）、产权预期（如未来是否调整）是使用频次较高的地权稳定性变量。另外，很早就有学者注意到了地权稳定性的内生性问题，即地权稳定性会影响农户投资，同时农户投资也可能进一步强化地权，因此，相关研究逐步选择能解决内生性问题的工具变量模型，并论述地权和投资之间的双向因果关系：例如非洲地区个人拥有的权力大小使农户在耕地上进行的农业投资强化了地权稳定性（Goldstein 和 Udry，2008）；由于农户确权登记时，倾向于登记投资较多、收益较大的那块地，因此确权可能不会影响投资，但与投资强度正相关（Brasselle 等，2002）。梳理的文献中有 18 篇采用了解决内生性问题的工具变量法，如两阶段条件最大似然法（2SCML）、广义距法（GMM）等。内生性的存在有可能导致截然不同的研究结论，若实际中存在农地投资对土地产权稳定的强化，建立的计量模型就不能忽视内生性问题。

（2）地权稳定性对农户耕地质量保护行为的影响机理综述

通过图 1-1 可知，地权稳定性通过收入效应、转让效应以及信贷效应对农地投资产生影响，进一步需考虑短期投资和长期投资的地权效应差异（Gebremedhin 和 Swinton，2003）。与短期投资不同，长期保护性投资存在时间和空间上的正外部性，土地产权的明确保证了农户可从正外部性环境行为中获益，但私人收益是否足以弥补私人成本取决于产权持续的时间。只有确保农户能获得保护性投资带来的所有收益，农户才有动机进行长期投资（Soule 等，2000；Abdulai 等，2011）。这一收益既包括地力提高所带来的持续生产率和产出的提高，也包括土地价值的提升（Sklenicka 等，2015），因而长期投资更强调地权稳定。耕地质量保护行为存在正外部性，其投资行为可能是短期、不连续的，但其行为的正向影响是长期的，可能是 2～3 年，也可能存在代际影响。根据已有研究，本书从收入效应、信贷效应、转让效应三个方面梳理了地权稳定性与耕地质量保护的因果关系，具体见图 1-2。

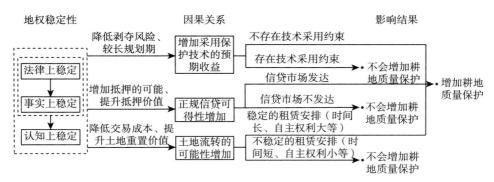

图 1-2　地权稳定性与耕地质量保护的行为机理分析

第一，技术或服务约束可能制约地权稳定性的收入效应发挥作用。稳定的土地产权通过降低农地被随意剥夺的风险、保证较长的规划期从而稳定了农户采取相关保护技术的收益时间和规模（Soule 等，2000），因而能够增加农户采取相关技术保护或提升耕地质量的意愿。根据技术接受模型（TAM），除了感知可获利性外，促使农户由意愿向行为转变的关键因素还包括感知有用性和易用性（霍瑜等，2016）。因此，若农户不存在技术采用约束，能够获得相关技术或服务并自如运用，且相关技术或服务是有用的，则能增加相关投资行为（Smith，2004）；反之，则不会增加相关行为。

第二，信贷约束可能制约地权稳定性的信贷效应发挥作用。稳定的土地产权提高了农户获得正规信贷的可能性，若信贷市场发达，农户进入土地抵押市场没有障碍，则能通过降低流动性约束增加耕地质量保护行为（Haque 等，2017）；若信贷市场不发达，银行对农户抵押贷款的接受意愿不高，则形成了农户获得实际贷款的阻碍（Smith，2004；Higgins 等，2018）。因此，正规信贷是否增加了农户耕地质量保护行为不仅与信贷需求有关，还取决于信贷供给。

第三，农地流转影响农户耕地质量保护行为的实质仍然是通过产权安排发挥作用。地权法律和事实上的稳定通过降低交易成本、提升土地重置价值进而增加了土地流转的可能性，但租赁市场发育程度和特定的租赁安排会影响投资方向和程度。若土地租赁安排稳定，如长期租赁合同、较大自主使用权、正式合同关系，则能增加农户采取相关保护技术的预期收益时间和规模，进而在没有技术、资金约束的情形下增加农户的耕地质量保护行为（Myyra 等，2005；Xin 和 Li，2019；龙云和任力，2017；杨柳等，2017）。反之，则不会增加农户耕地质量保护。

（3）地权稳定性对农户耕地质量保护行为的影响结果综述

1）影响结果分析

根据产权理论可知，稳定的产权能促进农户养护耕地，但相关研究是否能够得到一致结论？本节梳理了前述 40 篇文献中每个土地产权变量与耕地保护实践之间的关系后发现：33 篇文献出现了正相关，10 篇文献出现了负相关，17 篇文献出现了不显著，12 篇文献出现了混合影响关系（混合关系的出现大多受到自变量和因变量数量的影响[①]）。Prokopy 等（2019）通过总结 93 个定量研究发现土地产权与美国农户采取保护性农业实践之间并无显著联系，对地权稳定性的衡量过于单一可能造成了这一不显著影响。通过上节地权稳定性与耕地质量保护的影响机理分析，可知多重因果关系可能造成结果的不一致，另外，变量选取差异、研究区域差异、是否考虑内生性、样本差异都可能是潜在影响因素。表 1-3 列出了部分相关文献。

表 1-3 地权稳定性与耕地质量保护投资的文献分析

对象	方法	主要因变量	地权变量	主要结论	文献
冈比亚 120 户农户	联立模型	改善性长期投资	出租、卖掉、遗赠、使用等权利	地权稳定性能够提高长期投资，最终提高产出。	Hayes 等，1997
中国 1 074 户地块	Tobit 模型	有机肥、氮肥、磷肥施用	私人地/集体地、土地征用风险	居住在征用风险较高村庄的农民使用有机肥的程度较低。	Jacoby 等，2002
埃塞俄比亚 250 户农户	双栏模型	土壤保持投资	是否自有、5 年后是否继续耕种、是否遗赠、土地重新分配的时间	长期投资（石堤）与稳定的地权有关，短期投资（土堤）与不稳定的地权有关，产权状态影响农户是否采取保护措施，预期回报影响投资强度。	Gebremedhin 和 Swinton，2003
中国民乐县 259 户农户	2SCML 和 IVLS	土地平整投资、渠道改良和维护	地权稳定性认知	地权稳定性认知影响渠道改良投资，但不影响土地平整投资，耕地质量投资能够强化地权稳定性认知。	Ma 等，2013

---

① 由于许多研究选取了不止一个地权稳定性变量，本书统计了每一个变量在文章中的影响方向及其显著性，因而描述的数量不等于分析的 40 篇文献。

（续）

对象	方法	主要因变量	地权变量	主要结论	文献
中国 4 省 1 040 户农户	PSM	土壤肥力	自有地/租入地	黑龙江省租入地的磷钾含量显著低于自有地，浙江省租入地的钾含量显著高于自有地。	Lyu 等，2019
中国 4 省 5 年 200 户农户	OLS	与特定地块相连/不相连的长期投资	当年/未来是否增人增地、当年/未来是否减人减地	"减人减地"使与特定地块不相连的长期投资大幅下降，"减人减地"和"增人增地"对农户农家肥使用量没有影响。	许庆和章元，2005
中国 6 省 1 071 户农户	Probit、OLS	有机肥施用	是否同时持有土地承包合同和证书	颁发农村土地承包合同和经营权证书能显著提高有机肥的施用概率和施用量。	黄季焜和冀县卿，2012
中国 6 省 1 189 户农户	工具变量法	有机肥施用	农地使用权预期	农地使用权预期由"不好"到"好"使农户有机肥施用概率提高 7%，施用量每公顷提高 1.18 吨。	郜亮亮等，2013
中国 3 个水稻主产省 722 户农户	IV-mvtobit 模型	配方肥和有机肥施用、秸秆还田	是否拿到土地确权证	确权使承包地配方肥和有机肥施用增加，但对秸秆还田影响不显著。确权仅促使转入地化肥施用减少，对其他耕地质量保护行为没有显著影响。	周力和王镱如，2019
中国 8 省 4 466个地块	CMP 模型	有机肥施用和耕地质量保护工程	土地产权认知	强产权认知对农户有机肥投入有显著正向作用，对平整土地、修建梯田、开垄沟等工程措施类耕地保护性投资有显著正向影响。	苏柳方等，2019

　　进一步，表 1-4 分析了基于地权稳定性变量选取不同而产生的结论差异。当地权变量涉及法律上和认知上的稳定性时，分析文献中基本不存在负相关关系，但以事实上的稳定来衡量地权稳定性时，特别是涉及土地流转安排（固定租金/收益分成、完全所有/部分所有/完全租赁、租赁期限）时，会出现反向影响关系。Fraser（2004）发现，旨在鼓励长期租赁的公共政策并没有在土壤保护中发挥积极作用，不同期限租赁在土壤保护中的作用并没有什么差异。另外，由于相关研究中涉及产权状态的变量较多，其出现的负相关关系也最多；

这一负相关关系由产权范围贡献的最多，且其负相关关系超过了正相关和不显著关系。一般而言，收益分成（股份合作）租户在经营中会受到土地所有者的干预，和固定租金相比，权利范围较小阻碍了农户耕地质量保护投资。但这一结论并没有被完全证实（Abdulai 等，2011；Lee 和 Stewart，1983），Soule 等（2000）认为收益分成租户由于能够与其他农户分担耕地保护成本，因此与固定租金租户相比有较高的保护性投资意愿。

表 1-4　基于地权稳定性变量选取差异的影响结论分析

指标	显著为正	显著为负	不显著	混合影响
法律上稳定	2	0	0	0
事实上稳定	27	10	16	14
产权状态	23	10	12	12
产权调整	5	0	5	4
产权保障	4	1	3	3
认知上稳定	7	0	3	2
产权认知	3	0	2	1
产权预期	5	0	3	2

注：此处整理了每类变量在分析文献中的结果，包含了混合影响（正/不显著、负/不显著、正/负、正/负/不显著）的结果，因此合计数量不等于分析的文献数量。

综上分析可知，首先，82.5%的研究证实了稳定的土地产权对农户耕地质量保护行为的促进作用，当土地产权在法律上得到强化，在事实上趋于稳定，并且农户对土地产权有稳定的认知和预期，会增加农户的耕地质量保护；其次，当地权稳定性与农户的租赁行为有关时，这种促进作用可能不显著，这与Knowler 和 Bradshaw（2007）以及 Prokopy 等（2019）文献综述的结果类似。Knowler 和 Bradshaw（2007）通过总结 31 篇农户采用保护性农业实践的研究，发现很少有研究支持自有土地者比租赁土地者能更好地采取保护性农业实践的假设。Prokopy 等（2019）通过总结 93 个定量研究发现土地产权与美国农户采取保护性农业实践之间并无显著联系。

2）研究结果的影响因素分析

由前述 40 篇文献的综合分析可知，相关研究结果并未普遍显著且结论并未趋向一致，导致关键变量缺乏收敛性的一个可能原因是背景差异。综合分析忽视了调查地点、分析方法等背景变量。为探索这种可能性，在借鉴 Knowler 和 Bradshaw（2007）研究的基础上，控制了四种可能的背景变量：研究区域、是否考虑内生性、关键自变量个数、样本数量，分析关键产权变量对 3 类主要耕地质量保护行为的影响，其中交叉分析的结果如表 1-5 所示。本书进一步以 4 个背景变量为自变量，分别以变量的显著性（正、负、不显著）为因变量进行回归分析，结果发现，除了关键自变量个数、研究区域与显著为负的研究结论有显著关系外，其他 3 个背景变量均与研究结论无显著相关。

表 1-5　不同情形下研究结果的交叉分析

结果	土壤肥力（有机肥、轮作、豆科作物种植、套种间作、休耕）			保护性耕作（少耕免耕、深耕深松、秸秆覆盖）			水土保持（石阶、堤坝、农林间作、土地平整）		
	Sig（+）	Sig（-）	Insig	Sig（+）	Sig（-）	Insig	Sig（+）	Sig（-）	Insig
研究区域（国家）									
中国	13	1	5	4	0	2	1	0	1
非洲	6	3	3	1	0	0	10	3	6
欧美	3	2	2	2	2	1	0	0	0
其他	3	2	2	0	0	0	0	0	0
是否考虑内生性									
是	12	5	6	4	0	1	8	2	5
否	13	3	6	3	2	2	3	1	2
关键自变量个数									
1 个	10	1	4	5	0	2	2	0	0
2 个	7	4	3	0	0	0	2	1	2
3 个及以上	8	3	5	2	2	1	7	2	5
样本数量									
300 个以下	3	0	2	1	0	0	2	0	3
300～700 个	8	5	4	2	0	0	3	2	1
700 个以上	14	3	6	4	2	3	6	1	3

注：此处整理了每个变量在分析文献中的结果，因而合计数量不等于分析的文献数量。

根据回归结果及表 1-5 可知，首先，国内外研究均能得到显著的正相关关系，但国外研究中出现负相关关系的比例更高。其中，中国负相关的结论主要出现在以土地性质（合同地/开荒地）为地权变量的研究中（Xu 等，2014）；非洲以产权范围（完全权利/优先权利/有限权利、固定租金/收益分成）为地权变量的研究会得到负相关关系（Besley，1995；Abdulai 等，2011；Hayes 等，1997）；欧美以土地性质（自有地/租赁地）、产权范围（固定租金/收益分成、完全所有/部分所有/完全租赁）为地权变量的研究也容易得到负相关结论

（Leonhardt 等，2019；Lee 和 Stewart，1983；Fraser，2004；Soule 等，2000）。

其次，未考虑内生性的研究其负相关和不显著的比例略高于考虑了内生性问题的研究，但是否考虑内生性不会导致研究结果存在显著差异。回归结果表明，是否考虑内生性并不会显著影响研究结论。非洲有关水土保持（种树、土堤、石阶等）、土壤肥力（农家肥）的研究基本都会考虑内生性问题，并且基本能得到正相关关系，但变量选取较多导致相关研究中仍存在较多负相关和不显著关系；而欧美有关土壤肥力（豆科作物、绿肥等）、保护性耕作（免耕、等高耕作等）的研究基本不会考虑内生性问题，所得结论中以负相关和不显著关系居多；中国的相关研究中（有机肥或农家肥施用、秸秆还田、测土配方施肥等）有 1/3 考虑了内生性问题，而无论是否考虑内生性，始终以正相关的研究结论居多。

最后，关键自变量个数增加导致负相关的结论显著增加，而样本数量的增加不会影响研究结论。样本文献中，以非洲为对象的研究中 71％选取了 2 个以上的变量，有的关键自变量数量可高达 10 个，中国的这一比例仅为 26％。变量选取较多，导致出现较多的混合影响关系。其中，非洲的相关研究中 43％出现了混合影响关系，中国的这一比例仅为 16％。另外，样本文献中，57％的研究样本数量均在 700 以上，仅有约 17％的研究样本数量在 300 以下。随着样本数量的增加，负相关与不显著关系并没有减少，研究结论并未趋于收敛。

综合分析可知，研究区域差异是导致研究结论有所不同的主要原因，国内外土地制度、土地市场发育及与保护性实践相关联的配套制度（如信贷市场、技术推广）差异等使土地产权因素在农户的耕地质量保护中发挥了不同的激励作用。另外，关键自变量个数增加了研究结论的复杂性，使负相关结论显著增加。

1.2.4 研究述评

（1）主要结论

通过梳理国内外相关文献，从地权稳定性视角考虑农户行为的研究多集中于非洲、中国和欧美发达国家，各国地权制度及表现形式差异使这一主题的研究被赋予了地区特色。具体而言，针对这一主题的研究可得到以下主要结论：

第一，地权稳定性的内涵和外延随各国实践不同而有所差异。非洲国家将地权稳定性更多定义为非自愿失地风险，而我国"三权"分置背景下其内涵既包括非自愿失地（土地调整、不合理征地等），还包含了自愿失地（承包权退出、经营权流转等)。通过界定地权稳定性的内涵和外延,可知虽然我国非自愿的土地调整逐渐减少,但"三权"分置背景下还存在由土地自愿调整带来的事实稳定和认知稳定问题。

第二,地权耕地保护效应作用的发挥受到技术、信贷等方面的调节。土地产权通过收入效应、转让效应、抵押效应影响农户投资已达成共识,通过影响机制的进一步分析可知,虽然稳定的产权保证了农户采用相关保护技术的预期收益、提高了土地的抵押价值和可能性,但若农户缺乏获得和使用相关技术的途径或能力,并且不能实质性地获得贷款,土地产权的收入效应、抵押效应的传导机制将不能有效发挥作用。因此,与理论不一致的结论,并不意味着稳定的土地产权会阻碍农户保护耕地,而可能意味着相关配套制度(如信息干预、技术推广、信贷供给等)不完善,制约了土地产权发挥耕地质量保护作用。

第三,稳定的土地产权能促进农户保护耕地质量,但当土地产权涉及农户的租赁行为时,其促进作用可能不显著。样本文献中82.5%的研究得到了显著正相关的结论,即大部分的文献基本支持稳定的土地产权能够激励农户保护耕地质量这一论断,这表明稳定土地产权的实践能够发挥保护耕地质量的作用。但仍分别有42.5%和25.0%的研究得到了不显著和负相关的结论,通过文献分析可知,当地权稳定性变量与租赁安排有关时,则会出现负相关和不显著关系,这表明租赁情形下潜在的调节因素如认知、技术等可能影响土地产权发挥耕地质量保护效应。

第四,关键自变量个数、研究区域与显著为负的研究结论相关。由于各国产权实践和发展阶段不同,变量选取不同造成了研究结果的差异,变量个数过多增加了研究结果的复杂性。在考虑土地非自愿调整的研究中,大都能得到正相关的研究结论,这类研究以中国和非洲居多;在土地市场发达的国家,主要考虑自愿的土地权利流转,并产生了较多负相关结论。同时,影响机制的多重因果关系意味着,不同国家土地产权和耕地质量保护实践及其配套制度的发育决定了土地产权是否可以发挥耕地保护效应。

(2) 研究展望

国内外已有一定数量关于两者关系的研究,其实证结论既能验证现有理论关系,也能揭示特定时期土地产权制度和土地市场的完善程度、耕地质量保护实践的发展趋势,以及相关配套制度的发育程度。根据当前国内外研究进展,中国"三权"分置背景下,有以下问题值得进一步探讨,这对于从产权视角激励经营主体保护耕地质量有重要的理论和现实意义。

第一,拓展不同耕地质量保护的相关研究。首先,非洲国家主要考虑土堤、石阶、种树等防止水土流失的耕地质量保护措施，欧美国家主要考虑保护性耕作，国内的相关研究主要考虑有机肥施用或化肥减量，但仍有很多提升耕地潜力的保护性行为值得关注，如保护性耕作、测土配方、套作间作、残膜回收、轮作休耕等。其次，对耕地质量保护的特殊性研究（不同作物、不同区域）仍有必要。Knowler 和 Bradshaw（2007）认为，文献过多并不意味着研究越来越深入，而会由于不经济和冗余表现出边际报酬递减，未来的研究应注重某一地区的特殊性研究，而非一般性研究。另外，同一保护性措施在不同作物、不同地区的影响不同，耕地质量保护研究应符合地区、作物及当地农技推广趋势，对耕地质量保护的特殊性研究（不同作物、不同区域）仍有必要。

第二，农户主观实践（如承包权退出）和认知（如土地政策的合理性认知、承包经营预期）产生的承包权稳定问题及其耕地保护效应仍然值得探讨。我国早期研究主要集中于非自愿的土地调整而导致的土地承包权不稳定问题，以及土地确权是否强化了地权稳定进而是否鼓励了土地投资。目前法律上的承包权稳定性不断加强，地方土地调整的实践逐渐减少，但农户的主观实践如承包权退出、土地出租等都将产生承包经营稳定问题，同时土地政策的出台是否有助于农户形成合理性、稳定性认知和预期都需要进一步求证。

第三，随着我国土地流转市场化、正规化，土地流转中的经营权稳定性及其对耕地质量保护的影响应持续被关注。2014 年农村土地"三权"分置改革推动了土地流转市场发育，但由短期租赁、口头协议、零租金等农户自发进行的产权交易导致经营权不稳定普遍存在，经营权的不稳定特征是否阻碍了耕地地力提升？我国早期有关土地流转和耕地质量保护的研究，大都认为租入地的耕地养护比承包地消极，随着经营权流转正规化、市场化，租入地的养护是否仍然消极？经营权的稳定性特征是否能够激励耕地养护？

第四，随着我国社会化服务市场发育，因土地托管产生的经营权稳定及其耕地保护效应仍有待探讨。2014 年中央 1 号文件首次提出土地"托管式"服务，保证农民对土地的承包权、经营权和收益权。随着土地托管服务渐成趋势，不同的土地托管期限、托管方式可能产生经营权稳定问题。国外类似的研究中通常以产权范围（固定租金/收益分成、完全所有/部分所有/完全租赁）为主要变量，并且大都产生了非正相关的结论，在中国情境下，是否会有类似结论？经营权行使机制的创新是否促进了耕地的保护？这些问题值得深入探讨。

1.3　研究目标与研究意义

1.3.1　研究目标

本书以揭示产权因素在大规模国有农场耕地养护中的作用、破解经营主体耕地质量保护的障碍因素为主要目标，具体目标有：

①探究产权视角下经营主体耕地质量保护的行为机理。

②在了解国有农场土地制度特殊性、明确耕地质量保护行为经济拉力的基础上，考察承包权、经营权稳定性对国有农场种植户不同耕地质量保护行为的影响。

③考察不同性质产权下国有农场的耕地养护差异，揭示经营权流转中产权因素的耕地保护效应。

1.3.2　研究意义

成本收益是种植户耕地质量保护的主要考虑因素，但有效的制度安排是种植户能够获益进而参与的保证，从产权视角分析种植户耕地质量保护行为进而优化养护耕地的激励机制，既有理论意义，也有现实意义。

（1）理论意义

第一，有助于结合中国实践丰富地权稳定性的内涵和外延。欧美、非洲国家分别讨论土地流转产生的稳定问题以及权利范围和政策实践产生的非自愿失地问题，而我国"三权"分置背景下其内涵既包括非自愿失地（土地调整、不合理征地等），还包含了自愿失地（承包权退出、经营权流转等）。地权稳定性不是一个新鲜话题，但在权利分置背景下依然有继续研究的必要。一方面，尽管法律、政策的出台减少了土地承包权的变动，我国非自愿失地风险在逐渐降低，但随着土地市场发育以及农业服务市场的完善，由土地流转、土地托管所导致的权利分置和让渡也会产生地权稳定问题。另一方面，我国国有农场土地制度存在特殊性，其土地产权的稳定性也有其独特的表现方式。相关土地制度实践拓展了土地产权稳定的内涵和外延，这些问题的探讨将有助于完善中国特色土地承包经营制度，同时丰富国内外的相关研究。

第二，有助于丰富和完善耕地质量保护行为理论。首先，通过文献分析梳理了影响耕地质量保护行为的因素，以及土地产权与农户耕地质量保护行为的辩证关系，这有助于全面地掌握耕地质量保护行为的驱动因素，以及产权因素的激励作用。其次，通过深入实地与农户、技术专家、基层干部、农资销售商的调查访谈，从实际出发挖掘影响经营主体养护耕地的主要因素，这有助于抓住耕地质量保护问题中的主要矛盾和次要矛盾，明晰产权因素在耕地质量保护中可能发挥的作用。最后，以贴近事实为基础构建微观动态行为方程，将产权因素纳入生产者模型，运用微观经济学理论分析产权视角下经营主体耕地质量保护的动因。以上研究均从产权视角丰富和完善了经营主体耕地质量保护行为的理论。

第三，能为两者关系的研究提供新的经验和证据。首先，我国存在约1.6亿亩的国有农用地，国有农场土地制度大体遵循农村地区的土地改革思路，职工微观层面所拥有的土地产权特征与农村农民类似，但在土地承包、经营权流转方面仍有特殊性，目前有关国有农场的类似研究比较缺乏。其次，与农村地区不同，国有农场农户承包期以退休年龄为限，并且土地承包到期可由子女优先耕种，明确的产权期限及子女耕种实践对我国承包权的改革有启示意义。最后，国有农场具有大规模、高组织化、高机械化、高商品化率特征，以国有农场为样本的研究有助于揭示正规化、市场化的经营权流转特征对耕地质量保护的作用。因而，探讨产权因素在国有农场耕地保护中所起的作用，能够为两者关系的研究提供新的经验和证据，对我国农村地区耕地保护亦有前瞻和启示作用。

（2）现实意义

第一，有助于揭示当前农户耕地质量保护的制度障碍。理论上土地产权的稳定能够增加农户的保护行为，若实际影响与理论一致，意味着通过完善相关产权制度可以激励农户长期投资；若实际影响与理论并未表现出显著的一致关系，意味着其他非经济因素（如风险偏好、农户有限认知、社会化服务滞后等）可能制约了农户的实际行为选择，因此，在完善产权制度的同时，还应注重非产权因素的完善。本书有助于明确产权因素是否是制约农户保护耕地质量的关键因素？如果是，如何优化制度设计；如果不是，什么因素更关键，制度上应该如何设计。

第二，能为我国农村及国有农场土地制度改革提供有益借鉴。我国保持土地承包关系长期稳定不变的初衷之一在于激励经营主体的长期投资，同时许多学者提出了土地永佃制、赋予和完善继承权的理论设想。本书选取的特殊变量有助于解答"如果实行永佃制、赋予继承权，是否可以激励农户养护耕地"的问题，这对于进一步完善我国承包权有现实意义。另外，2019年我国有1 843个国有农场，国有农场土地制度统筹层次低，各省各地区国有农场土地制度及其经营制度有所差异，本书有助于识别国有农场土地制度的合理性，为进一步优化国有农场土地制度提供依据。

第三，有助于完善国有农场及我国农村耕地质量保护及其配套制度。本书描述了国有农场的土地产权特征，揭示了在这种产权特征下种植户养护耕地的行为响应，所得结论有助于揭示种植户养护耕地的主要因素和次要因素，有助于从产权视角优化耕地质量保护及其配套制度，如耕地地力退出补偿机制、耕地养护技术推广服务、绿色金融服务、环境规制等。另外，国有农场具有大规模、高组织化、高机械化、高商品化率特征，国有农场所具有的规模优势、组织优势，是农村地区农业改革的方向。因此，国有农场的有关结论对我国农村地区的耕地质量保护也有前瞻和启示作用。

1.4　研究内容

本书的主体内容分为五部分，具体包括：

第一部分：我国和新疆农地产权制度、耕地质量及相关保护政策。①通过查阅历史文献资料梳理我国古代土地制度的变迁，了解我国现阶段提出的"永佃制""继承权"的历史背景。②查阅统计资料、学术文献、政策文件、法律文件以了解本研究的土地制度背景，从土地法律和土地政策方面梳理我国农村和国有农场的土地产权特征，进一步介绍新疆兵团国有农场土地政策和产权特征。③运用统计资料数据分析我国和新疆耕地生产力状况、主要化学品投入及其潜在污染状况、耕地质量等级状况等，全面了解我国和新疆耕地质量情况以突显本书的现实意义。④梳理我国和新疆耕地质量保护政策文件，了解耕地质量保护政策的历史沿革，并从中梳理基于不同产权关系的耕地质量保护规定。

第二部分：耕地质量保护行为对种植户产出的影响分析。相关研究较少考虑所选取的耕地质量保护行为对种植户是否存在经济拉力，而这有助于后续准确识别产权因素的影响。本部分的核心内容包括：①通过梳理学术文献中自然科学实验的结果，归纳总结土壤改良和地膜回收对耕地质量及棉花产量的影响。②运用实地调研数据，选取家庭及种植特征等控制变量，实证分析土壤改良及地膜回收程度对种植户产出的影响，以及不同土壤改良行为的影响差异，通过结合自然科学和社会科学的研究，找寻理论影响和实际影响的差异和差距，明晰耕地质量保护行为对种植户是否存在经济拉力？这有助于后续分析产权因素对不同经济拉力行为的影响。

第三部分：承包权与种植户耕地质量保护行为研究。本部分以承包地为分析对象，数据来源于新疆兵团国有农场的一手调查数据。结合样本区承包特征，选取土地过去的调整频率、剩余承包期限、承包到期由子女继续耕种的可能来表征承包权过去的稳定性、现在的稳定性及远期的稳定性，研究内容包括：①构建承包户耕地养护的动态模型，描述统计分析承包户的土地调整概况、承包权特征及土壤改良行为特征,运用考虑内生性的估计策略,考察承包权稳定性对种植户土壤改良行为的影响和异质性特征。②由于种植户的地膜回收行为存在政府干预,因而构建了环境规制下承包户养护耕地的理论模型,描述统计分析承包户地膜回收行为及环境规制感知,运用考虑内生性的估计策略,考察承包权稳定性、环境规制对种植户地膜回收行为的影响。

第四部分:经营权与种植户耕地质量保护行为研究。本部分分别以兵团国有农场转包地和农村转入户为研究对象,数据分别来源于新疆兵团的一手调查数据和中国家庭金融调查数据库(CHFS),研究内容包括:①在了解耕地质量保护投资对转入户投入、产出以及土壤质量影响的基础上,构建租入户养护耕地的理论模型。②以我国兵团国有农场转包地为研究对象,考察市场化流转为主要特征下,经营权稳定性对种植户土壤改良和地膜回收行为的影响,经营权稳定性的代理变量主要包括三个:合同期限、合同形式、经营预期。③以我国农村转入户为研究对象,考察非市场化流转特征下,经营权稳定性对农户耕地质量保护投资的影响,经营权稳定性的代理变量主要包括三个:是否确定期限、是否支付租金、租入期限。④对比分析不同土地制度下,经营权稳定性变量的影响结果差异。

第五部分:不同性质产权与种植户耕地质量保护行为研究。本部分以全部承包地和转包地为分析对象,数据来源于新疆兵团国有农场的一手调查数据,选取与土地产权相关的变量:是否租入地、产权期限。研究内容包括:①构建不同经营主体养护耕地的动态模型,描述统计分析样本种植户土壤改良和地膜回收行为特征。②运用考虑内生性的估计策略,考察不同性质产权对土壤改良和地膜回收行为的影响及异质性特征。③针对土壤改良,剖析产权因素对种植户持续改良意愿的影响,以及对种植户采纳不同改良措施的影响,试图回答:如果种植户在过去改良了土壤,产权因素是否能激励种植户持续改良土壤?如果种植户在过去未改良土壤,产权的稳定能否增加种植户改良土壤的可能性?产权因素对不同改良行为的影响有何不同?

1.5 技术路线

本书总体思路基本延寻"提出问题→分析问题→解决问题"的研究路径,在了解研究区产权特征、耕地质量保护特征及其经济影响的基础上,验证地权稳定性对种植户不同耕地质量保护行为的影响,以揭示地权稳定对种植户耕地质量保护的激励作用,为优化土地承包经营退出机制、推动种植户耕地质量保护提供有益借鉴。本书的技术路线具体设定如图 1-3:

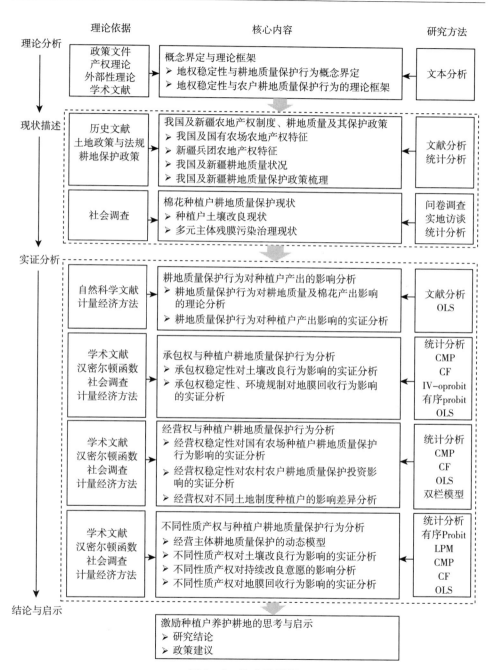

图 1-3 技术路线图

1.6 研究特色与创新性

（1）以新疆兵团国有农场棉农为主要研究对象论证了产权因素在耕地质量保护中的激励作用

以往研究中以国有农场以及棉花种植户为研究对象的比较少见。首先，国有农场土地制度具有特殊性，有助于回答采用农村样本并未解答的承包期限、子女继承问题。同时，国有农场具有大规模、高组织化、高机械化、高商品化率特征，其经营权流转趋向正规化、市场化，国有农场样本可以回答"正规化、市场化的经营权流转是否有助于耕地养护"。其次，本研究提供的调查数据有助于相关学者了解新疆兵团国有农场的经营特征、土地制度、经营权流转特征、耕地质量保护认知与行为特征，能为当前研究提供新的事实和经验。

（2）从承包期限、子女耕种角度考察了承包权稳定性对不同耕地质量保护行为的影响

以往对承包权问题的探讨主要集中于农村地区的土地非自愿调整以及土地确权所产生的耕地质量保护效应，本研究利用国有农场样本数据回答了采用农村样本没有回答的问题：较长的承包期、子女继续耕种是否会促使承包户养护耕地。国有农场承包期以退休年龄为限，到期后可由符合条件的子女优先耕种，并且样本区子女继续耕种的比例占到 34.57%，上述特征有助于回答以上问题。通过回答这两个问题，有助于探讨以下问题：①本研究对于我国承包权实施"永佃制"有何启示？②本研究对于进一步完善承包权的"继承关系"有何启示？

（3）分析了国有农场和农村地区不同经营权流转特征下经营权稳定性对不同耕地质量保护行为的影响及差异

首先，随着我国土地制度完善，经营权流转特征已发生变化，由土地承包经营权派生出的经营权、收益权等权利的稳定性值得关注，其耕地质量保护效应仍值得探讨。其次，已有研究对国有农场的经营权流转探讨较少，国有农场的规模化、机械化、专业化程度较高，是农村土地经营发展的趋势，本研究所得结论不仅有助于优化国有农场土地制度，对农村地区也有启示作用。最后，国有农场和农村地区的经营权流转特征有所不同，本研究能够揭示不同经营权特征对种植户行为影响的差异。

（4）构建了不同主体、不同性质产权下耕地质量保护行为的理论模型

本书通过借鉴国外相关理论模型，构建了不同性质产权主体养护耕地的理论模型。该模型在借鉴已有模型的基础上将产权的稳定性预期纳入理论模型，同时，结合我国土地产权制度及耕地质量保护实践给模型中的变量赋予了不同含义。这一模型从微观视角的利润函数出发构造了汉密尔顿函数，通过模型推导解释了产权的稳定性预期对种植户行为的影响，分析了不同主体因权利范围不同所导致的行为差异。这一模型不仅是本研究实证的基础，也从微观层面揭示了如何推动种植户采取耕地质量保护行为。

2 种植户耕地质量保护的行为机理

2.1 概念界定

2.1.1 地权稳定性

本书中的地权主要指农地产权，农地产权是指存在于农地之中的排他性权利，包括所有权、使用权、收益权、处置权等多项权利（表2-1）。农地产权不仅包含了所有权，还包含了由所有权派生出来的其他土地权利，因而，地权稳定性不仅指所有权的稳定性，还包括使用权、收益权等派生权利的稳定性。从这点上来说，关于地权稳定性的研究可以非常丰富，当前国内外有关地权稳定性的相关研究也正体现了这一点。例如，非洲主要探讨耕地的使用权、买卖权、继承权、遗赠权等土地权属，欧美发达国家主要探讨耕地的所有权或使用权，中国主要探讨耕地承包权、经营权。

如综述部分所述，若由法律所赋予的产权性质表现出相对不安全或不稳定，或者产权制度的安排和实施加深了土地或土地权利变动的频率、程度或可能性，或者农户没有对这一权利束和制度安排形成比较稳定的预期，则认为土地产权是不稳定的。上述定义包含了农地产权稳定性的三个维度：法律上的稳定性、事实上的稳定性、认知上的稳定性（表2-1），囊括了发展中国家由法律法规不完善所产生的稳定性问题，以及发达国家相对完善的租赁及托管市场所产生的稳定性问题。

表 2-1 地权稳定性内涵

指标	内 容
农地产权	所有权、使用权、收益权、处置权等
衡量维度	法律上的稳定、事实上的稳定、认知上的稳定
来源	自愿或非自愿的土地调整与权利变动

农地产权的不稳定既可能来源于自愿或非自愿的土地调整，也可能来源于自愿或非自愿的土地权利变动（表2-1）。法律法规的不完善可能导致土地产权的不稳定，相关制度的不完善也可能产生土地产权的不稳定。例如，法律法

规的不完善可能导致土地变动频繁，而土地流转及土地托管市场的发育会使土地所有权、使用权与经营权相分离，权利的让渡亦会产生稳定性问题。

我国"三权"分置背景下，地权稳定性包括承包权的稳定、经营权的稳定，其中经营权主要指从承包权中派生出的权利，承包户可通过流转土地或流转权利来实现经营权的全部或部分让渡。随着我国非自愿的土地调整逐渐减少，承包权在法律上趋于稳定；地方土地调整实践逐渐减少，承包权在事实上也逐渐稳定；但组内互换并地、土地占用、土地出租、土地退出等仍有可能影响承包权事实上和认知上的稳定性。随着承包权稳定，经营权也趋于稳定，经营权的不稳定主要在土地流转和土地托管中产生，土地流转中租赁双方短期的、不可靠的经营权流转合约可能导致经营权不稳定；而土地托管中涉及经营权的部分或全部让渡，双方短期的、不完全的、不可靠的托管合约可能产生经营权不稳定的问题。

根据这一内涵，本书将分别探讨承包权稳定性、经营权稳定性、不同性质产权问题，所选取的变量主要体现了事实上的稳定和认知上的稳定。其中，承包权的探讨主要以承包地为分析对象，经营权的探讨主要以租入地为分析对象，不同性质产权的比较则囊括了承包地和租入地。

2.1.2　耕地质量保护行为

耕地质量包括耕地地力和土壤环境质量两个方面[1]。其中，耕地地力是由土壤本身特性、自然条件和基础设施水平等要素综合构成的耕地生产能力；耕地环境质量界定在土壤重金属污染、农药残留与灌溉水质量等方面[2]。

1987年《中华人民共和国土地管理法》将对耕地质量的保护纳入法律，2015年农业部印发的《耕地质量保护与提升行动方案》明确了不同地区的耕地质量保护重点。通过梳理全国及其各省市出台的法规或办法，耕地质量的投资包括了公共投资和私人投资，投资的主体分别为政府和经营主体（表2-2）。

根据表2-2，政府直接投资主要是工程措施，如高标准农田建设、中低产田改造、田间基础设施、优良耕作层剥离、农田防护林建设、退化和污染耕地修复等，这类投资通常具有公共物品属性，有较大的正外部性特征，实施的主体可能是村集体或各级人民政府。经营主体投资主要涉及生产方式的改变、额外的资金或劳动力投入，具体包括四个方面：改良土壤、培肥地力、保水保肥、控污修复，投资主体主要为耕地使用者，包括农户、合作社、种植大户、

① 资料来源：2008年农业部发布的《耕地地力调查与质量评价技术规程》。
② https：//www.docin.com/p-1992298472.html。

家庭农场、企业或社会化服务机构等经营主体。

表 2-2　耕地质量保护投资

类型	投资主体	投资行为
公共投资	政府（村集体或各级人民政府）	高标准农田建设、中低产田改造、田间基础设施、优良耕作层剥离、农田防护林建设、退化和污染耕地修复等
私人投资	经营主体（农户、合作社、种植大户、家庭农场、企业、社会化服务机构）	改良土壤（施用石灰、施用土壤调理剂）、培肥地力（测土配方施肥、增施有机肥、种植绿肥、秸秆还田、轮作套作）、保水保肥（深耕深松、免耕少耕、等高耕作、修筑排水排涝设施、水肥一体化）、控污修复（控施化肥农药、薄膜回收或使用可降解地膜、休耕）等

资料来源：根据中国及其各省耕地质量保护条例或办法总结。

　　以上公共投资和私人投资在不同制度环境以及不同时期可能有所不同。根据国内外研究，尽管有些投资在我国属于公共投资，但在国外可能以私人投资为主，例如，非洲国家农户为了防止水土流失而在石阶、土堤、种树等方面进行的投资。随着我国产权制度改革、新型农业经营主体发展、耕地保护技术推广，经营主体能够掌握相关耕地保护技术或者可以获得耕地质量保护服务，农地产权的稳定削弱了相关投资的外部性，原本以政府为投资主体的措施可能逐渐将由耕地使用者来承担。

　　本书所涉及的耕地质量保护行为以农户为行为主体，充分考虑了棉花的农艺特征和技术推广趋势，具体包括土壤改良和地膜回收。土壤改良主要包括有机肥施用、微生物肥施用、配方肥施用、高有机质的化肥施用、土壤改良剂施用以及土地平整、深松等改善土壤性状、提高土壤肥力的一系列技术措施，不包括较长期的工程措施投资如排水排灌工程。

2.2　行为机理分析

2.2.1　农户耕地质量保护的外部性分析

　　外部性概念由马歇尔和庇谷在 20 世纪初提出，在生产领域主要是指生产者的活动对其他人产生了有利或不利影响，而这种影响带来的收益或损失不由生产者本人获得或承担。外部性导致市场不能自发达到帕累托最优，不能实现资源的优化配置。

农户耕地质量保护行为不仅能长期提升土壤质量，降低农户关于化肥和农药的投入，提高农业产出，而且还能改善农田生态系统。非永久性产权下，农户因提高土地质量带来的长期收益并非由农户个人享有，不仅可能惠及其他农户，还存在代际转移收益。这意味着农户的耕地质量保护行为存在显著的正外部性，不仅包括空间上，还包括时间上的正外部性。

如图 2-1 所示，$D=MRP$ 是农户的需求曲线和私人边际收益曲线，MC 为边际成本曲线。当存在正外部性时，社会的边际收益（$MRP+ME$）高于私人的边际收益（MRP），ME 为正外部性收益，即增加一单位生产给他人带来的好处。此时，社会期望的最优供给量为 Q^{**}。然而，农户为追求自身利益最大化，会选择边际收益（MRP）等于边际成本（MC）处的产量 Q^*，该产量远低于社会所期望的最优产量 Q^{**}。因此，正外部性导致农户的相关供给会不足，低于帕累托最优时所要求的水平。

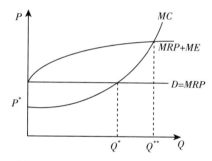

图 2-1 正外部性与资源配置不足

农户享有耕地地力提升的经济收益，但社会成员同时享有可能存在的经济收益和显著的生态收益，农户采取耕地质量保护行为的私人收益小于社会收益，若其采取行动所遭受的私人成本大于私人收益而小于社会收益，则农户显然不会采取耕地质量保护行为或者降低耕地质量保护投资。因此，在社会收益一定的情况下，要使农户生产最优数量的环境产品，则要提高私人收益、降低私人成本。

2.2.2 耕地质量保护的产权理论分析

在没有政府激励的情况下，农户耕地质量保护行为的正外部性会导致农户的相关投入小于社会期望的最佳投入，农户对耕地质量保护的有效需求不足。在市场正常运行状态下，追求利润最大化的农户不可能自动将相关投入调整到社会最优水平，解决外部性的思路在于使外部成本内部化，使耕地质量保护活动所产生的社会收益转为农户的私人收益。因此，要达到社会最优的生态效益水平，需要政府采取措施加以激励。具体而言，当存在正外部性时，可通过补贴解决私人收益（或私人成本）与社会收益（或社会成本）不一致；当存在负外部性时，可以用征税方式。

尽管补贴成为各国推动农业环境实践的关键手段，但需要考虑以下问题：首先，政府干预有成本，尤其是我国小农众多，不仅存在较高的分配成本，还存在较高的执行和监督成本。如果这些支出大于外部性所造成的损失，采用补贴方式无疑不是最理想的；其次，政府干预的另一个代价是围绕政府活动可能产生寻租活动。另外，补贴的作用学术界亦存在截然不同的观点，因此，考虑到补贴有效性问题，需要考虑其他更可持续的解决外部性的方式。

科斯定理认为产权的界定和实施能够将外部性内部化，正外部性内部化能够提高产权主体的收益、降低成本，从而起到激励产权主体的作用。稳定而明晰的产权被认为是解决外部性问题的重要手段：一方面，它能够稳定经济主体的预期并激励长期投资，另一方面，它能够避免"公地悲剧"，通过明晰产权使外部成本内部化，在降低交易费用的同时避免农户过度掠夺耕地资源而导致耕地质量急剧退化。

承包经营权的确定保证了农户可从正外部性环境行为中获得收益，但在长期投资行为中，私人收益是否足以弥补私人成本取决于产权持续的时间。耕地质量保护是长期投资行为，农户不仅需要持续的投入资金、时间及人力成本，还可能面临短期的收入损失，但短期内不一定会获得明显收益。若产权不稳定，频繁发生变动，则会降低农户对当前投资收益的预期，从而减少投资或不投资。只有确保农户能获得耕地质量提升带来的所有收益，农户才有动机进行长期投资。这一收益既包括地力提高所带来的生产率的提高，还包括土地价值的提升。因此，承包经营权的确定保证了农户的投资收益，但所获收益是否足以弥补成本还取决于产权是否稳定。例如，休耕旨在提升土壤肥力，在休耕的年份农户会面临农业收入损失，而由休耕带来的土地生产力的提升可能在若干年后才能显现，且随着农户休耕强度的增加而增加。若产权不稳定，则会减少农户休耕产生的未来收益，从而降低农户的休耕意愿。

2.2.3 地权稳定性对农户耕地质量保护行为的影响机理分析

基于新制度经济学的产权理论和农户环境行为框架，本书进一步梳理了地权稳定性与农户耕地质量保护行为的逻辑框架。我国"三权"分置背景下，地权稳定性包含了承包权和经营权的稳定，承包权的稳定性决定了经营权的稳定性。承包权的稳定问题主要是在家庭承包经营过程中产生的，既可能来源于土地行政调整（如重新分配土地或土地征收），还可能来源于农户主观实践（如承包地退出、农户转租）；经营权的不稳定既可能是在土地流转过程中经营权合约不稳定产生的，也可能是土地托管过程中经营权合约不稳定所产生，本书重点考察土地流转所导致的经营权不稳定。

如图2-2所示，地权稳定性通过收入效应、转让效应、抵押效应影响农户的耕地质量保护行为。具体而言，①收入效应。稳定的地权通常意味着相对较长的规划期能够保证农户采取相关保护技术的预期收益，从而激励农户采取耕地质量保护行为。②转让效应。稳定的地权意味着相对稳定的土地承包经营关系，稳定的承包权能促进经营权的流转，经营权的流转形式既包括土地的流转（不享有土地收益），又包括土地的托管（享有土地收益），稳定的经营合约能够激励农户采取耕地质量保护行为；同样，土地流转中稳定的经营权也能进一步促进土地托管形式下的经营权流转，稳定的土地托管合约能激励经营者采取耕地质量保护行为。③抵押效应。稳定的地权增加了农户抵押承包权或经营权从而获得贷款的可能性，发达的信贷市场若能确保农户可以获得贷款，则能通过降低流动性约束促使农户采取耕地质量保护行为。

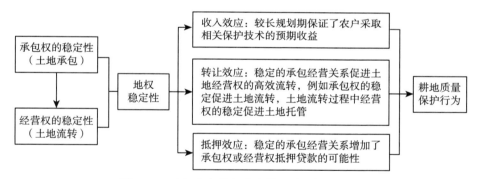

图2-2　地权稳定性与农户耕地质量保护行为

3 我国及新疆生产建设兵团农地产权制度及其特征

3.1 中国历代农地产权制度演进

有学者认为，我国"三权"分置的做法类似于清代的"一田二主"制，三轮延长土地承包期的做法类似于"永佃制"，因而建议我国实施"永佃制"，同时完善土地产权的继承关系。本书实证结论有助于从经济学角度阐明"永佃制"和"继承关系"对耕地质量保护的作用，对我国土地产权制度的改革有一定启示意义。为了了解"永佃制""一田二主"和"继承权"的历史背景，本节梳理了我国历史上的农地产权制度变迁。

3.1.1 先秦时期

先秦时期主要实行井田制，春秋时期逐渐瓦解。井田制下，土地为周王所有，周王把土地层层分封给诸侯，诸侯将受封土地分赐给卿大夫，卿大夫把土地再分赐其子弟和臣属。周王对所封土地有予夺之权，各级受封贵族对土地只有使用权，能世代享用但不能转让与买卖，受封者要交纳贡赋（王有强，2008）。井田制下，土地为周王所有，周王拥有与土地所有权有关的最高权力；诸侯贵族拥有隐含在周王所有权之下的派生土地权利（如分配、收益、继承等权利）；所属平民对诸侯贵族分配的"私田"享有使用权和收益权。可以看出，先秦时期的土地产权具有阶级性，普通民众仅拥有较窄的土地权利范围。

另外，为了保护耕地质量，会按照耕地好坏将耕地分为上、中、下三等。上等地一夫授田 100 亩，每年耕种不必休耕；中等地加倍授田 200 亩，耕种一年休耕一年；下等地一夫授田 300 亩，耕种一年休耕两年。为了避免苦乐不均，所属平民要定期交换土地，并随份地变动而迁居，即"三年一换土易居"。因而，针对特定块地，普通民众拥有的是不稳定的土地产权。

随着农业技术进步以及各诸侯国招徕人口的需要，井田制随之瓦解。由于农业技术进步，劳动生产率提高，加强了土地资源的稀缺性，同时铁农具的广泛使用和牛耕的出现使需要合作的耦耕方式逐渐被淘汰，人口的增加迫使农业生产由粗放型向精耕细作的方向转变，重土地用养的矛盾产生了明晰土地产权关系、稳定土地产权的要求，土地私人占有的条件逐渐成熟。同时，春秋战国时期战争频发，为弥补人员损耗和财政开支，各诸侯国相继"授田与民"招徕人口，土地分配取消了中间层，大部分土地通过普遍授田制分给农民使用，并限令土地不能买卖。自此，自耕农与土地的结合更加紧密，土地权利范围扩大，土地占有和使用期限有所增加。

3.1.2 秦汉以来至民国时期

（1）秦汉晋："授田制"与"名田制"

西周时期确立的"井田制"，在春秋战国时期瓦解。秦国经过商鞅变法，实行"授田制""汉袭秦制"，继承了秦的土地制度，晋朝则对秦汉制度进行了些改良。

自战国时期商鞅变法以来，秦国即开始进行"为田开阡陌封疆"的经济法制改革，取消分封制、废除井田制、实行土地私人占有，普通小农通过国家授田制和等级授田制（如军功授田制）获得土地，土地归国家所有，普通小农仅有土地占有权和使用权（王有强，2008）。为了保证永久有田可授，商鞅的授田制规定父子之间没有土地授受关系（严宾，1991）。公元前221年，秦朝建立，颁布了"使黔首自实田"的土地法令，进行全国性的土地登记，这意味着土地的私人占有得到了政权的保护。综上可知，普通小农拥有了相对长期的土地占有权和使用权，并且在全国范围内得到了认可。

军功授田、民户自有土地、买卖而来的土地是汉初占田的三个来源（李恒全，2007）。汉代存在授田，但不存在广泛的授田，对于普通民户而言，主要以名田制为主（即以上述后两种为主要来源）。汉代允许土地买卖，但对土地的转让、买卖和继承进行了一定的限制，通过规定不同等级的占田限额来维护等级制度、抑制土地兼并（武建国，1993；李恒全，2007）。同时，若土地购买者死亡或身份下降，其购买的土地有可能被官府收回，而不能由其本人或继承者拥有，也就是说，购买者所购买的只不过是土地的使用权或临时占有权（于振波，2005）。自土地可以买卖，平民所拥有的土地权利范围进一步扩大，使用期限进一步延长。但在阶级特征下，平民通常会因负担过重而被迫卖出土地，法律上稳定的产权安排对于弱势平民而言实则是不稳定的。

（2）隋唐："均田制"

随着西晋王朝土崩瓦解，便进入了中国历史上的南北朝时期。南方主要发展大土地所有制，而自耕农小块土地所有制萎缩；北方则从土地所有权的混乱状态过渡到均田制（臧知非等，2020）。北魏是北方的第一个王朝，北魏初年实行"计口授田"，使游牧民族与土地结合，组织农业生产。北魏孝文帝在公元 485 年颁布均田令，隋唐时期延续均田令。

均田制实行"耕者有其田"政策，广大农民均有田耕种。土地国有，国家拥有所有权和处分权，土地平均分配。从北魏开始到唐朝，露田或口分田一般不允许买卖，实行适龄授田、年老还田，体现了土地所有权与使用权的分离，合理地解决了人口与土地再分配问题，但在一定条件下，口分田也可以买卖（薛政超，2016）。永业田（或桑田）可世代继承，并且允许买卖，但政府通常会进行限制，例如，北魏仅允许"得卖其盈""买所不足"，唐朝规定"身死家贫""流移""乐迁就宽乡者""卖充住宅邸店碾硙"满足其一可卖出永业田（薛政超，2016）。均田制通过限制土地买卖控制了土地兼并现象的发生，抑制了社会的两极分化和贫富不均；小农拥有长期的使用权、经营权和收益权，从而稳定了小农的生产经营（郑雄飞和黄一倬，2021）。

随着人地关系矛盾紧张，农民土地的实际占有与制度设计严重不符，均田令中禁止土地买卖的诏令有严格化趋势但却未能得到严格执行，农民赋税沉重、社会分化，最终导致均田制瓦解，由此统治者的"均田理想"彻底破灭（薛政超，2016；张金龙，2017；郑雄飞和黄一倬，2021）。

（3）宋元："租佃制"

中唐后期均田制遭到严重破坏，但《唐田令》中的少数条款仍在继续使用，并沿用到五代、宋初。宋依靠大官僚地主支持而取得政权，采取"不立田制""不抑兼并"的政策，但实际上政府抑制土地兼并，而社会流动日益频繁、权贵势力膨胀等原因导致抑制兼并政策的实施效果较差（李先东等，2018；臧知非等，2020）。宋代不再规定占田的最高限额，并允许土地自由买卖，因而宋代土地兼并之风更盛（杨际平，2005）。民田地权逐步扩大，土地买卖频繁，土地产权权能进一步分离，租佃经营更普遍；官田有的实行雇工直接经营，有的将农田租佃给农民耕种，有的则效仿民田将其出卖（杨际平，2005）。虽然土地可通过买卖获得，但国家仍然拥有处置权，国家可以随时征用、强占、强买，甚至没收这些土地。因而，土地虽然可以买卖，但实质上仍为国家所有，私人拥有占有权，农民对所占有的土地可以买卖、继承、出租、抵押等。

宋代不限买卖的土地政策使土地集中到大小地主手中，而小农在更大范围内采取了租佃方式来经营，与唐代相比，宋代小农租佃的比例更高（耿元骊，2007）。宋代以后，书面租佃契约普遍出现，地租形式有分租制和定租制两种，分租制的佃农依赖于地主供给生产资料和借贷，对地主有极大依附关系，每年地租率一般为双方各得亩产量的百分之五十（余也非，1981）；定租制的佃农对地主的依附关系较小，不会受到地主的直接控制和任意剥削，定额地租根据土地肥沃程度确定，无论收成好坏，必须按约定量交纳（张锦鹏，2006）。宋代时，南方农业基础较好，生产风险相对较小，因而以定租制更常见，而北方主要行分租制，到了元代，南方也流行分租制（余也非，1981；张锦鹏，2006）。

到了元朝，元朝收回旧有的官田，通过籍没扩大了不少官田，开始政府的官田绝大部分被用作赐田，享有特权的贵族在赐田后又采取各种手段进行土地兼并，组织规模很大的田庄，奴役佃户，进行高额地租和超经济剥削。元朝政府在发现赐田的弊端后，颁发诏令收回赐田，并采取租佃制经营（杨国宜，1984）。民田方面，政府承认宋代的地主土地所有制，允许土地买卖并且土地兼并程度更甚，而这也促使了租佃制的发展（杨国宜，1984；梁庆鹏，2020）。大体上，元朝的土地制度继承了宋代的一些做法：土地允许买卖，土地产权分离普遍，小农以租佃经营为主。

（4）明清："一田二主"

明代中期开始，"一田二主"现象盛行。这不同于起源于宋代的永佃制，永佃制下佃户拥有永远耕作权，土地的其他权利归地主所有，若佃户欠租，地主有权撤佃。永佃关系的出现源于官僚豪绅通过国家封赐获得大量无主荒地，荒地所有者通过允诺垦荒农民永久耕种并世代相传的权利，以鼓励无地农民付出劳动垦荒及改良土壤。"一田二主"是永佃关系进一步发展的结果，地权进一步分化，在租佃制度上形成永佃关系，在土地制度上形成"一田二主"形态（李文军和王茂盛，2008；孙超和刘爱玉，2017）。

"一田二主"下，一块土地被分为田面和田底两部分，土地所有权被分割为田底权和田面权，分别由田面主和田底主持有。田面持有人向田底持有人交纳地租，田底持有人独立承担赋税，田底和田面可以独立进行买卖、典当、馈赠等，只不过田底持有人没有耕作权。即便田面持有人欠租，田底持有人也无权撤佃（吴滔，2004；李文军和王茂盛，2008；张亮和杨清望，2014；孙超和刘爱玉，2017）。作为"一田二主"现象的延伸，田面持有人将田面转租给他人耕种，自己也收取地租，这便形成了一田三主，以至一田多主的现象。"一田二主"下，佃农与地主的人身依附关系被契约关系所取代，佃农拥有长期稳定的租佃关系，且拥有的权利范围扩大，其经济地位有所提高，激发了其获取更大土地经济效益的积极性（吴滔，2004；张亮和杨清望，2014）。

"一田二主"削弱了原有田主的所有权，影响了田底持有人纳税的能力，清政府试图合田底、田面为一，但这一习俗或习惯并未因公权力取缔或限制而消失，直到民国时，"一田二主"制仍然流行（张亮和杨清望，2014；孙超和刘爱玉，2017)。1930 年，"中华民国"民法典以现代产权制度为指导，创制了有中国特色的现代永佃权制度，由此明清时期的田面权制度彻底终结（李文军和王茂盛，2008)。

（5）民国时期：土地私有化与"一田二主"的改造

民国北京政府时期（1912—1928 年），北洋政府对清王朝的官庄旗地采取私有化政策，把各种官有及公有土地出卖，地主商人及大小军阀乘机圈占了大量荒地，土地所有权高度集中在地主及军阀手中，而使用权则高度分散于小农，民间"一田二主"习俗仍具有旺盛生命力。政府编纂的《民国民律草案》中，除土地所有权外，按照西方的法律体系确定了土地债务权、地役权、地上权、抵押权等权利体系，又保留了中国传统土地制度中的永佃权、先买权、典权等。土地所有权方面，规定未经登记的土地经过个人长时间的占有，可通过土地登记取得所有权（张亚飞和马小兵，2010)。永佃权的存续时间被限定在二十年至五十年之间，可以让与或转租，永佃权人连续两年未支付租金可被撤佃。由于该规定与民间永佃习惯不符，政府还是认可和接受了民间永佃习惯（张亮和杨清望，2014；郑中云，2020)。

南京国民政府时期（1927—1949 年），国民党政权既不想也不敢触动大地主利益以危及自己的统治，据 1933 年的调查数据显示，占农村人口不到 10％的地主拥有全国 60％～70％的土地（廖光珍，2003)。但这一时期，司法制度进一步完善，政府制定了《佃农保护法草案》《土地法》等近代法律，否定了永佃习惯中的双重所有权，肯定了佃农的永佃权，明确了永佃权受制于所有权权能，并且只能作为用益物权进行流转，法院也在审判实践中贯彻了相关规范要求（廖光珍，2003；张亮和杨清望，2014)。随着政府对"一田二主"关系的改造，短期租佃、不定期租佃等租佃形态越来越受到田主欢迎，佃农受剥削的程度愈加严重，农村地租居高不下（廖光珍，2003)，其所拥有的权利范围和期限都大幅度减少，政府对所有权的过度保护以及使用权受保护程度较弱导致了地权的不稳定（张亮和杨清望，2014)。

3.1.3 新中国成立至改革开放前

这一阶段可分为两个时期，即土改时期和公社化时期。中国农村土地制度经历了三次重大变革，实现了从封建地主土地所有——农民土地所有——农民所有、集体经营——集体所有、集体经营的巨大转变（陈海秋，2003；陶林，2009；郑淋议等，2019)。

土地改革时期，颁布了《中华人民共和国土地改革法》，土地实行全民所有制。土地所有权和经营权高度统一，均为农民所有。土地产权可以自由流动，允许买卖、出租、典当、赠予等，国家通过登记、发证、征收契税等对土地进行管理（陈海秋，2003；郑淋议等，2019）。

公社化时期，中国进入了社会主义改造时期，为积累资源发展现代化工业，1952年完成国民经济恢复任务之后，借助"互助组—初级社—高级社—人民公社"等诱致性和强制性相结合的措施逐步将农地产权变"私有"为"公有"（谢宗藩和姜军松，2015）。

3.1.4 改革开放以来

(1)"两权分离"（1978—2014年）：**集体所有、家庭承包经营**

从1979年《关于加快农业发展若干问题的决定》、1982年中央1号文件到1988年《中华人民共和国土地管理法》，逐步确立了家庭联产承包责任制。1982—1986年，政府连续颁布了5个1号文件，承认了联产承包责任制的合法地位，1986年通过的《中华人民共和国民法通则》（现已废止）首次以法律形式确立了农地承包经营制度（谢宗藩和姜军松，2015）。家庭联产承包责任制中，农地所有权与使用权相分离，所有权归集体所有，按户平均分包的农民家庭拥有使用权，集体经济组织对土地实行统一调整、分配及公共投资，由此形成了"有统有分、统分结合"的双层经营体制（罗玉辉，2020）。

除了确立家庭联产承包责任制，政府强调要稳定家庭承包经营关系（附录表A-1）。1984年中央1号文件规定，土地承包期应在15年以上，1993年提出再延长30年不变。1998年《土地管理法》以法律的形式规定土地承包经营期限为30年。2009—2014年中央1号文件持续强调稳定农村土地承包关系并长久不变。因而，稳定承包经营关系是"两权分离时期"的核心。

随着产权主体虚置、权属关系不清等问题凸显，推进农村集体土地确权和登记是2008年以来中央1号文件聚焦的议题（附录表A-2）。"两权分离"阶段也是土地流转萌芽到逐渐规范的时期，从不允许出租→可以转包→可以转让→鼓励流转，经营权流转范围越来越广泛，流转对象越来越多元化（附录表A-3）。

(2)"三权"分置（2014年以后）：**集体所有、家庭承包、多元主体经营**

随着我国农村劳动力流动加剧，农村土地粗放利用、细碎化经营等问题凸显，全国各地陆续出现农地流转现象，但土地产权制度的不完善制约了农地流转的健康发展。2014年中央1号文件明确实行所有权、承包权、经营权"三权"分置，这标志着"三权"分置改革构想在中央政策层面正式确立，农民拥有了越来越丰富的土地权能。

"三权"分置提出以后，政府从法律方面界定"三权"的内涵，从政策方面推动办法的形成及落实（附录表A-4），政府仍积极采取措施稳定土地承包关系（附录表 A-1），2019 年基本完成土地确权登记颁证工作（附录表 A-2）。从两权分离时期的"稳定承包经营关系"到"三权"分置时期的"稳定承包关系"，体现了土地产权权利的分离。第一轮承包期 15 年（1983—1997 年）、第二轮承包期 30 年（1998—2027 年）、第三轮承包期 30 年（2028—2057 年），随着政策落实及配套制度建立，农户拥有越来越稳定的土地承包权，为经营权的稳定流转奠定了基础。

"三权"分置源于土地流转实践，其本质就是要引导土地经营权有序流转、发展适度规模经营，并进一步丰富土地经营权的权能。"三权"分置制度确立以来，中央 1 号文件除了强调要保证承包权的稳定外，还对经营权的流转和使用提出了指导意见（附录表 A-5）。2015—2021 年中央 1 号文件关于这一主题的焦点之一在于创新土地经营权流转方式，如土地经营权入股合作社和龙头企业、土地经营权全部或部分流转给社会化服务组织（全托管、半托管）等，通过培育新型农业经营主体（家庭农场、合作社、社会化服务组织等），发展土地或服务的规模化经营，最终推动农业的产业化经营。除了土地经营权的流转，2015—2020 年的中央 1 号文件进一步丰富了土地经营权抵押贷款的权能，经过 3 年经营权抵押贷款试点，2018—2020 年中央 1 号文件明确土地经营权可抵押融资，由此土地经营权的抵押权能发展成熟。

3.1.5 总结与思考

（1）关于土地私有

许多学者依据土地是否可以买卖为标准，认为我国古代存在土地私有制，特别是秦商鞅变法开启了土地私有制的序幕。但也有学者驳斥了这一观点：商鞅变法后，秦国容许买卖土地的社会根源与条件不存在，其实行的仍然是土地国有制（严宾，1991）。甚至有学者反驳了我国古代存在土地私有制的思想：臧知非等（2020）认为不能单从经济学角度根据土地买卖及其法律体现，将其混同于古典或者资本主义的土地买卖，而泛称为土地私有制，中国古代私有制是有等级的、不完全的，隶属于土地国有制的。李勤通（2019）认为从私领域来看，中国古代私人土地所有权权能相对完整且有效；但在公领域，国家拥有对土地再分配的权力、对土地使用权有限制、在土地收益分配中为主导地位、对私人间土地买卖仍有限制，私人土地产权在国家层面受到诸多限制，因而并不存在土地私有制。综上可知，持相反观点的学者主要从社会关系上否认了土地私有制：尽管土地在经济上可以买卖，但自耕农拥有土地的有限权力，国家仍然有支配和处置土地的较大权力，并对土地买卖实施了诸多限制。

土地的公有制与私有制之争，使较多学者重新审视了两者所体现的内涵。

郑彧豪和郑林（2017）认为何为公、何为私的概括或分类存在着不确定性，私有制度的建立和运行本身就依附于体现社会共同意志的公共组织，公有和私有制两分法存在缺陷。朱道林等（2020）认为从历朝历代土地制度形态来看，并没有绝对的公有制或私有制，在公有制下也存在土地的私人占有与使用，在私有制下同样存在土地公有、共有关系。古代的井田制、授田制、均田制，均体现了国家对土地的控制力，而宋代以后土地兼并之风日盛，又表现出很强的私有色彩。国家与私人对土地的控制此消彼长，出现了各种形式的土地制度。因而，不存在绝对的公有制与私有制，只能说在特定的历史形态下，公有还是私有的成分更多（李先东等，2018），土地的私有仍然隶属于土地的国有。区分土地的公有制和私有制并不重要，重要的是农地权利的广度、深度是否能适应和促进社会经济的和谐发展。

（2）自耕农的农地产权

古代不同阶层享有的权利不平等。先秦时期，贵族拥有土地的使用权、收益权与继承权，不能转让与买卖；耕种公田的奴隶没有土地的任何权利，所获收入全部上交；耕种私田的村社成员拥有土地的使用权、收益权。秦汉时期，平民拥有土地使用权、收益权，但到了年龄会被收回土地，父与子之间无继承关系；汉朝明确不禁止土地买卖，但不意味着购买者拥有永久使用、继承的权利，农民实际上拥有的是土地使用权、收益权及转让权。隋唐时期，永业田允许买卖且能继承，农民拥有永业田的使用权、收益权、转让权与继承权。宋元时期，农民对民田可以继承、出租、抵押、买卖。明清时期，田底和田面均可以买卖、转让、典当、馈赠等，只不过田底持有人没有耕作权。民国时期借鉴西方经验构建了具备中国传统特点的地权法律体系，包括所有权、地役权、抵押权、不动产权、永佃权、典权和先买权等。从仅有使用权、收益权，到拥有土地的转让权、继承权、抵押权、买卖权、永佃权、馈赠权等，由土地产权派生出的权利范围越来越广泛，土地权能越来越丰富。

随着土地由"三年一易""适龄还田"向允许买卖与继承过渡，自耕农理论上拥有越来越稳定的土地产权，但徭役赋税负担的加重使农民实际上拥有不稳定的土地产权。井田制时期，实行3年1次"换土易居"，村社成员拥有不稳定的有限土地产权。授田制时期，秦实行"爰田制"。隋唐以后，自耕农的永业田允许买卖与继承，因而有相对长期、稳定的产权。自土地买卖受到越来越少的限制后，自耕农拥有越来越长期、稳定的产权。但天灾、战乱、官府腐败等天灾人祸有可能导致农民面临繁重的徭役负担，农民不得已出卖土地，如此一来，农民的土地产权实际上并不稳定，随时会因沉重的负担而背井离乡，沦为佃农或流民。

中国改革开放以后的"两权分离""三权"分置，在坚持土地集体所有的基础上，不断拓展不同性质土地的权利范围，如承包地的承包权、收益权、抵押权、转让权、出租权等，租入地的经营权、收益权、抵押权等，农民拥有的土地权能越来越丰富。虽然历史上的土地权能更加丰富，但对广大农民阶层并无多大益处，反而造成了贫富分化、社会动荡。如谢宗藩和姜军松（2015）所说，只有当权利主体所拥有的"权力"对等时，权力才会转化为权利，利益结构才会趋于平等。新中国成立后进行的土地改革，从早期的公平优先，到现今的公平与效率并重，不仅促进了农业经济的发展，还保证了社会的稳定与和谐，体现了中国特色社会主义土地制度的优越性。土地产权期限虽不是永久产权，但在相当长的时间里保证了土地产权的稳定，从而促进了农业经济的可持续发展，同时避免了土地资源不能调整而导致的社会阶层分化，以及未来国家经济社会发展需要而导致的政策反复。

（3）关于土地产权流转

古代社会土地产权的流转包括了所有权和使用权的流转，所有权的流转源于土地可以买卖，使用权的流转则主要源于土地资源占有的不均。首先，封建社会的土地买卖推动了土地所有权交易市场的发展。土地买卖的起源可追溯到秦朝时期[①]，汉朝以后不完全禁止土地买卖，宋代不限买卖的土地政策使土地交易达到历史的高峰，明清时期的"一物两权"使土地交易范围更加广泛，民国时期土地买卖回归"一物一权"。与此同时，宋代的官田、学田，明代的官庄、屯田，清代的旗地都突破了买卖禁令，进入土地市场（孙梵，2010）。其次，土地资源占有不均促进了土地使用权的流转。封建社会的租佃关系在战国就已出现，直至明清时代，不同时期佃农对地主存在不同程度的人身依附关系。从土地使用权的需求方来看，小农本身抵抗风险的能力较差，随着天灾人祸导致的徭役赋税等负担加重，小农不得已出卖土地，无地、少地农民通过出租土地或被雇佣的方式从事农业生产。从土地使用权的供给方来看，权贵、地主阶层通常占有较多的土地资源，在落后的生产力背景下，地主无法完全自行耕种，需要雇佣小农或者出租土地以维持土地的农业生产。地主拥有的大面积土地或者以雇工方式经营，或者以出租方式经营，佃农通过租入地主的土地，从而获得土地的使用权。供方和需方都有流转土地使用权的需要，从而促进了土地租佃制的发展。

---

① 历史界对西汉董仲舒关于秦商鞅之法"民得买卖"土地的说法深信不疑，但也有学者根据秦朝时期的户籍制度、授田制度、耕战制度等认为秦朝实际上并不存在允许土地买卖的条件。然而不排除发展到秦朝后期可能存在的土地买卖现象。

随着佃农与地主之间由人身依附关系转变为契约关系，古代社会佃农才拥有了比较独立的经营权，并且永佃制下的佃农拥有相对长期、稳定、独立的使用权。唐朝之前，贫苦农民通常成为贵族豪门的佃客附户，佃农与地主之间为较强的人身依附关系。唐朝开始租佃关系有了新的发展，佃农与田主之间转变为契约关系，佃农享有比较独立的经营权。从宋代的"租佃制""永佃制"到明清时期的"一田二主"，人与人之间为契约关系（林祥瑞，1981），同时永佃制契约中明确了佃农可以永远耕种，由不确定的使用权到许以永久使用权、由地主有权撤佃到田主无权撤佃，佃农使用权的稳定性不断增强，佃农的生产积极性得到大幅提升。随着民国政府对"一田二主"的改造，政府对所有权过度保护、对使用权保护不足导致佃农的土地使用权极不稳定，地主与佃农之间重新转变为人身依附关系，佃农受到极大的剥削与压迫，短期租佃、不稳定租佃比较普遍。

中国改革开放以来的"三权"分置，是在广大农民先行先试的基础上总结出来的经验。土地经营权流转源于非农部门的快速发展及农业劳动生产率的提升，随着生产力进一步发展，土地经营权将被赋予更加丰富的内涵。当前我国还存在土地流转期限较短的问题，这一方面是由于农户对承包权存在不稳定的预期，另一方面可能是租入方承担风险的能力较差使其愿意短期租赁。随着国家出台稳定承包权的政策，将能促进承包方签订长期承包合同；新型农业经营主体的培育，将使具有长期投资意识及风险承担能力的经营主体从事生产经营，其更愿意签订长期经营合同，以通过用养结合促进农业生产率的提升。尽管改革开放后的社会关系、土地制度与古代完全不同，但相关学者在探讨土地流转、土地托管等问题时，仍可以封建社会的土地租佃制为基点，因为相关思想在中国古代就已存在，分成制、定额制的租赁形式仍有借鉴价值。

宋代以后的"永佃制""一田二主"制对我国现阶段土地制度的创新也有借鉴意义。许多学者在探索中国农村土地制度的过程中提出了实行土地国有化前提下的永佃制设想（安希伋，1988；李敏，2007；董栓成，2010；谢冬水和黄少安，2011；韩立达等，2017；王艳西，2018），土地所有权类似于田底权，土地承包经营权类似于田面权，可以自由流转、继承等，土地承包经营权的永佃期限可设置为 70 年，且到期自动续期（韩立达等，2017）。做出此设想的原因在于，农户所拥有的土地权能不完整、不明晰，农户没有确定的长期使用期限，从而导致土地资源恶化、效率低下等生态经济问题的出现。相关学者认为永佃制是在坚持土地集体所有下的有益尝试，与"确保现有土地承包关系保持稳定并长久不变"的政治要求一脉相承。本书认为永佃制的可行性还需要考虑以下方面：①农户个人土地使用权能的拓展在提升产权效率的同时，是否有利于实现社会公平、避免社会分化？②政府为避免耕地的恶化，承担了相对长期的耕地质量保护投资，土地使用期限的延长在促进农户保护耕地资源上有多大的作用？后者则是本书拟论证的问题之一。

3.2 我国农村集体所有及国有农场农地产权特征

3.2.1 我国农村集体所有农地产权特征

2013 年，我国政府颁布的《中共中央关于全面深化改革若干问题的重大决定》中，提出了"三权"分置，并对三种权利进行了界定和区分。"三权"分置的目的是在保证土地资源公平分配的前提下，提升土地资源利用效率。2019 年我国家庭承包耕地面积约为 15.5 亿亩，机动地面积约为 6 805 万亩，其中全国家庭承包耕地流转面积约为 5.5 亿亩，3.1 亿亩耕地流入农户，由此可知，经营权流转越来越普遍，且流入主体越来越多元化。

2002 年我国颁布了《中华人民共和国农村土地承包法》，2018 年中央政府对部分条款进行了修订，它通过明确承包权性质、权利、期限、保障方式等力图赋予农民有保障的土地承包权。本节将结合《中华人民共和国土地管理法》《中华人民共和国农村土地承包法》阐述土地所有权、承包权、经营权的当前特征。

（1）所有权

农村土地实行集体所有，土地发包后不得买卖，所属成员能在土地承包方面表达意见。农村土地集体所有是一种共同所有制：村所属农民有按照一定规则获得相应份额土地或其收益的权利，成员能在土地承包、经营等方面表达意见和建议，可按照村集体有关规定占有、使用、转让、流转土地资源或其权利，但不能超越村集体的权利范围处置土地所有权。农地集体所有最大限度地保证了资源禀赋占有的公平性，避免了历史上土地私人占有买卖可能导致的社会分化。相关法律看似明晰了农地所有权主体，但仍存在所有者缺位问题，村集体缺乏足够的动力去维护和养护所拥有的土地资源，甚至还可能利用信息不对称进行权力寻租，若没有合理的激励和约束机制，可能导致土地资源效率下降及价值流失，例如农村机动地的管理。

（2）承包权

承包权有以下特征：①承包权是成员权，承包方必须是村集体内部的农户。②承包权包含使用、收益、互换、转让、流转、担保物权等权利。③承包权为有条件的"继承"：以家庭承包方式获得的承包地，同一户口内成员可以继续承包。通过招标等方式获得的承包地，无论是否为户口内成员，继承人都可在承包期内继续承包。④相对较长的承包期：1993 年和 2018 年中央分别两次提出延长承包期，第一轮承包期 15 年（1983—1997 年）、第二轮承包期 30 年（1998—2027 年）、第三轮承包期 30 年（2028—2057 年），农户拥有比较稳定的土地承包权。⑤政府通过土地登记颁证、规范承包合同、限制土地行政调整（规定承包期内不得收回、调整承包地）以保障承包权的稳定性；⑥承包户有独立的经营自主权。

（3）经营权

1993 年，政府允许土地使用权依法有偿转让。当承包者与实际经营者相分离时，承包者所拥有的经营权就被让渡给了实际经营者，土地流转、土地托管等均涉及经营权流转，但权利范围有所差别。具体而言，经营权有以下特征：①经营权可由任何个人或组织享有，与承包权需要组织内成员享有不同，经营权可被流转给任何个人、组织。②经营权期限受限于承包权期限，经营权为继受权，经营权期限少于承包权，从期限长短来说，经营权不如承包权稳定。③经营权包含使用、收益、流转、担保物权等权利。④政府通过引导签订规范的流转合同，以 5 年为期限允许土地登记以保障经营权。

3.2.2　我国国有农场农地产权特征

除农村集体所有的农用地外，我国还存在国有农场约 1.6 亿亩的国有农用地。国有农场以生产资料全民所有制为基础，以经营农业为主、兼营非农产业。如图 3-1 和图 3-2 所示，我国国有农场数量及职工人数大体呈下降趋势，2019 年，我国农垦系统国有农场 1 843 个，职工 214.7 万人，耕地面积 6 480.8 千公顷，与 1978 年改革开放时相比，国有农场减少了 224 个，职工减少了 299 万人，耕地面积增加了 5.5 万公顷。2019 年国有农场职工平均耕地

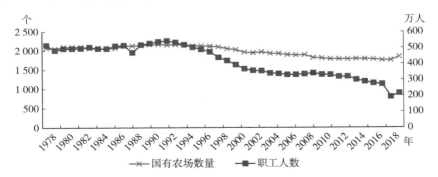

图 3-1　国有农场数量及职工人数变化趋势

资料来源：《中国农村统计年鉴》。

面积约为 45 亩，与 1978 年职工平均耕地面积 18 亩相比，当前国有农场具有显著的规模优势。

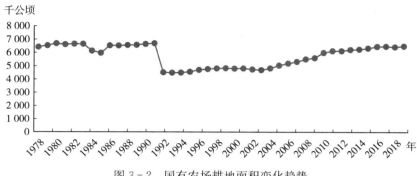

图 3-2　国有农场耕地面积变化趋势
资料来源：《中国农村统计年鉴》。

　　根据 2019 年《中国农村统计年鉴》的数据显示，我国除西藏外，其他 30 个省、自治区、直辖市均有国有农场，新疆、江西、黑龙江、福建、内蒙古、辽宁均拥有 100 个以上的国有农场，其中新疆拥有的国有农场数量（318 个）和职工人数（42.7 万人）最多，黑龙江的耕地面积最大（2 965.5 千公顷），内蒙古（206 亩/人）、黑龙江（172 亩/人）的职工平均耕地面积相对较大。

　　国有农场借鉴农村家庭联产承包责任制，推行土地承包责任制，实行职工家庭承包经营为基础、大农场套小农场的双层经营体制（大农场即国有农场，小农场即家庭农场），即国家所有、家庭经营、合同制约、自负盈亏。由于针对国有农场的土地制度缺乏专门性的法律规范，同时地方性调整土地关系的规范层级较低、数量较少，不同地区国有农场的土地制度存在一定差异和随意性（马三喜和陈彦彦，2012），各农场的经营方式也有所差异（桂华，2017）。通过整理相关规章制度、文献资料，国有农场土地制度有以下特点：

　　第一，国有农场大体推行"两田制"：责任田（基本田、身份田或口粮田等）、机动田（规模田、经营田或招标田等）。责任田通常为身份田，以在册户口为依据分配土地，按照低于市场地租收取土地承包费，赋予相对长期稳定的承包经营权，但仍需分期签订承包合同；机动田为招标田，根据能者多劳原则发包，按照市场价格出租，租赁期一般为 1～3 年，奉行农场职工优先原则（李红梅，2010；贺雪峰，2017）。"两田制"体现了公平和效率原则。

　　第二，土地国家所有，职工家庭只有"有限"的土地使用权。土地国有，农场有使用权，农场将土地租赁给职工，职工需缴纳土地承包费①，是否可以转包（农场内部职工之间流转）或出租（流转给农场外部人员）则与各地不同时期的国有农场政策有关（李红梅，2010）。职工与农场的土地承包关系为债权性承包关系（马三喜和陈彦彦，2012；桂华，2017），这增加了国有农场的统筹能力②，但削弱了职工的自主经营能力：职工按照农场制定的生产经营制度组织生产，在土地的使用、经营上与农村农民相比，缺少话语权（贺雪峰，2017；朱玲，2018）。

第三，土地承包租赁期限不得超过其退休年龄。农场职工与企业职工一样需要缴纳企业社会保险，承包期以退休年龄为限，退休时需退出耕地，但其子女可优先承包其土地③。国有农场大体遵循农村土地承包关系长久不变的思路，农场职工可耕种到退休，但通常是由农场与职工分批签订租赁合同，可能是一年一签，也可能是3～5年一签（贺雪峰，2017；桂华，2019）。

第四，国有农场土地承包经营权流转受到较多限制。首先，国有农场限制外来人员租赁土地，且合同期限较短④。其次，不同地区在不同时期对土地流转有不同限制（李红梅，2010；贺雪峰，2017）。例如，黑龙江垦区仅允许基本田的承包经营权转包、互换、转让；新疆兵团仅允许身份地的承包经营权以转包的方式进行流转，即只能限定在团场承包职工之间⑤。随着国有农场土地权益分置改革，诸多限制逐渐取消。

与我国农村地区相比，国有农场土地经营制度有一定特殊性，例如土地产权性质不同、承包租赁关系相对不稳定、生产经营干预程度不同等，但国有农场土地承包经营制度改革大体遵循农村土地制度改革思路（桂华，2019），除了保留国有农场的组织、统筹能力以及规模优势，土地生产经营方面都逐渐与农村生产经营趋同，例如稳定承包租赁关系、进行使用权确权登记、开展使用权抵押担保、推进土地权益分置、减少生产经营活动干预等。

---

① 黑龙江省人民政府《关于印发全省深化国有农场税费改革工作实施方案的通知》。

② 王海娟：国营农场打造农业领域航母何以可能？（https://www.guancha.cn/WangHaiJuan/2018_12_21_484035_s.shtml）。

③ 2016年《深化农垦改革专项试点工作方案》指出，职工土地承包租赁期限不得超过其退休年限，职工退休后其承包租赁土地应交回农场，防止长期简单固化土地承包租赁经营关系；在同等条件下，职工承包租赁的土地可由其在农场务农的子女优先租赁经营。

④ 2016年《深化农垦改革专项试点工作方案》指出，要从严控制一般外来人员和企业等到农场租赁土地；外来人员租赁农场土地期限要以中短期为主；要处理好国有农场、农场职工和外来人员之间的利益关系，维护国有农场的生产稳定和社会稳定。

⑤ 资料来源：《关于深化兵团农牧团场改革的意见》，即"1+3"文件。

农村"三权"分置背景下，国有农场也积极推进权益分置[①]，职工微观层面所拥有的土地产权特征与农村农民类似：职工所拥有的土地承包权也是成员权，包含收益、流转、抵押担保等权利；经营权包含使用、收益、担保物权等权利，经营期限受限于承包期限等。对于流转期限、经营权流转等方面有的农场仍有限制，例如流转期限不超过 3 年，以转包、出租方式流转的身份地（耕地）原则上不能再流转等[②]。

3.3　新疆兵团农地产权特征

新疆兵团与一般农垦不同，其直属中央，为省部级单位，肩负着屯垦、戍边两项职责。兵团沿袭了军队师、团、连的称谓，连队承包农户为职工，不按月发放工资，但保留工资级别和统一调整工资级别的权利，以备调动和离退休时使用，与企事业单位人员一样享受社会保险（柴富成，2013）。

自兵团建立以来，土地所有权归国家所有，土地经营权经历了归国家所有、逐步下放阶段。1978 年以前，兵团土地由国家所有并且经营权由国家统一支配，各团场拥有使用权；1978 年以后，借鉴全国家庭承包经营制度，兵团土地所有权与经营权开始分离，逐步建立起以团场企业承包经营以及团场内部家庭承包经营为核心（即大农场套小农场）的双层经营体制，经营权由团场和职工家庭共同拥有。2006 年，兵团规定职工家庭固定使用团场土地的最长期限为 30 年，建立了"土地长期固定、产权明晰到户、农资集中采供、产品订单收购"的基本经营制度，同时进一步明确和扩大了承包职工家庭的生产经营自主权[③]。2017 年，兵团通过核准耕地、确权颁证进行了土地调整与确权，土地平均分配到职工，承包期以退休年龄为限，同时改革了多年来计划经济式的农场经营模式，全面取消了"五统一"[④]，农户经营自主权大大增加，成为真正意义上的理性经济人。

兵团耕地主要分为"身份地""经营地"。"身份地"只有在编兵团职工依据职工身份享有，2017 年改革之前规定承包经营期限不能超过 30 年，并且与职工分期签订承包合同（一般为 5 年），改革后则以退休年龄为限。2018 年规定身份地经营权可以转包、出租、互换，但禁止转让、入股，且流转期限在不

---

① 即落实国家所有权、强化农场使用权、稳定农工承包权、放活土地经营权。
② 2018 年《新疆生产建设兵团连队职工身份地（耕地）经营权流转管理办法（征求意见稿）》。
③ 资料来源：《关于深化团场改革的意见》，即"1+3"文件。
④ 五统一：统一种植计划、统一农资采供、统一产品收购、统一农机作业层次和收费标准、统一技术指导。

超过承包期剩余期限的基础上不超过 3 年[①]，与 2006 年规定职工只可在本团场范围内流转土地承包经营权相比[②]，经营权流转范围扩大。"经营地"属于市场化的能者多劳土地承包形式，面向愿意扩大种植面积的职工或社会人员，但租赁期限通常要求为 1～3 年，这部分土地不能长期固定，也不能流转。2017 年土地制度改革以来，兵团要求各团场结合农用地总面积给予职工不低于 40 亩的身份地，并通过土地清理、水资源限制方式逐步收回经营地，进而以身份地形式承包给新进承包户，总体来说，各团场的经营地在减少，基本以身份地的形式分配给了职工。

综上所述，受兵团特殊体制制约，新疆兵团的农地产权制度与我国农村土地制度有所差异，但在 2017 年兵团改革后这种差异在缩小：①我国农村土地除法律规定属于国家所有的以外，属于村集体所有，农户拥有土地的承包经营权。兵团土地为国家所有，团场行使所辖土地的管理权，职工拥有土地的承包经营权；②2017 年兵团土地制度改革以前，职工生产经营自主权有限，团场仅让渡部分土地使用权与经营权，实行"五统一"，承包合同一年一签或三年、五年一签，但与团场利益共享、风险共担，2017 年兵团改革后，其经营自主权与我国农村农户无异；③与农村农户不同，兵团职工享有社会保险，耕地承包期以退休年龄为限，因退休、死亡、辞职或其他原因终止承包合同的，土地可优先发给其符合条件的配偶或子女。因此，自 2017 年土地制度改革以后，兵团职工与农村农户享有基本相同的承包经营权，但在产权期限的安排上有一定差异。

3.4 本章小结

本章主要通过文献及政策文件梳理阐述相关背景信息，具体分析了中国历代农地产权特征以呈现中国农地产权制度的演进历史，阐述了我国现阶段农村和农垦两大农业系统的土地产权特征，介绍了新疆兵团的农地产权制度和现阶段特征。总结内容如下：

古代虽然允许土地买卖，但仍为不完全的土地私有。国家仍然有支配和处置土地的较大权力，并对土地买卖实施了诸多限制。古代从仅有使用权、收益权，到拥有土地的转让权、继承权、抵押权、买卖权、永佃权、馈赠权等，由土地产权派生出的权利范围越来越广泛，土地权能越来越丰富。土地由"三年

---

① 资料来源：《新疆生产建设兵团连队职工身份地（耕地）经营权流转管理办法（征求意见稿）》。
② 资料来源：《关于深化团场改革的意见》。

一易""适龄还田"向允许买卖与继承过渡,自耕农理论上拥有越来越稳定的土地产权,但徭役赋税负担加重使农民拥有不稳定的土地产权。古代社会土地产权的流转包括了所有权和使用权的流转,所有权的流转源于土地可以买卖,使用权的流转则主要源于土地资源占有的不均。永佃制下的佃农拥有相对长期、稳定、独立的使用权,宋代以后的"永佃制""一田二主"制对现阶段我国土地制度的创新有借鉴意义。

我国农村土地为集体所有。承包权包含使用、收益、互换、转让、流转、担保物权、有限制的继承等权利,经营权受限于承包期限,并包含使用、收益、流转、担保物权等权利。国有农场实行职工家庭承包经营为基础、大农场套小农场的双层经营体制,土地归国家所有,职工家庭拥有土地使用权,土地承包租赁期限不超过其退休年龄,承包经营权流转受到一定限制,但随着国有农场权益分置改革,经营权流转制度与农村流转制度逐渐趋同。兵团农垦系统与其他地区国有农场土地制度相似,自 2017 年土地制度改革以后,兵团职工与农村农户享有基本相同的经营自主权,但在产权安排上有一定差异。

4 我国及新疆耕地质量及其相关保护政策

4.1 我国及新疆耕地质量状况

4.1.1 耕地生产力状况

耕地生产力衡量了一定自然条件和投入水平下所形成的经济收获物的数量，它是反映耕地质量的关键指标（王树涛，2008），是耕地自然质量（自身所拥有的满足作物生长的要素）、耕地空间质量（地形、地貌等）、耕地管理质量（机械化、水利化和平整化水平等）、耕地经济质量（综合产出能力）的综合反映（王树涛，2008；沈仁芳等，2012）。为了初步评估耕地质量状况，本节主要考察粮食、棉花和油菜这三类大宗农产品的耕地生产力，以单位耕地面积的作物产量作为衡量耕地基本生产力的指标。

（1）耕地粮食生产力

图 4-1 为 1978—2021 年全国和新疆耕地粮食单产的变化趋势。1978 年到 2021 年 40 多年间，我国粮食单产总体呈上升趋势，粮食单产从 1978 年的 2 527 千克/公顷，增长到 2019 年的 5 805 千克/公顷，共增长了 1.3 倍。在这期间，耕地粮食单产增长最快的年份为 1983 年，增长率为 24.19%；下降较为严重的年份为 2000 年，增长率为−5.15%。在这期间，耕地粮食单产增长率有 10 年为负增长，其余年份均为正增长。

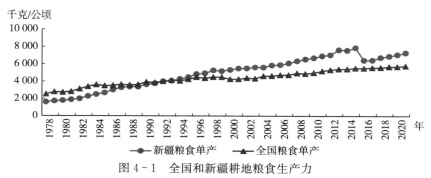

图 4-1 全国和新疆耕地粮食生产力

新疆粮食单产基本呈平稳增长趋势，粮食单产从 1978 年的 1 605.8 千克/

公顷增长到 2015 年的 7 886 千克/公顷，2016 年粮食单产出现大幅下降，2021 年增长到 7 318.9 千克/公顷，与 1978 年相比增长了 3.56 倍。与 2015 年相比，2016 年的玉米播种面积和单产均有所下降，稻谷和小麦面积有所增加、单产有所下降，种植结构调整、农业气象灾害是粮食单产下降的主要原因。在这期间，耕地粮食单产增长率为负增长的有 3 年，其余年份均为正增长。通过数据对比可知，1978—1993 年新疆耕地的粮食单产均低于全国平均水平，1994 年以后，高于全国平均水平。2016 年新疆耕地粮食单产遭遇大幅下降，但仍高于全国平均水平。

（2）耕地棉花生产力

图 4-2 为 1978—2021 年全国及新疆耕地棉花单产的变化趋势。从 1978 年到 2021 年 40 多年间，我国耕地棉花单产波动幅度较大，但总体呈上升趋势，棉花单产从 1978 年的 445.3 千克/公顷，增长到 2021 年的 1 892.54 千克/公顷，共增长了 3.25 倍。耕地棉花生产力增长最快的年份是 1983 年，增长率为 37.84%；下降相对严重的年份为 1992 年和 2003，增长率分别为 -24.14% 和 -19.06%。在这期间，耕地棉花生产力为负增长的有 11 年，其余年份均为正增长。

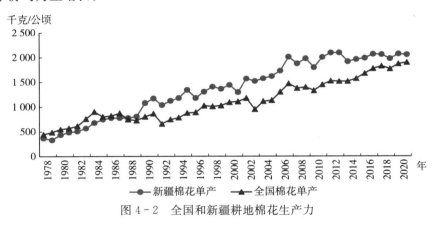

图 4-2　全国和新疆耕地棉花生产力

新疆棉花单产始终保持着波动上升趋势，1978 年棉花单产仅有 367.5 千克/公顷，2021 年耕地棉花单产已增长至 2 046.4 千克/公顷，单产增长了约 4.6 倍。44 年间，新疆耕地棉花单产在 2013 年达到历年最高值 2 088.5 千克/公顷，耕地棉花生产率有 12 年为负增长，其余年份基本保持着正增长。与全国耕地棉花单产相比，新疆棉花虽然在早期不具备生产优势，1978—1987 年单产均低于全国平均水平；但随着机械化程度提升、规模效应体现，1988 年以后新疆棉花单产均超过全国平均水平，2021 年同期高于全国 153.86 千克/公顷。

（3）耕地油料生产力

图 4 - 3 为 1978—2021 年全国和新疆耕地油料单产变化趋势。从 1978 年到 2021 年 40 多年间，我国耕地油料单产呈持续上升趋势，油料单产从 1978 年的 838.6 千克/公顷，增长到 2021 年的 2 757.67 千克/公顷，增长了 2.29 倍。耕地油料生产力增长最快的年份为 1983 年，增长率为 29.62%，其次为 1990 年、1993 年和 2004 年；下降相对严重的年份为 1999 年，增长率为−9.02%。在这期间，耕地油料生产力为负增长的有 8 年，其余年份均为正增长。

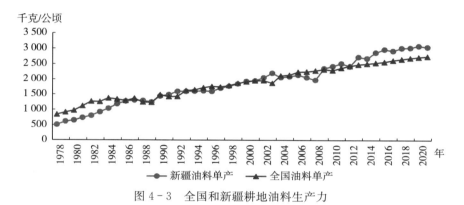

图 4 - 3　全国和新疆耕地油料生产力

新疆耕地油料单产在 1978—2021 年间呈持续上升趋势，从 1978 年的 510 千克/公顷，增长到 2021 年的 3 057.35 千克/公顷，增长了 4.99 倍。可以看出，新疆耕地油料生产力提升幅度较大。相较而言，新疆耕地油料生产在全国范围内不具备明显的竞争优势，2013 年之前耕地油料单产水平基本低于全国平均水平，2013 年后开始高于全国平均水平。

根据以上分析可以发现，新疆耕地的粮食单产和油料单产增长相对平稳，在较少年份有大幅度下降，而耕地的棉花单产则呈现较大波动变化，在较多年份里出现了大幅度的下降。通过考察棉花的种植情况发现，1978 年全国棉花播种面积为 486.7 万公顷，1984 年达到历年种植峰值 692.3 万公顷，2021 年棉花种植面积仅为 302.8 万公顷；而新疆棉花种植面积持续增长，1978 年仅为 15.04 万公顷，2021 年棉花播种面积增至 250.61 万公顷，已成为我国棉花种植第一大产区。我国历年棉花单产出现的几次大幅度下降多与气候、品种有较大关系，随着次适宜种植区退出棉花种植，棉花单产有了相对稳定的提升；而新疆棉花单产的波动多与气象灾害有一定关联。

以上结果表明，新疆耕地生产力总体呈增长趋势，通过种植结构调整、管理及技术水平提升，耕地的综合质量（主要指广义的）有所改善。但耕地生产力的提升仍然伴随着耕地自然环境质量的恶化，如耕地退化、耕地酸化和盐碱化、耕地污染等，这意味着，新疆仍需要通过挖掘耕地自然环境质量的提升潜力，进一步提升耕地生产力。

4.1.2 耕地潜在污染状况

微观层面，耕地质量的退化或污染主要来源于其不合理的土地利用方式、不合理的施肥结构、不科学的用药与施药、不合理的耕作方式、不合理的地膜或包装物处理方式，其中，化肥、农药、地膜是耕地的主要污染物。化肥、农药、地膜等投入一旦超过耕地的自净能力就会造成耕地的污染，我国需要考虑的是如何在维持当前耕地生产力的前提下，降低化肥、农药、地膜的投入。本节通过梳理化肥、农药、地膜使用强度的趋势来揭示耕地污染的趋势状况。

（1）耕地化肥投入及其潜在污染

低投入阶段，使用化肥为增产措施，随着化肥投入增加，将提升耕地生产力。但随着化肥投入饱和以至于超过耕地的自我修复能力，在不对耕地采取养护措施的情况下，将导致耕地板结退化，耕地生产力降低。因而，在不考虑其他养护措施的情形下，随着化肥施用强度增加，耕地退化程度会随之加深，特别是在化肥过度投入情形下。随着化肥施用强度降低，耕地退化将能有所缓解。

根据图 4 - 4 所示，1978 年实施家庭联产承包责任制以来，我国化肥施用强度基本逐年增加，2015 年到达拐点并呈逐年下降趋势。同时，化肥施用强度因早期基数低，表现出较高的正增长，但化肥施用强度的增长率总体在波动中下降，2015 年以前化肥施用强度均为正增长，2015 年以后，化肥施用强度的增长率为负。2015 年农业部下发《到 2020 年农药使用量零增长行动方案》的当年就已达到政策预期，实现了化肥使用零增长，并且化肥施用强度在随后年份里逐步下降。

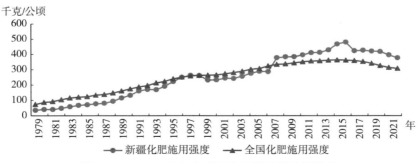

图 4 - 4　1979—2021 年我国和新疆化肥施用强度

资料来源：国家统计局。

新疆化肥施用强度总体呈显著增长趋势，1979 年新疆耕地化肥施用强度 35.45 千克/公顷，2006 年以前基本低于全国平均水平，但 2007 年开始新疆耕地化肥使用强度均高于全国平均水平，2015 年达到历年施用强度最高值 479.36 千克/公顷，高于全国同期 118.33 千克/公顷；2016 年开始虽然有大幅度下降，但整体仍高于全国平均水平。结合耕地生产力的相关数据可知，新疆农业生产仍然处于高化学要素投入、高产出阶段，需要向资源环境友好型生产方式转变，化肥减施有较大空间。

中国平均的化肥施用强度在 1995 年以后就已超过了国际公认的化肥施用安全上限 225 千克/公顷，虽然后来化肥施用强度已呈下降趋势，但 2019 年我国化肥施用强度仍为此标准的 1.4 倍。根据图 4-5 可知，2019 年世界十大农业发达国家中，中国的氮肥和钾肥施用强度位列第一，磷肥施用强度位列第二，可见我国化肥施用不仅在总量上超标，在施用结构上也存在超标、不平衡问题。化肥施用强度过高，一方面意味着化肥利用率低下，另一方面意味着耕地肥力不足，需要依靠化肥的高投入来维持高产出。随着化肥施用强度增加，耕地酸化、板结、储水功能下降等问题突出，我国耕地退化问题变得严峻，2015 年化肥施用强度减少，将使耕地退化问题得到缓解，但与世界农业发达国家相比，我国仍需要通过减少化肥施用以缓解耕地退化，我国在耕地地力上仍有较大提升空间。而在新疆化肥施用强度远高于全国平均水平的情形下，新疆更需要重视耕地退化问题，转变高化肥投入驱动的生产方式，注重用养结合。

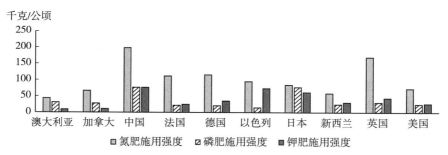

图 4-5　2019 年世界主要农业发达国家的化肥施用结构

资料来源：FAO 数据库。

根据我国单质肥料施用强度的变动趋势（图 4-6），1979 年施用强度由大到小依次为氮肥＞磷肥＞钾肥＞复合肥，1981—1994 年，氮肥施用强度最大，然后施用强度依次是复合肥、磷肥及钾肥；1994—2017 年，氮肥施用强度依然最大，但复合肥的施用强度超过了磷肥，位居第二，往后依次是磷肥和钾肥；2017 年以后，复合肥的施用强度超过了氮肥，位居第一，施用强度由大到小依次为复合肥＞氮肥＞磷肥＞钾肥。可以看出，随着科技与政策驱动，氮肥施用强度下降，复合肥施用强度有所增加，并逐渐占据主导，肥料施用结构趋于合理化，耕地化肥污染会有所缓和。

图 4 - 6　1979—2019 年我国化肥施用强度

资料来源：《中国统计年鉴》《中国农村统计年鉴》。

与全国单质肥料施用结构不同，新疆单质肥料施用强度由大到小依次为氮肥＞磷肥＞复合肥＞钾肥（图 4 - 7），2015 年开始，氮肥和磷肥施用强度呈下降趋势，在随后几年均呈负增长，复合肥施用强度先下降后有所增加，但氮肥施用始终占据主导，钾肥的施用强度最低。根据我国第二次土壤普查数据，20 世纪 80 年代初，我国耕地土壤普遍缺氮、严重缺磷、局部缺钾。但巨晓棠和谷保静（2014）依据 2005 年农户田块尺度的调查数据分析表明，过量施氮田块占总调查田块的大约 33％，进一步与作物平均推荐施氮量对比分析表明，全国过量施氮面积占播种面积的 20％，过量施氮现象普遍。马进川（2018）的研究表明，1990 年到 2012 年我国土壤有效磷含量总体呈上升趋势。学者的相关研究表明，化肥施用提高了土壤肥力，但过量施用普遍存在，并呈现地区、作物差异。在耕地单质肥料含量不足的情形下，化肥的施用能够提升耕地潜力，耕地质量有所提高。但随着耕地中单质肥料饱和，不合理的化肥投入将对耕地造成负担，并产生环境污染。新疆氮肥、磷肥施用强度始终较高、复合肥施用程度较低，而实际中也存在氮肥、磷肥过量问题，这表明新疆的化肥施用结构需要进行合理调整。

有机肥与化肥为互补性生产要素，增加有机肥投入，能提升化肥的施用效率，还能提高土壤肥力。有机肥的投入能缓解化肥施用所带来的土壤板结问题，提升耕地地力。根据联合国粮农组织（FAO）的相关数据（图 4 - 8），2018 年世界十大农业发达国家中，中国有机肥施用强度约为 35 千克/公顷，

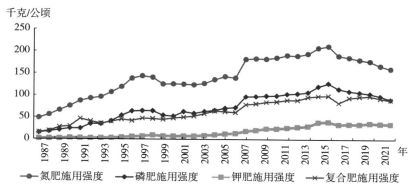

图 4-7 1987—2019 年新疆化肥施用强度

资料来源：国家统计局。

低于新西兰、英国、德国、法国、日本等国，但高于以色列、美国、加拿大、澳大利亚等国；我国有机肥施用强度处于中等水平，但与较高的化肥施用强度相比，我国有机肥施用强度还较低，存在无机肥和有机肥施用结构不平衡的突出问题。近 10 年来，我国有机肥施用呈现一定的波动，但总体波动不大，波动幅度大致在 2 千克/公顷（图 4-9）。

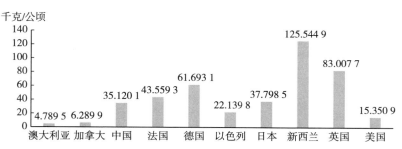

图 4-8 2018 年世界主要农业发达国家的有机肥施用强度

资料来源：FAO 数据库。

图 4-9 我国有机肥施用强度

资料来源：FAO 数据库。

图 4-10 为 1990—2018 年我国粮食、棉花和油菜作物的农家肥施用状况与趋势，其中投入费用以 1989 年化学肥料价格指数为基期进行了价格指数平减，以使不同年份的投入费用可比。如图所示，我国棉花的农家肥投入费用相对较高，往后依次是粮食和油料作物。1990 年棉花的农家肥投入可达 12.8 元/亩，但在随后的年份里逐渐下降，到 2015 年仅为 3.6 元/亩，2015 年以后有所增加，但增加幅度不大；粮食作物的农家肥投入自 1990 年开始有所下降，但下降幅度相对棉花平缓，2008 年为历年投入最低（仅为 2.8 元/亩），随后年份有所增长，特别是在 2015 年以后有较大幅度的增长；油料作物的农家肥亩均投入相对较低，但总体有所增长，在 1990—2018 年间下降和上升都比较平缓。因而，根据不同作物的农家肥投入状况可推测，若不考虑其他培肥地力的措施，在过去约 30 年间，种植棉花的耕地可能会存在相对严重的退化，一方面因其单位面积的化肥施用强度高，另一方面是由于农家肥投入有大幅下降。而种植油料作物的耕地地力会因农家肥投入总体有所增加而提高，种植粮食作物的耕地地力会因农家肥投入总体有所减少而下降。

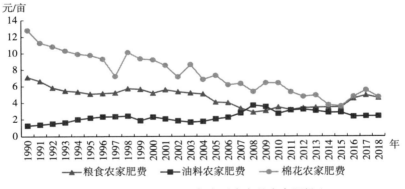

图 4-10　1990—2018 年主要农产品农家肥投入

资料来源：《中国统计年鉴》《中国农村统计年鉴》。

（2）耕地农药投入及潜在污染

农药主要包括杀菌剂、杀虫剂和除草剂三类，它对耕地的不利影响主要包含两个方面：一是影响土壤微生物的种群和种群数量，使土壤生态系统功能失调，降低土壤有机质含量；二是使土壤的物理性状发生改变，可能使土壤酸化或受重金属污染。当农药投入超过耕地的自净能力时，随着农药在土壤中不断积累，就可能对耕地产生污染。因而，为了减少农药对耕地产生的污染，应逐步淘汰高毒农药、提高农药施用效率，避免过度施用农药。

根据图 4-11，2019 年世界十大农业发达国家中，中国的农药施用强度为

13.07 千克/公顷，远高于其他国家。农药施用强度较高，意味着我国农药投入存在不合理、不科学以及过度投入的问题，这将导致较多农田土壤受到农药污染，因为农田中施用的农药量仅有 30％左右附着在农作物上，其余 70％左右会扩散到土壤和大气中。因此，与其他国家相比，我国农药污染问题会比较突出，通过农药减量并提升农药利用效率以减少耕地污染的空间还较大。

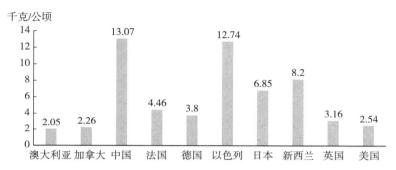

图 4-11 2019 年世界主要农业发达国家的农药施用强度

资料来源：FAO 数据库。

图 4-12 反映了 1995—2019 年全国和新疆耕地的农药污染趋势。我国农药施用强度持续增加，从 1995 年的 7.25 千克/公顷增长到 2011 年的 11.2 千克/公顷，其间仅有两年的增长率为负，2011 年以后，农药施用强度不断降低，增长率持续负向增长，2019 年下降到 8.4 千克/公顷。可以看出，2011 年以前耕地受到的农药污染持续增加，2011 年以后，耕地的农药污染有所下降。新疆耕地的农药施用强度总体低于全国平均水平，1995 年之前农药施用强度在 3 千克/公顷以下，2014 年农药施用强度达到历史最高值 5.28 千克/公顷，近些年农药施用强度有所下降。可以看出，得益于新疆的规模化水平，耕地农药污染相对不严重，但与世界上主要农业发达国家相比，如澳大利亚、加拿大、美国，同是发展大规模农业的新疆，其耕地的农药施用强度仍有下降空间。

（3）耕地农膜投入及潜在污染

农膜在过去 40 年间被广泛使用，农膜长期大量使用和缺乏有效回收处理已导致"白色污染"加剧。农用塑料薄膜主要是棚膜和地膜，另外还包括遮阳网、防虫网、饲草用膜以及农用无纺布等。目前农用塑料薄膜使用仍以地膜为主，2019 年地膜使用量占农用塑料薄膜使用量的 57.27％。根据统计数据显示，我国农膜使用量总体呈增长趋势，2015 年达到历年使用量峰值 260.36 万吨，2015 年以后，使用量逐年下降。

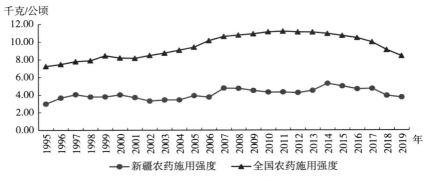

图 4 - 12　1995—2019 年全国和新疆耕地农药施用强度
资料来源：《中国统计年鉴》《中国农村统计年鉴》。

　　2019 年，新疆农膜使用量在全国所有地区中排名第二，占全国总使用量的 10.91%。根据图 4 - 13 所示，新疆农膜使用量总体呈增长趋势，1992 年农膜使用量仅为 4.35 万吨，2018 年达到历年使用量的峰值 26.98 万吨，近年来，新疆农膜使用量始终保持在较高水平上。农膜使用量增加，带来的潜在污染将有所增加，如果不能对废旧农膜加以回收利用，将对农田生态系统带来长久的负面影响。

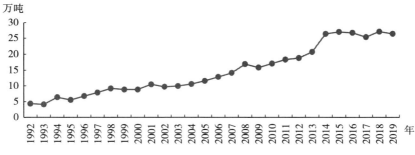

图 4 - 13　1992—2019 年新疆农膜使用量
资料来源：国家统计局。

　　根据第二次全国污染源普查显示，我国覆膜农田土壤中地膜累积残留量达 118.48 万吨。全国农田平均地膜残留为 4～6 千克/亩，新疆农田地膜残留量平均达到 17 千克/亩，约为全国水平的 5 倍。从新疆兵团各师的地膜残留量水平来看（表 4 - 1），除十四师外，其余各师地膜残留量水平均高于全国平均水平；仅有七个师的地膜残留量水平低于新疆平均水平。可以看出，新疆农田地膜污染比较严重。

表 4-1 2017 年新疆兵团各师地膜残留情况

师	取样点数 （个）	代表面积 （亩）	地膜残留量最高值 （千克/亩）	地膜残留量最低值 （千克/亩）	地膜残留量平均值 （千克/亩）	排名
第一师	43 626	1 316 276	39.90	1.30	16.10	6
第二师	35 016	807 141	75.50	0.33	20.90	10
第三师	14 290	648 164	76.70	2.67	21.72	11
第四师	5 697	767 559	38.96	0.00	8.34	2
第五师	3 597	818 328	43.40	0.40	17.40	8
第六师	7 895	1 669 546	26.37	7.56	16.25	7
第七师	4 188	1 335 449	72.00	2.51	24.15	12
第八师	29 339	2 560 541	77.00	1.40	24.65	13
第九师	4 287	437 852	29.80	0.55	10.80	3
第十师	5 290	649 121	31.63	0.67	19.51	9
第十二师	489	169 150	76.03	0.73	11.70	4
第十三师	7 740	252 156	27.88	0.66	14.26	5
第十四师	1 444	429 121	18.23	0.08	2.61	1

资料来源：2018 年《兵团农田残膜污染治理三年行动攻坚计划》未公开资料。

残膜对耕地的不利影响主要包含两个方面：一是残膜会影响土壤的物理性状，阻碍水肥运移、影响土壤微生物活动，抑制作物生长发育，最终降低土壤肥力水平、导致作物减产；二是水分渗透量会减少，削弱耕地的抗旱能力，引起土壤次生盐碱化等严重后果。目前解决残膜污染问题主要依靠以下方式：回收再利用残膜、增加农膜的厚度和韧性、推广可降解地膜等。2018 年 5 月 1 日新的《地膜》标准正式实施，要求地膜厚度最小不小于 0.01 毫米，并对标准规格和力学性能也做了相应调整。除去法律、行业标准规范外，目前残膜污染问题仍然主要依靠回收来解决，可降解地膜因其成本较高、性能不稳定，还未较大范围普及。

新疆有少部分种植户采用了可降解地膜，但因结构和性能不稳定未被广大种植户接受，目前主要以回收方式处理残膜污染问题，但不同地区的回收技术存在一定差异。例如，兵团第一师主要采用适时揭膜技术，主要以人工加机械的方式完成地膜回收，按照技术标准每年至少回收地膜 2～4 遍：春播 1 遍、6 月底揭边膜、7—8 月揭中间膜、棉花收后 1 遍，相较而言，碎膜少且相对干净；兵团第七师主要采用机械搂膜，按照技术标准每年至少回收地膜 2～4 遍：

秋后立杆搂膜（1遍）、开春平地搂膜（1~2遍）、冬季闲时收膜（1遍），机械搂膜导致碎膜较多，因而第一师的地膜残留量均值相对较低。

4.1.3 耕地质量等级状况

本部分将利用自然资源部和农业农村部公布的耕地质量状况指标来分析我国和新疆耕地质量总体状况。根据自然资源部2016年从立地条件、耕层理化性状、土壤管理、障碍因素和土壤剖面形状等方面评价全国耕地地力的结果表明，我国耕地质量平均等别为9.96等[①]，高于评定等别（1~9等）的耕地面积占39.89%，低于评定等别（10~15等）的耕地占60.11%。其中，中东部地区平均等别较高，东北和西部地区平均等别较低。与自然资源部2008年第一次对全国耕地质量等级进行调查与评定的结果相比（表4-2），耕地质量等别有略微下降，并且低于平均等别的耕地、中等地、低等地均有所增加。这表明，2008年至2016年间，我国耕地质量总体有轻微恶化。

表4-2　2008年与2016年耕地质量状况比较

指标	2008年	2016年	趋势
耕地质量平均等别	9.80等	9.96等	下降
高于平均等别	42.95%	39.89%	减少
低于平均等别	57.05%	60.11%	增加
优等地	2.67%	2.90%	增加
高等地	29.98%	26.59%	减少
中等地	50.64%	52.72%	增加
低等地	16.71%	17.79%	增加

数据来源：《全国耕地质量等级调查与评定》（程峰，2014）、自然资源部《2016年全国耕地质量等别更新评价主要数据成果》。

进一步，本书对比了农业农村部2012年第一次和2019年第二次发布的全国耕地质量等级公报数据，不同于自然资源部将耕地质量划分为15个等级，农业农村部将耕地质量等别划分为十等，等别越高表明耕地质量越差，具体数据见表4-3。

由表4-3可知，与2012年相比，2019年全国耕地质量平均等别有所上升，劣等地比例在下降，中高等地比例在增加。2019年全国范围内东北地区的耕地质量最好（3.59等），青藏区的耕地质量最差（7.35等）。具体而言，

---

① 自然资源部将耕地质量等别划分为1~15等，等别越高表明耕地质量越差。

东北区、黄淮海区、长江中下游区的耕地质量较好，其高等地比例高、劣等地比例低；青藏区、内蒙古及长城沿线区、黄土高原区的耕地质量相对较差，其高等地比例低、劣等地比例高。

从不同区域耕地质量的变化趋势来看，除了黄土高原区、甘新区、青藏区的高等地（一至三等）比例在下降，其他地区的优等地比例均在增加，其中东北区的优等地增加比例最高（为8.9%）；但除了东北区的劣等地（七至十等）比例在增加，其他地区的劣等地均在减少，其中甘新区的劣等地减少比例最高（18.01%）。综上可知，耕地质量较差的地区优等地比例在下降，但下降的比例不超过劣等地减少的比例，中等地比例总体有较大增长；耕地质量较好的地区优等地比例高，并且增长比例也较高。结合耕地保护政策可以发现，耕地质量较好的地区对耕地质量的重视程度较高，很早就颁布了保护耕地质量的相关政策。

表4-3　2012年与2019年耕地质量状况比较

区域	时间	平均等别	一至三等	四至六等	七至十等
全国	2012年	5.11等	27.3%	44.8%	27.9%
	2019年	4.76等	31.24%	46.81%	21.95%
	趋势	上升	增加	增加	减少
东北区	2012年	3.88等	43.11%	50.46%	6.44%
	2019年	3.59等	52.01%	40.08%	7.90%
	趋势	上升	增加	减少	增加
内蒙古及长城沿线区	2012年	6.56等	10.91%	35.2%	53.88%
	2019年	6.28等	12.76%	38.79%	48.45%
	趋势	上升	增加	增加	减少
黄淮海区	2012年	4.56等	34.24%	48.19%	17.56%
	2019年	4.2等	40.15%	49.22%	10.64%
	趋势	上升	增加	增加	减少
黄土高原区	2012年	6.89等	13.77%	23.93%	62.29%
	2019年	6.47等	13.16%	32.08%	54.76%
	趋势	上升	减少	增加	减少
长江中下游区	2012年	5.08等	24.71%	49.74%	25.54%
	2019年	4.72等	27.27%	54.56%	18.17%
	趋势	上升	增加	增加	减少

（续）

区域	时间	平均等别	一至三等	四至六等	七至十等
西南区	2012 年	5.20 等	21.18%	52.11%	26.7%
	2019 年	4.98 等	22.12%	56.21%	21.67%
	趋势	上升	增加	增加	减少
华南区	2012 年	5.64 等	21.19%	41.38%	37.43%
	2019 年	5.36 等	25.33%	40.13%	34.54%
	趋势	上升	增加	减少	减少
甘新区	2012 年	5.22 等	30.73%	28.18%	41.09%
	2019 年	5.02 等	22.36%	54.55%	23.08%
	趋势	上升	减少	增加	减少
青藏区	2012 年	7.56 等	3.39%	13.26%	83.36%
	2019 年	7.35 等	1.65%	32.56%	65.79%
	趋势	上升	减少	增加	减少

数据来源：农业农村部《2012 年全国耕地质量等级情况公报》《2019 年全国耕地质量等级情况公报》。

综合表 4-2 和表 4-3 可知，从相对较长的历史时期来看，我国化肥施用强度持续增加、肥料结构长期不合理、农家肥投入逐年下降，农药施用强度持续增加，地膜使用量高速增长但残膜问题未能得到有效解决，因而我国的耕地质量水平有所下降。随着种植结构调整、经营规模扩大，我国化肥、农药施用强度有所下降。同时，近些年我国出台了相关耕地质量保护政策，耕地质量在短期内已有所恢复和提升。我国耕地质量水平虽已下降到拐点，并在近些年持续提升，但 2019 年中低等地仍占耕地总面积的 68.76%（表 4-3），我国耕地质量仍有较大的提升空间。

根据 2020 年新疆耕地质量等级情况公报（表 4-4），新疆高等地（一至三等）的比例为 27.45%，中等地（四至六等）的比例为 42.3%，低等地（七至十等）的比例 30.26%。总体而言，新疆高等地和中等地的比例低于全国平均水平，低等地的比例相对较高，四至十等的土地占比 72.56%，其中，盐碱、瘠薄、沙化、基础地力较差是主要的障碍因素。进一步，南疆和北疆高等地的比例分别为 25.11% 和 29.29%，中等地的比例分别为 45.25% 和 39.95%，低等地的比例分别为 29.62% 和 30.77%，南疆高等地的比例低于北疆，但中等地的比例高于北疆。其中，南疆低等地的障碍因素主要表现为耕地基础地力较差、水资源及农田基础设施缺乏、盐碱问题突出，需加强排灌设施建设，并探索应用生物有机肥、土壤改良剂来提高地力。北疆低等地的障碍因素主要为瘠薄且缺乏灌溉设施,需要重点开展农田基础设施建设,并改良土壤。

表4-4　2020年新疆南疆和北疆农林牧区耕地质量

耕地等级	新疆	南疆农牧林区	北疆农牧林区
一等地	7.61%	4.03%	10.44%
二等地	9.84%	9.47%	10.13%
三等地	10.00%	11.61%	8.72%
四等地	14.27%	16.73%	12.32%
五等地	19.38%	20.41%	18.56%
六等地	8.65%	8.11%	9.07%
七等地	11.04%	10.47%	11.49%
八等地	8.65%	7.15%	9.84%
九等地	4.67%	4.09%	5.12%
十等地	5.90%	7.91%	4.32%

资料来源:农业农村部耕地质量监测保护中心《2020年新疆耕地质量等级情况公报》。

作为中国最大棉花主产区及优质棉生产基地,新疆棉区透支地力来保持竞争优势的"后遗症"随耕地中有害物质饱和而有所凸显。得益于新疆规模化、机械化水平,棉花单产及亩均产值位居我国主要棉产区首位、亩均成本位居低位,但化肥和农膜投入始终保持在较高水平(表4-5),化学品不合理投入及残膜不合理回收带来的土地退化甚至荒漠化问题严峻,将会极大制约棉田的生产潜力。另外,新疆是地膜覆盖种植面积最大、地膜用量最多的省区,也是土壤"白色污染"比较严重的地区之一。在新疆耕地基础较差、耕地污染比较严重的情形下,如何减少耕地污染、提升耕地生产潜力对于当地的农业经济发展及耕地资源保护至关重要。

表4-5　我国主要棉产区投入产出情况

省份	亩均产值 (元)	亩均生产成本 (元)	单位面积产量 (千克/公顷)	亩均化肥用量 (千克)	亩均农膜用量 (千克)	亩均农家肥费 (元)
全国平均	2 068.00	1 935.20	1 865.00	39.42	4.09	15.02
河北	1 637.87	2 372.55	1 102.00	22.61	2.18	0
安徽	1 182.40	1 804.67	801.00	48.00	0.55	8.60
山东	1 678.79	2 362.99	1 281.00	28.34	2.46	12.65
湖北	1 033.65	2 017.48	832.00	33.07	0.40	6.67
新疆	2 323.58	1 820.30	2 063.00	42.44	5.07	18.24

资料来源:《全国农产品成本收益资料汇编2021》。

4.2 全国及新疆耕地质量保护政策梳理

4.2.1 耕地质量保护政策

1984 年中央 1 号文件在完善生产责任制的基础上，首次提出要鼓励农民增加投资、养护耕地，给土地定等定级或定等估价，以作为土地使用权转移时的补偿或赔偿依据。1987 年《中华人民共和国土地管理法》将对耕地质量的保护纳入法律，随后全国陆续有约 16 省（市）出台了专门的耕地质量保护条例或办法来加强耕地质量的保护工作，其中黑龙江最早对耕地质量保护做出详尽规定。1988 年黑龙江省人民政府发布《黑龙江省耕地培肥规定》，1996 年发布《黑龙江省耕地保养条例》，2016 年发布《黑龙江省耕地保护条例》，耕地质量保护所涉及的内容越来越全面和细致。新疆出台的专门性政策相对滞后，2016 年颁布了《新疆耕地保护与质量提升项目实施方案》。表 4-6 总结了全国及各省市公开的有关耕地质量保护的法律、条例、规定、办法及方案。

表 4-6 耕地质量保护的专门法规与政策

类型	名　　称	区域	实施时间
法律 条例	《中华人民共和国土地管理法》	全国	1987 年 1 月 1 日
	《黑龙江省耕地保养条例》	黑龙江	1996 年 11 月 3 日
	《湖南省耕地质量管理条例》	湖南	2008 年 1 月 1 日
	《吉林省耕地质量保护条例》	吉林	2010 年 6 月 1 日
	《江苏省耕地质量管理条例》	江苏	2012 年 4 月 1 日
	《湖北省耕地质量保护条例》	湖北	2014 年 2 月 1 日
	《黑龙江省耕地保护条例》	黑龙江	2016 年 7 月 1 日
规定 办法	《广东省耕地质量管理规定》	广东	2020 年 7 月 1 日
	《辽宁省耕地质量保护办法》	辽宁	2006 年 11 月 20 日
	《天津市耕地质量管理办法》	天津	2007 年 10 月 1 日
	《浙江省耕地质量管理办法》	浙江	2011 年 3 月 1 日
	《甘肃省耕地质量管理办法》	甘肃	2011 年 1 月 15 日
	《河南省耕地质量管理办法》	河南	2013 年 5 月 1 日
	《陕西省耕地质量保护办法》	陕西	2015 年 5 月 1 日
	《云南省耕地质量保护与提升办法》	云南	2021 年 3 月 1 日

（续）

类型	名　称	区域	实施时间
方案	《耕地质量保护与提升行动方案》	全国	2015 年 10 月 28 日
	《四川省耕地保护与质量提升项目实施方案》	四川	2016 年 8 月 11 日
	《新疆耕地保护与质量提升项目实施方案》	新疆	2016 年 8 月 25 日
	《福建省耕地质量保护与提升实施方案》	福建	2016 年 10 月 31 日

由表 4-6 可知，各地区基本在 2006 年以后才开始重视对耕地质量的保护。相关文件中对耕地质量保护的内容进行了细致规定，根据相关措施的实施主体不同，可将耕地质量保护的责任划分为政府责任、企业责任和耕地使用者责任。

（1）政府责任

不同文件中对政府责任的阐述有所差异，总结起来主要包含以下方面：采取工程措施改善耕地质量、加强耕地质量占补平衡、耕地污染防治与修复、技术推广与技术研究支持、制定技术规程与标准、政策激励与约束、知识普及与主题宣传、建立示范区或树立典型、耕地质量监测与等级评定、耕地质量监管等。根据以上方面可知，政府在耕地质量保护中是公共物品提供者、技术支持者、信息干预者、耕地质量监管者。

首先，政府是公共物品的提供者。在一定时期下某些耕地质量保护措施存在较强的正外部性，使用者的有效供给不足，需要政府统一规划、统一投资来实现耕地质量的提升，如高标准农田建设、农田防护林建设、中低产田改造、污染耕地的防治与修复、耕层剥离等工程措施以实现耕地质量占补平衡等。

其次，政府是技术的支持者。政府在技术层面的支持体现在两方面：一是支持耕地保护技术研发，二是为耕地保护主体提供技术支持。在耕地质量保护技术不成熟的情形下，政府需采取政策支持相关技术研究，并制定技术规程与标准；在市场化的技术推广体系未建立起来的情况下，政府需承担技术推广者的角色，对耕地保护主体进行技术指导与培训，或者采取政策引导建立市场化的技术推广体系。

再次，政府是信息的干预者。由于耕地使用者的有限理性使其不能完全意识到耕地质量保护的好处和必要性，因而政府需要采取信息干预如奖励惩罚、知识宣传、建立示范区、树立典型等方式缓解耕地使用者的有限理性。奖励和惩罚措施有两方面的作用：一是激励效应，二是知识效应。前者主要在于改变耕地使用者的成本收益以激励其保护耕地；后者在于改变耕地使用者的不合理认知，促使其去了解并采纳耕地质量保护技术，从而做出符合政策期望的行为。另外，建立示范区、树立典型、知识宣传也具备知识效应，政府通过以上方式向耕地使用者传递耕地质量保护有用、有利以及如何实施的信息。

最后，政府是耕地质量的监管者。为了对耕地质量进行监管，需要进行耕地地力监测和耕地质量等级评定，基本所有省份都将此纳入规定和办法，但具体要求有差异。例如，《黑龙江省耕地保护条例》提出 6 年进行 1 次耕地质量等级评定，《广东省耕地质量管理规定》《云南省耕地质量保护与提升办法》提出 5 年进行 1 次，其他省份基本未对此做出具体规定。另外，少数省份将耕地质量的保护纳入政府考核，如《湖南省耕地质量管理条例》要求县级以上人民政府将耕地质量保护情况纳入耕地保护责任目标考核内容；《黑龙江省耕地保护条例》要求各级人民政府应当逐级签订耕地保护目标责任书①。

（2）企业责任

企业责任在相关文件中较少涉及，1996 年的《黑龙江省耕地保养条例》最早对企业行为做出规定。根据所述行为的指向，明确涉及企业行为的仅有黑龙江、天津、湖南、吉林、河南、湖北等地的条例或办法，主要包括开发利用有机肥源生产成品有机肥料、生产肥料的原材料达标、肥料产品达标、土壤调理剂达标、农药和除草剂达标、加工利用塑料地膜等方面。由上所述可知，相关文件中所述的企业责任主要为生产合规、安全的农资产品，以及创新农业废弃物的利用方式等。

随着农资企业对技术服务逐渐重视，原本由政府为技术推广主体的行政模式将逐渐由企业为技术推广主体的市场模式所取代，因而，在近些年发布的相关文件中，企业责任还包括技术研发、技术推广与技术服务等，这里的企业主要包括农资企业、农业企业、社会化服务机构等。2015 年农业部印发的《耕地质量保护与提升行动方案》中就指出，要发挥政府项目示范带动作用，充分调动农民、地方政府和企业积极性，形成全社会合力参与耕地质量保护的格局。由此可知，政府职能将由建设主体、管理主体向服务主体转变，政府在耕地质量保护中的责任逐渐由行政干预向激励引导转变，企业将越来越多地承担原本由政府承担的保护耕地质量的责任，而这些责任将是企业的立身之本，推动着企业经营模式的创新。

（3）耕地使用者责任

耕地使用者是核心的耕地质量保护主体，相关文件中均对耕地使用者做出了要求。1996 年的《黑龙江省耕地保养条例》虽然颁布较早，但仍对耕地使

---

① 耕地保护目标责任书应当包括耕地数量和质量状况、耕地地类、耕地保护措施、奖励与惩处等内容。

用者做出了比较详尽的规定，可见黑龙江对耕地质量保护的重视程度较早且较高。特别地，2016 年发布的《黑龙江省耕地保护条例》，要求耕地使用者禁止种植转基因作物，并要求至少 3 年 1 次深松耕暄，相较其他省份而言，其对耕地使用者的要求更明确具体。

通过梳理相关文件中对耕地使用者的要求，耕地使用者责任可归纳为以下五大方面：培肥地力、土壤改良、减少污染、合理耕作、维持种植条件等。培肥地力主要包括增施有机肥、种植绿肥、秸秆粉碎腐熟还田等；土壤改良包括酸化土壤改良、使用土壤调理剂、轮作休耕等；减少污染包括禁止使用问题农业投入品、合理施肥、测土配方施肥、水肥一体化、科学用药、使用生态农药、禁止排污、使用可降解地膜、薄膜改厚膜、回收薄膜、禁止种植转基因作物等；合理耕作包括深耕深松、少耕免耕、保护耕作层等；维持种植条件包括禁止损毁耕地种植条件、禁止损毁农田基础设施、维护田间基础设施等。

在国家耕地质量保护的相关法规政策指导下，新疆 2016 年颁布了《耕地保护与质量提升项目实施方案》，方案中确定了墨玉县、疏附县、柯坪县、博乐市、察布查尔县等 5 个项目县（市），以上 5 个县各有侧重地推动秸秆粉碎腐熟还田技术、生物有机肥和农家肥堆沤技术、种植绿肥技术等。相较而言，新疆残膜污染治理力度较大，2017 年自治区印发《2017 年创建废旧地膜回收利用示范县项目实施方案的通知》《关于做好残膜回收机械改进和作业补贴试点建设项目工作的通知》，2018 年印发《2018 年创建废旧地膜回收利用示范县项目实施方案的通知》《兵团农田残膜污染治理三年行动攻坚计划的通知》，2019 年出台《兵团残膜回收利用整团推进工作方案》，文件中出台了具体的实施方案。

4.2.2 土地产权与耕地质量保护政策

"三权"分置下，所有权、承包权、经营权相分离，许多省份出台的专门条例、办法、规定基于分离的产权关系对不同主体关于耕地质量的保护做出了要求，具体如表 4 - 7 所示。

表 4 - 7 土地产权与耕地质量保护要求

文件	时间	具体内容
《中华人民共和国农村土地承包法》	2002 年	第二十七条，承包期内，承包方交回承包地或者发包方依法收回承包地时，承包方对其在承包地上投入而提高土地生产能力的，有权获得相应的补偿。

（续）

文件	时间	具体内容
《中华人民共和国农村土地承包法》	2002 年	第四十三条　经承包方同意，受让方可以依法投资改良土壤、建设农业生产附属、配套设施，并按照合同约定对其投资部分获得合理补偿。 第六十四条　土地经营权人擅自改变土地的农业用途、弃耕抛荒连续两年以上、给土地造成严重损害或者严重破坏土地生态环境，承包方在合理期限内不解除土地经营权流转合同的，发包方有权要求终止土地经营权流转合同。土地经营权人对土地和土地生态环境造成的损害应当予以赔偿。
《黑龙江省耕地保养条例》	1996 年	第二十二条，承包人未按承包合同规定投入保养耕地、造成地力下降的，应按当地投入标准向耕地发包方交纳地力补偿费用，将其纳入同级农业生产经营组织财务管理，由农业生产经营组织专款用于保养耕地；不按规定保养耕地、又不交纳地力补偿费用的，由发包方收回其承包耕地。
《辽宁省耕地质量保护办法》	2006 年	第十八条，承包经营权终止或者变更时，农村集体经济组织或者村民委员会应当聘请有关专家对承包耕地的质量现状进行评定。耕地质量下降超过一个等级标准的，承包方应当承担合同约定的责任。
《湖南省耕地质量管理条例》	2008 年	第三十条，土地承包经营合同应当明确耕地的地力等级和承包人保护耕地质量的责任。
《吉林省耕地质量保护条例》	2010 年	第十九条，耕地承包方应当承担相应耕地养护的责任和义务，保持和提高耕地地力等级。土地承包经营权流转后，由受让方承担耕地养护责任和义务。以土地承包经营权入股形式成立的农民专业合作社，应当承担相应的耕地养护责任和义务。
《甘肃省耕地质量管理办法》	2011 年	第二十条，土地承包经营者应采取有效措施，保护和提高耕地质量。承包经营权终止或变更时，农村集体经济组织或者村民委员会应当对承包耕地的质量现状进行评定。承包方造成耕地质量下降的，应当承担合同约定的责任；改变耕地用途、造成永久性损害、无法继续从事农业种植的，承包方应承担相关法律责任。
《浙江省耕地质量管理办法》	2011 年	第十三条，农村集体经济组织或者村民委员会与承包方签订农村土地承包合同时，应当明确承包耕地质量等级、保护义务和违约责任。农村土地承包经营权流转时，原农村土地承包合同载明的耕地质量保护义务应当同时转移。
《黑龙江省耕地保护条例》	2016 年	第三十七条，耕地所有者和承包经营者应当在土地承包合同中，明确耕地数量、质量以及保护责任等内容。耕地经营权流转后，流转合同应当载明耕地质量状况，明确转入方承担耕地质量保护、建设的权利和义务等相关内容。
《广东省耕地质量管理规定》	2020 年	第十四条，农村土地家庭承包合同、农村土地经营权流转合同应当载明耕地质量等级，明确耕地养护义务和违约责任。

由表 4-7 可知，相关文件要求承包经营合同中应明确耕地质量等级、明确耕地养护义务和违约责任，若承包户或转包户未按约定养护耕地导致耕地地力下降，将可能承担违约责任。尽管政策对不同经营者保护耕地质量的行为做出了要求，但实际情况与理想预期有差距。

首先，合同中载入耕地质量等级的条件不成熟。尽管各地区出台的耕地质量保护政策文件中均指出要加强耕地质量监测与耕地等级评定工作，但依靠政府几年一次的耕地质量评价结果作为承包经营合同拟定的依据，无法满足耕地短期动态调整的情况。另外，尽管国内土地评估公司有评估耕地质量的服务，但农户个人层面需求不足。因而，合同中客观载入耕地质量等级的条件并不成熟。

其次，合同中对耕地使用者保护耕地的约定比较笼统。由于耕地质量的退化和污染较难客观做出判断，因而承包合同大都会对承包期限、承包价格、补贴归属等关键信息做出要求，较少考虑耕地质量的退化。即便合同中会对耕地质量的保护做出要求，但比较笼统。例如，我国土流网的耕地转让合同范本中，约定了乙方不得掠夺性经营，不得给土地造成永久性损害，要防止承包土地水土流失、沙化、盐碱化等现象发生。此类表述为指令性语言，但缺乏实质的约束力和引导作用，为不可置信地威胁。

由上可知，通过合同来约束不同经营主体的耕地质量养护行为的条件还不成熟，若合同中能够明确耕地质量状况，市场中能够对耕地质量进行合理定价，合同中能够明确耕地质量提升或下降将带来的收益或损失，经营主体就有动力按照政府规定签订相关合同。

新疆并未出台专门的法规、办法进一步约束不同用地主体的耕地养护义务，但在相关的土地承包经营管理文件中会对用地主体的行为做出要求。例如，2006 年兵团《关于深化团场改革的意见》（"1＋3"文件）中要求，承包职工家庭要依法保护和合理利用土地，使土地永续利用，不能造成污染、沙化、盐碱化等损害，由此造成土地等级下降及其他损失的由承包经营方负责。

4.3　本章小结

本章主要利用宏观统计数据分析了我国及新疆耕地质量现状，利用相关文献资料梳理了我国及新疆耕地质量保护政策，总结内容如下：

新疆耕地生产力总体呈增长趋势。耕地粮食单产和棉花单产分别在 1994 年和 1988 年以后高于全国平均水平，通过种植结构调整、管理及技术水平提升，耕地的综合质量（主要指广义的）有所改善。新疆耕地化肥使用强度自

2007 年开始均高于全国平均水平，2016 年开始虽然有所下降，但化肥减施有较大空间；新疆单质肥料施用强度由大到小依次为氮肥＞磷肥＞复合肥＞钾肥，化肥施用结构需要进行合理调整。新疆耕地的农药施用强度总体低于全国平均水平，但与世界上大规模农业国家相比仍有下降空间。新疆农膜使用量在全国排名第二，占全国总使用量的 10.91％，农田地膜残留量约为全国水平的 5 倍。新疆高等地和中等地的比例低于全国平均水平，低等地的比例相对较高，盐碱、瘠薄、沙化、基础地力较差是主要的障碍因素。因此，新疆需要通过技术和制度创新降低化学要素投入和残留，提升耕地质量和耕地生产力。

全国陆续有约 16 省（市）出台了专门的耕地质量保护条例或办法。其中黑龙江最早重视耕地质量的养护。在国家耕地质量保护的相关法规政策指导下，新疆 2016 年颁布了《耕地保护与质量提升项目实施方案》。通过总结已有法规可知，政府在耕地质量保护中是公共物品提供者、技术支持者、信息干预者、耕地质量监管者；随着政府职能由建设主体、管理主体向服务主体转变，企业将越来越多地承担原本由政府承担的保护耕地质量的责任，这些责任将推动着企业经营模式的创新；耕地使用者是核心的耕地质量保护主体，需要承担培肥地力、土壤改良、减少污染、合理耕作、维持种植条件等方面的责任。许多地区基于分离的产权关系对不同主体的耕地质量保护做出了要求，新疆虽然并未出台专门的法规、办法进一步约束不同用地主体的耕地养护义务，但在相关的土地承包经营管理文件中会对用地主体的行为做出要求。

5 棉花种植户耕地质量
保护的现状分析

5.1 调研区基本情况

本章以棉农为研究对象，根据相关统计数据显示，中国的棉产区主要在新疆（包括兵团）、河北、山东、湖北、安徽，面积和产量均位列全国前五，2020年五大产区用95％的面积贡献了96％的产量。随着长江流域、黄河流域种植结构调整，2020年新疆（包括兵团）棉花播种面积占比已逐步扩大到79％，其产量占全国棉花产量的87％，已成为我国第一大棉花主产区（图5-1）。其中，兵团棉花播种面积占新疆总面积的34.58％，产量占新疆总产量的41.35％。2019年中央1号文件中提出恢复启动新疆优质棉生产基地建设、巩固棉花生产能力，新疆棉区的重要地位不言而喻。

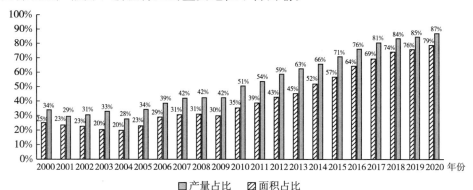

图5-1 新疆棉花产量及面积占全国的比例

样本点分布于新疆兵团一师和七师，一师和七师分别为南疆（天山以南）和北疆（天山以北）两个棉花种植面积较大的师，2020年两个师的种植面积和产量分别在兵团各师中位列第2和第3，单产分别位列第4和第2。从两个师所在区的耕地质量等级来看（表3-3），南疆农牧林区的耕地质量平均等级（5.22等）低于北疆农牧林区（5.02等），其高等地（一至三等）的面积比例低于北疆农牧林区，中等地（四至六等）的面积比例高于北疆农牧林区。总体来看，七师的平均耕地条件要好于一师。从新疆兵团各师的地膜残留量水平来看（表4－2），第一师的地膜残留量均值为16.1千克/亩，第七师的地膜残留量均值为24.15千克/亩，分别位列新疆兵团各师第六和第十二位，相较而言，第七师的地膜污染问题更突出。

2012年新疆在9个县市试点推行土地确权，2014年后响应中央1号文件要求，展开了大规模的土地确权工作。相较而言，新疆兵团进行土地确权的时间晚于地方，2017年年底完成确权登记颁证的基础性工作，2019年年底全面完成确权登记颁证工作。2017年新疆兵团改革了多年来计划经济式的农场经营模式，全面取消了"五统一"①，种植户自主权大大增加，土地平均分配到职工，承包期以退休年龄为限。

2019年，新疆承包耕地流转面积达到870.2万亩，占家庭承包经营耕地总面积的27.5%，低于全国35.9%的流转比例，但与2017年的21%相比，流转比例有所上升②。2017年新疆兵团在深化团场改革的过程中，通过土地清理、水资源限制等方式逐步收回团场经营地，通过土地聚人以完成人口集聚目标，许多新招工职工将土地流转出去进入二三产业的比较普遍，土地调整过程中的"互换并地"也相对普遍。

5.2 实地访谈与样本特征

5.2.1 实地访谈

为了确保本研究符合棉花农艺实践以及当地技术推广趋势，2019年11月、2020年4月分别与样本区的植科专家（3人）、农机专家及服务商（4人）、农资经销商（3人）、连队两委（6人）及种植户（10人）进行了访谈。其中，第一阶段访谈主要围绕以下问题展开：

①针对棉花的耕地质量保护措施有哪些？

②土地利用方式上，轮作、休耕、保护性耕作等的实施情况？

③土地投入方式上，是否施用有机肥、采用测土配方？是否采用其他改良措施？

④污染治理方面，是否回收地膜？地膜回收的情况如何？

⑤土地是如何承包的？土地流转情况？

---

① 五统一：统一种植计划、统一农资采供、统一产品收购、统一农机作业层次和收费标准、统一技术指导。

② 数据来源：《2019年中国农村政策与改革统计年报》。

在了解样本区以上情况后，编制了调查问卷，并在开展预调研的同时，进行了第二阶段访谈，第二阶段访谈主要以修正结构化问卷为主，并修正个人认知。根据相关人员的口述内容，此处围绕本书主题，将访谈内容总结为以下方面：

（1）改良棉地土壤的农资有哪些？

农资店：棉花上使用的主要有发酵过的鸡粪和羊粪、颗粒状的有机化肥（有机质含量比较高，氮磷钾含量较低）、土壤改良剂、微生物菌肥、测土配方施肥。测土配方施肥相对多一些，有些四五十岁的老农民也会使用。一般种植户把土样给公司，公司做检测，大概需要半个月到1个月时间，然后种植户按方施肥，测土配方比复合肥便宜。使用有机肥的种植户很少，好地一般不施有机肥、改良剂，太浪费了。

植科专家：从实际情况来看，棉田不缺氮肥，每年需增施磷肥和钾肥，测土配方能提高肥料利用率，测土配方施肥既有农业推广站做，也有公司在做。微生物菌肥要和有机肥配施才能起作用，更多的是发挥生物农药的作用。土壤改良剂和调节剂主要是公司在做，但由于不透露成分，无法清楚知道如何发挥作用。

两委：种植户有施用有机肥的，采用测土配方的，施用腐殖酸钾的，使用土壤改良剂的。

（2）种植户减施化肥、施用有机肥的现状？

植科专家：减施化肥的前提是化肥过量了，过量了才会产生土壤板结，影响耕地质量。棉花增施有机肥可以提升棉花品质和产量，种植户较少使用的原因有两个：①种植户不关注棉花品质（棉纤维）。种植户把棉花交给棉花加工厂，加工厂只关注棉花中的杂质，根据杂质率划分等级，现在种植户普遍采用采棉机，机采棉花统一被归为三等，所以种植户不关注；②增施有机肥对增产的影响有限，对于小规模种植户而言不具有吸引力。有机肥可以增产，但效果可能没有那么明显。如果每亩增收10元，100亩才增收1 000元，种植户的动力不强，但如果是种植大户，1万亩地能增收10万元，效益比较明显。秸秆还田能起到有机肥的作用，相当于减少1/3的化肥使用量。商品有机肥成本高，大户用比较划算，普通小种植户缺乏动力。

两委：化肥用量跟往年差不多，全生育期大概用120千克/亩的肥。确权后，种植户舍得投入磷肥。有机肥方面主要是羊粪、油渣、猪粪等，油渣主要来源于棉花加工厂，附近也有大型养猪场，农资店里也有卖的，种植户对有机肥的质量不太信任，并且运费高。测土配方有30%～40%的人使用，以前是团里推广，但种植户不信任相关数据，现在都是农科所或者肥料公司推广，测土都是免费的，主要包括地里土壤测土和叶片测土。

种植户：单位会提供有机肥，免费的，但需要种植户自己去拉，很多人嫌麻烦，不会去拉。有机肥成本高，并且大家对有机肥质量不信任，有人买过，里面都掺有别的东西。

(3) 种植户农膜使用及回收的现状？

农资店：农膜有不同规格70厘米、1.2米、2米、2.3米，一般都是1.2～2米。质量上也有差异，便宜的一般是用废旧地膜打碎成颗粒状加工成的，价格高的新膜成分高。

两委：兵团2018年改革前行政命令回收，两委带人检查，合格后开验收单，才允许机械进入耙地，还有很多其他的处罚措施；兵团改革后，纳入生态卫士考核（包括值班、人居环境整治、维稳等），合格后补贴减负资金（即社保资金）。种植户退出土地基本无要求，主要看残膜符不符合要求，不能比最初的高。农地确权后，职工回收的积极性更大，比补贴的作用更大，确权之前残膜量较高，确权后有所下降。现在职工的意识显著提高，即便没有补贴，种植户也会回收。目前的难点在于如何避免种植户将回收的地膜堆放在地头，必须要有政策引导，要让种植户自愿送到回收厂，目前送到回收厂扣杂太严重，并且40亩地的残膜也只能卖到200～300元，收益很低。

植科专家：很多种植户不回收残膜，主要是残膜量可能还未达到减产的程度。

农机专家：新膜含量高的地膜拉伸性能好，没那么容易烂。质量差的地膜还没等回收就烂掉了，会影响保墒和回收。我们的实验数据表明，残膜量对产量的影响比较大。但实际上有的种植户不回收地膜，产量也没怎么受到影响。因为许多种植户在播种的时候会采用一孔多播种子的方式，避免出苗率降低、产量降低。

种植户：采用0.01毫米农膜，每年8—11月回收农膜。由于农膜回收机会把农膜弄碎，造成土壤中大量碎膜，对土壤质量不利，所以采用人工回收农膜的方式。残留农膜对棉花生产并无多大影响，有的农民没有回收农膜，棉花产量也没有受到多大影响，但过几年土壤质量肯定会受影响。

(4) 其他耕地质量保护措施，如保护性耕作（如少耕、免耕、秸秆还田）**和轮作。**

植科专家：目前基本都已做到秸秆还田，但由于棉花种几年以后会得黄萎病（称为棉花的"癌症"），可通过土壤传播，因此秸秆还田有可能进一步传播黄萎病。免耕技术用在棉花上的少，如果采用，可能需要对免耕播种机做出改进。

种植户：没有轮作，一方面因为划定为基本农田的地不让种别的，但有的农民因为土地实在不行，采用轮作水稻的方式来养地，通常5年会轮作一次水稻；另一方面，受水资源紧缺的影响无法轮作水稻。

（5）影响种植户采用相关技术的因素？

植科专家：有些东西有效种植户为什么不愿用？到底是宣传不到位、技术太复杂，还是服务不到位？归根到底还是"最后一公里"出现了问题。种植户普遍缺乏技术信息，主要是当前的技术推广有问题。以前，农业技术服务由政府专门的部门来做，但专业技术人员不够，无法满足较多农民的需求。最好的方式为由农资公司来做，像国外农场主，所有环节都由专门的农资公司来做，什么时节提供哪些技术，非常专业，农场主自身不一定需要掌握专门的农业技术。国内也应该如此，由专业的种子公司、施肥公司、植保公司来为种植户提供专业服务，但前提必须是规模化。

（6）土地产权及其改革的相关情况。

种植户：共承包了80亩地，以前没在一起，重新分地后在一起。土地承包一直到退休，有40亩还有2年到期，但到期后可转给家中的儿子；有40亩还有10多年。土地确权后，可以抵押贷款、可流转，连里有流转给别人的，主要种辣椒并套种茴香，但到期后地里很多杂草，无形增加了后期自己种植的成本，因此许多人不愿流转。这次重新分地，地多的就要退出来分给其他职工，有些内地引进的新职工不会种就把地又租给之前种的人，然后自己去干别的，之前种的人给这家人交社保就充当租金。兵团取消五统一后，农民反而不适应，棉花品种五花八门，大多数人存在从众心理。

种植户：早年一师的棉花产量比七师高，近些年产量比不过七师。这里雹灾多，兵团改革前，有退伍军人组成的炮班负责打散云层，所以棉花受灾少。兵团改革后，取消了大量编制包括炮班的编制，所以这块就没人管了，这两年受灾特别多。

根据实地访谈，由于样本区较少采用免耕、少耕等保护性耕作技术，并且基本已实现秸秆还田，轮作等耕地质量保护行为受到行政管制和水资源制约，因此，本研究主要聚焦于改善土壤质量、减少土壤污染的土壤改良行为和地膜回收行为，其具体实践情况如下：

首先，土壤改良行为在于通过提升棉田有机质的方式提升耕地潜力。通过实地访谈可知，土壤改良行为具体包括有机肥施用、土壤改良剂施用、有机质含量较高的复合肥施用、微生物菌肥施用、测土配方施肥等。实际中棉农会通过选购发酵鸡粪和发酵羊粪、有机质含量较高的复合肥、微生物菌肥来提升棉田的有机质，会购买土壤改良剂来改良土壤，另外，测土配方施肥是当前实现化肥减量增效的一个重要途径，其主要目的在于避免化肥过度投入而导致土壤板结，样本区很早就开始推广测土配方施肥，在兵团全面取消"五统一"后，由种植户自主选择测土配方施肥技术。

其次，地膜回收行为主要在于减少"白色污染"所造成的长远地力下降问题。如果田间残膜不及时清除，会对生态环境、土壤结构、作物生长发育造成不良影响。目前样本区均已采用国家新标准地膜（即膜的厚度为 0.01 毫米），处理农膜带来的污染主要有两个途径：一是高标准农膜（加厚农膜、韧性好或可降解农膜），二是加大残膜回收力度。由于可降解地膜的使用还不成熟，因此地膜回收是当前解决地膜污染的主要途径。目前样本区试点了地膜回收补贴政策，兵团和地方均有试点县和团场，试点对象包括了回收再利用企业、连队两委以及种植户。

5.2.2 样本特征

本书从影响种植户耕地质量保护行为的产权、经济、技术、制度、文化因素方面设计了调查问卷，结合实地访谈及内部政策文件设计了有关土地产权和耕地质量保护的相关问题，2019 年 12 月在新疆兵团第一师发放了 15 份左右问卷进行预调研，通过访谈并回收问卷后，针对了解到的实际情况，对问卷内容进行了调整与修改。2020 年 5 月在新疆兵团一师和七师开展了正式调研，通过分层抽样的方式在一师和七师分别选取了两个团，每个团涉及所有连。具体而言，一师涉及 9 团和 10 团，七师涉及 129 团和 130 团，根据统计数据显示，9 团的棉花单产均值为 348 千克/亩，10 团均值为 341 千克/亩，129 团均值为 376 千克/亩，130 团均值为 402 千克/亩，第七师的棉花单产显著高于第一师。进一步，9 团涉及 19 个连队，10 团涉及 23 个连队，129 团涉及 15 个连队，130 团涉及 15 个连队；每个连队 20 份，剔除无效问卷后，最终获得两个师四个团 72 个连队 1 191 个种植户数据，其中一师有 659 个样本，七师有 532 个样本。样本基本特征如表 5-1。

样本区以青壮年家庭居多，户主年龄在 30～50 岁的占比 67.17%，与全国农业从业人员的平均年龄 65 岁相比，样本区农业从业人员比较年轻。男性户主家庭占比 76.07%，18.64% 的种植户家里有村干部。从家庭最高学历来看，样本区家庭的人力资本水平也普遍较高，高中及以上学历的占比 75.73%。年均纯收入基本在 10 万元以下，占比 95.9%；种植棉花年数在 4 年及以下的占比 45.42%，10 年及以上的占比 41.57%。从棉花收入占比来看，62.22% 的种植户家庭棉花收入占比超过 50%，可见种植棉花是较多家庭的主营业务，种植户的专业化程度相对较高。67.02% 的种植户都获得了抵押贷款，样本区抵押贷款的可得性相对较高。

表 5 - 1　样本基本特征

指标	项目	频数	比例	指标	项目	频数	比例
地区	一师	659	55.33%	种植年数	4 年及以下	541	45.42%
	七师	532	44.67%		5～10 年	155	13.01%
户主性别	男	906	76.07%		10～20 年	287	24.10%
	女	285	23.93%		20 年以上	208	17.47%
户主年龄	<=30 岁	165	13.85%	棉花收入占比	50% 以下	450	37.78%
	30～40 岁	379	31.82%		50% 以上	741	62.22%
	40～50 岁	421	35.35%	面积	40 亩以下	14	1.18%
	50 岁以上	226	18.98%		40～50 亩	798	67.00%
家里是否有村干部	有	222	18.64%		50～100 亩	280	23.51%
	无	969	81.36%		100 亩及以上	99	8.31%
家庭最高学历	小学	26	2.18%	扩大经营的意愿	想减少面积	11	0.92%
	初中	263	22.08%		保持不变	209	17.55%
	高中	299	25.10%		想扩大面积	971	81.53%
	大专	330	27.71%	接受技术指导的途径	政府培训或技术员	769	64.57%
	大学及以上	273	22.92%		企业培训或销售商	534	44.84%
年均纯收入	4 万元及以下	615	51.74%		种植大户或种植能手	581	48.78%
	4 万～10 万元	526	44.16%		合作社	232	19.48%
	10 万～20 万元	46	3.86%		其他种植户	449	37.70%
	20 万元以上	4	0.33%				
是否获得抵押贷款	否	377	32.98%				
	是	766	67.02%				

　　样本区主要根据所在地的土地资源平均分配土地，其中一师每个职工平均为 40 亩地，七师平均为 50 亩地，因此，土地面积在 40～50 亩的占比最高，为 67%，50～100 亩占比 23.51%。样本区种植规模普遍较高，高于全国平均水平，因为全国 30 亩以下耕地的种植户数占比 95.9%，30 亩以上的占比仅为 4.1%[①]。样本区 81.53% 的种植户想扩大经营面积，17.55% 的种植户愿意保持不变，这表明棉花的比较收益可观，种植户植棉的积极性较高。从技术来源看，政府培训或技术员指导是种植户获得相关技术的主要途径，而后依次是种

---

　　① 数据来源：《2019 年中国农村政策与改革统计年报》。

植大户或种植能手（48.78％）、企业培训或销售商指导（44.84％）、其他种植户（37.70％）、合作社（19.48％），种植户的技术获取渠道比较多元化。需要说明的是，样本区在 2018 年之前实行"五统一"，其中包括了统一技术标准，因而政府为主要的技术推广来源。

5.3　种植户土壤改良行为及认知分析

5.3.1　种植户土壤改良行为特征

从土壤改良看（表 5 - 2），53.57％的种植户改良了土壤，其中租入地改良的比例（63.53％）高于自有承包地（51.91％）。种植户施用有机肥来改良土壤的比例最高（61.13％），往后依次是施用高有机质化肥（38.24％）、测土配方施肥（36.52％）、施微生物菌肥（35.11％）、施土壤改良剂（19.59％）等。租入地与自有承包地在改良的具体措施上不存在较大差异，但租入地在各项比例上基本高于自有承包地。从采取的改良措施数量看，46.87％的改良种植户选择了 1 种改良措施，23.35％、15.83％的种植户分别选择了 2 种和 3 种改良措施，13.95％的种植户选择了 3 种以上改良措施。

表 5 - 2　种植户土壤改良行为

指标	频数	比例	指标	频数	比例
是否改良了土壤			改良措施的数量		
改良了	638	53.57％	1 种	299	46.87％
没改良	553	46.43％	2 种	149	23.35％
合计	1 191	100％	3 种	101	15.83％
改良的具体措施			4 种	46	7.21％
施有机肥	390	61.13％	5 种	37	5.80％
施微生物菌肥	224	35.11％	6 种	6	0.94％
测土配方施肥	233	36.52％	合计	638	100％
施高有机质化肥	244	38.24％			
施土壤改良剂	125	19.59％			
其他	89	13.95％			
合计	638				

5.3.2　种植户耕地质量及土壤改良认知

表 5 - 3 描述统计了种植户对耕地质量的状况认知、耕地质量保护责任认

知、耕地污染认知以及耕地质量保护的好处认知。样本中 16.04％的种植户感觉耕地质量差，感觉一般的占比 74.06％。关于改良土壤是否有好处，79.01％的种植户认为有很大好处，可见大部分种植户可以意识到改良土壤的好处。78.09％的种植户认为改良土壤是农民自己的责任，分别有 17.30％和4.62％的种植户认为是地方政府和国家责任。

表 5 - 3　种植户耕地质量及土壤改良认知

指标	项目	频数	比例	指标	项目	频数	比例
耕地质量如何	非常差	56	4.70％	残膜影响耕地质量的程度	影响非常大	725	60.87％
	较差	135	11.34％		影响比较大	349	29.30％
	一般	882	74.06％		有一点影响	109	9.15％
	好	102	8.56％		没什么影响	8	0.67％
	非常好	16	1.34％	残膜影响单产的程度	非常大	607	50.97％
改良土壤是否有好处	有很大好处	941	79.01％		比较大	422	35.43％
	有一点好处	194	16.29％		一般	150	12.59％
	不确定	54	4.53％		没什么影响	12	1.01％
	没什么好处	2	0.17％				
改良土壤的责任认知	农民自己	930	78.09％				
	地方政府	206	17.30％				
	国家	55	4.62％				

5.3.3　种植户土壤改良的情境因素认知

表 5 - 4 描述统计了有关种植户改良土壤的情境因素认知，涉及影响种植户采取耕地质量保护行为的外部经济、技术和制度因素。

从土壤肥力对耕地出租价格的影响来看，37.53％的种植户认为影响很大，43.32％的种植户认为有一些影响，13.27％的种植户认为没有影响。由此可见，提升土壤肥力具有市场价值，绝大多数种植户都可以意识到提升耕地质量带来的市场价值。

从种植户改良土壤的困难来看，仅有 5.79％的种植户认为不存在任何困难，绝大多数的种植户都存在改良土壤的障碍，依次是资金困难（71.37％）、技术困难（48.87％）、物资困难（40.81％）、服务困难（39.04％）。尽管种植户获得抵押贷款的可得性较高，但棉花的种植成本及改良土壤的额外投入相对较高，绝大多数种植户仍然存在改良土壤的资金障碍，这意味着仍需要通过绿色信贷等措施缓解种植户的流动性约束。由于改良土壤涉及复杂的技术问题，需要考虑何时改良、如何改良、用什么改良效果最好的问题，种植户可以自己购买相关物资改良，也可以选择购买企业的相关服务，样本中48.87%的种植户面临改良土壤的技术障碍，39.04%的种植户面临获取相关服务困难，这意味着需加快构建由相关农资或农机企业为主导的技术推广及服务链条，拉动种植户采取绿色生产行为。尽管市面上存在各种改良物资，部分地方政府也会为种植户免费提供有机肥，但仍存在种植户对改良物资不了解、不信任而不愿使用的情况，样本中40.81%的种植户获得物资困难。

表5-4 种植户耕地质量保护的情境因素认知分析

指标	项目	频数	比例	指标	项目	频数	比例
土壤肥力影响出租价格的程度	完全没有影响	48	4.03%	政府采取的提升耕地质量的措施	未采取任何措施	122	10.24%
	没什么影响	110	9.24%		提供物资或信息	341	28.63%
	有一些影响	516	43.32%		提供技术或培训	522	43.83%
	影响很大	447	37.53%		提供补贴	382	32.07%
	不清楚	70	5.88%		进行宣传	841	70.61%
改良土壤存在的困难	获得相关物资困难	486	40.81%		投入相关工程措施	120	10.08%
	获得相关服务困难	465	39.04%		进行惩罚	333	27.96%
	获得相关技术困难	582	48.87%	有无耕地地力退出补偿	有	127	10.66%
	资金困难	850	71.37%		不太清楚	536	45.00%
	不存在什么困难	69	5.79%		没有	528	44.33%

从政府采取的提升耕地质量的措施来看，10.24%的种植户认为政府未采取任何措施，70.61%的种植户认为政府进行了相关宣传，43.83%的种植户认为政府提供了相关技术培训，32.07%的种植户感知到政府提供了相关补贴，28.63%的种植户知道政府提供了相关物资或信息，27.96%的种植户感知到了政府的相关惩罚措施，10.08%的种植户知道政府投入了相关工程措施（如中低产田改造、高标准农田建设等）以提升耕地地力。一般来说，兵团采取的行动和措施比较统一，但种植户在相关感知上却存在较大差异，这一方面表明政府的相关行动宣传不到位；另一方面表明种植户的认知动机或者认知能力不足。

关于是否有耕地地力退出补偿，仅有10.66%的种植户知道这一政策规定，45%的种植户都表示不太清楚是否有这一政策，44.33%的种植户明确表示并没有这一规定。实际上，政府规定了职工应当维持耕地地力不下降，但并未有如何补偿或者如何惩罚的明确标准，在经营管理中也并未强化这一耕地地力补偿或者惩罚政策，因而较多种植户并不清楚是否有耕地地力退出补偿，这表明种植户提升耕地地力的经济动力不足。

5.4 多元主体治理残膜污染的现状分析

与土壤改良的市场化行为不同，多年来残膜污染治理存在政府干预，政府通过惩罚、补贴等激励约束机制规制种植户的行为，并形成了政府、企业、种植户多元协同治理机制。样本区中，第一师9团和第七师130团为2017年兵团农田残膜回收利用整团推进试点团场，开展了专项残膜回收补贴，补贴内容包括：①当季地膜回收补贴。对使用厚度大于0.01毫米、耐候期大于180天的地膜，按90%比例以上回收，按要求交售到指定地点的每亩给予20元补贴；②耕层残膜机具购置和回收作业补贴。对购买耕层残膜机具进行补贴，按照每1500亩配置一台机具，每台机具补贴5万元。同时开展耕层机具作业补贴，每亩作业费补贴25元；③残膜污染监测补贴。开展第三方残膜污染监测，每2万亩设立1个监测点，共设置25个农田残膜污染状况长期定位监测点，按照每个监测点1万元实施补助；④"一亩一元"连委会奖励补贴。对组织职工回收农田残膜过程中成效显著的连委会给予奖励，按照一亩一元标准实施奖励；⑤回收再利用企业电费补贴。回收再利用企业加工再生颗粒按50%补贴电费，每吨补贴约600元。根据政策文件所涉及的污染治理主体，本节主要选取了连队、企业、种植户三个主体考察了残膜回收现状及奖补情况。

5.4.1 团场及连队残膜污染治理现状分析

地膜回收机制方面，兵团土地确权前，一师9团和七师130团基本无差别，主要通过行政指令督促农户回收地膜。若农户未按时揭膜，一方面，会由连队找人揭膜，并由农户自己支付揭膜费用；另一方面，会限制用水、限制机械入地。兵团土地确权后，一师9团和七师130团均通过考核约束农户，但在做法上有所差别。130团将标准农膜使用和农膜回收纳入职工量化考核，通过地膜标签、地膜发票看地膜使用是否合格，按照投入5.4千克/亩、回收5.04千克/亩为标准看农户地膜回收是否合格，若农膜使用和回收合格，将补贴4000元的减负资金（即社保）；而9团主要将地膜回收纳入职工生态卫士考核，将社保资金中30%的5%用于地膜回收考核，若考核合格，会给农户补贴大约600元的减负资金，若考核不合格，则扣除约600元的减负资金。虽然土地确权前，部分农户未按时揭膜，但都能通过行政指令方式完成揭膜任务。土地确权后，农户回收残膜的意识大幅提升，不愿意揭膜的农户越来越少，但部分大户会存在地权性质改变而未揭膜的情况。总的来说，无论改革前后，团场各连基本都能按要求完成收膜任务。

地膜回收频率和效果方面，9团主要采用适时揭膜技术，每年至少回收地膜3～4遍：春播1遍、6月底揭边膜、7—8月揭中间膜、棉花收后1遍，相较于130团，9团回收的地膜干净且基本为整膜，碎膜相对较少。2018年以前，行政式推动地膜回收已有较好的效果，地膜残留量平均为5千克/亩，2018年土地确权后，农户回收农膜的积极性大大提高，地膜残留量连年减少。可见，土地确权带来的生态红利显著。130团主要在春季和秋季开展地膜回收工作，个别农户会在冬季闲时回收地膜。具体而言，130团调研连队能做到1年至少回收地膜2～3遍：秋后立杆搂膜（1遍）、开春平地搂膜（1～2遍），甚至有农户可做到1年4遍搂膜（加上冬季闲时收膜）。2016年以来，地里的残膜逐年减少，2018年地膜残留量平均为14.2千克，2019年减少到约11千克，少的可减少到8～9千克/亩。可见，地膜残留量基本呈逐年减少趋势。

地膜回收成本方面，9团地膜回收主要依靠人工完成，仅在春播耙地时附带以机械回收残膜，人工成本约为35元/亩。和130团相比，9团的人工成本较高，但由于人工揭膜干净，且两地收膜差异较大，地膜回收机性能不好，因此，目前对机械收膜的需求不大。130团地膜回收主要采用人工＋机具的方式。具体而言，1年2遍的回收成本平均为28～31元/亩，1年3遍的回收成本平均为33～41元/亩。尽管当前地膜的回收效率仍有较大的提升空间，但由于价格高、效果不好、残膜中杂质太多，两委对耕层残膜回收机的使用依然持保守态度。

地膜回收再处理方面，当前9团废旧残膜的去向主要为残膜回收站，由残膜回收站加工为滴灌带，再出售给农户。但由于残膜价值较低，每方膜平均仅售10～20元，40亩地残膜出售也仅100元左右，其间还涉及运输及人工费用，因此，农户卖给残膜回收站的积极性不高。针对这一情况，各连队设置了残膜集中堆放点，由农户免费堆放，再由连队统一处理。由于农户残膜回收意识显著提高，残膜由田间到地头基本可解决，但由于残膜价值太低，地头大量堆放残膜的情况依然可见，因此，如何使残膜由地头"流向"企业是当前残膜治理中较为关键的一环。由于130团有回收再利用企业，地头白色污染情况已很少见。补贴政策出台后，农户按要求交够残膜，由政府按照20元/亩发放补贴给农户，企业将残膜清洗后生产再生颗粒并进行出售。但2019年以前，再生颗粒的产品附加值较低，企业较难盈利，随着2020年新产品线的引入，企业通过生产再生产品将能再造新的盈利点。随着回收再利用企业转型升级，将能有效拉动农户回收并交售残膜的积极性，由此便能发挥市场机制推动残膜污染治理工作。

奖补实施及其有效性方面，第一，从奖补宣传和落实情况来看，两委表示团场进行了宣传，对奖补一事比较了解，但对于达到什么样的条件可以获得奖补资金，通过与两委访谈，发现两委对具体指标并不完全了解。另外，130团表示补贴资金一直尚未落实，9团有两委表示去年年底已收到奖补资金，也有两委对于哪些连队获得了该项奖补资金并不完全清楚。第二，从奖补满意度来看，未能感觉到两委有何不满。由于农户已形成较高的自觉性，特别是确权后，有两委表示给不给都行。但对补贴仍有两方面的意见：一方面，由于实际土地面积大于补贴面积，导致补贴资金未能达到"一元一亩"；另一方面，奖补资金缺乏时效性，未能按时按要求发到位。第三，从奖补有效性看，由于在未下发补贴之前，两个团场均将残膜回收纳入考核，两委也已在积极开展残膜回收工作，特别是职工的意识显著提高，能够意识到残膜对产量的负面影响，土地确权、职工考核、职工意识成为推动职工回收残膜的有效机制。而两委的角色随着农户残膜回收积极性的不断增加，已从过去的宣传、督促人员转变为服务人员，主要通过取土测量反馈农户的残膜回收成果。因此，若以当前是否全面回收地膜为主要考核标准，当前的奖补政策缺乏有效性，即使取消补贴，也不会影响残膜回收效果。

从连队残膜回收及奖补情况来看，存在以下问题：①奖补政策还未按要求实施。兵团的进度安排是从2019年10月至2020年3月，而130团的进度安排是从2020年1月至2020年12月，9团的进度安排是从2020年3月至2021年3月，整体滞后于兵团要求的进度安排。130团在2019年10月进行了相关宣传，两委补贴尚未到位；9团因回收再利用企业正在建设中，还无法按照最新安排开展工作。两团的相关工作均处于进展中，尚未到下发补贴资金阶段；②地头到集中堆放点这一环节的问题相对突出。从访谈情况来看，当前残膜回收治理的关键在于打通地头到企业这一环节。残膜堆放是当前最突出的问题：一方面，残膜回收站比较远，残膜价值比较低，农户交售残膜的积极性并不高；另一方面，即便是交到连队的集中堆放点，也存在额外的时间和人力投入，在缺乏市场拉力、对两委缺乏相关考核的情况下，地头污染比较严重。

5.4.2　企业参与残膜污染治理的现状分析

根据实地调研，第一师9团回收的残膜主要以集中堆放为主，缺少回收再利用加工企业进行残膜的处理。第七师130团有回收再利用加工企业1个，为新疆成宏绿地环保科技有限公司。该企业2017年进入新疆，在130团建立工厂，主要对回收后农用地膜进行造粒生产，实现残膜的再利用。后续分析将围绕130团的残膜回收再利用企业展开。

从企业投入来看，目前该企业有员工27人，企业正式生产时间为1年，因生产成本限制，盈利空间有限。2017年以来累计投入了造粒设备及技术改造费1 000多万元，2019年继续投入了价值600多万元的设备以开发再生品。

从企业生产来看，2019年以前主要以造粒为主，由于冬季无法开工，1年基本运转8个月，年均处理田间残膜（未清洗前）3 000吨，年加工造粒1 000多吨。根据残膜回收造粒核算，每吨颗粒料生产成本为6 020元，其中，电费1 200元/吨，人工2 000元/吨。2019年市场价格7 000元/吨，有约1 000元/吨的盈利空间。但随着国际油价下跌，颗粒料直接成本下降，目前市场价格为5 000元/吨的颗粒料，而造粒成本为6 020元/吨，企业处于亏损状态。

为改变亏损局面，企业通过技术创新，拟转产再生品，直接生产成塑料成品如运输膜具、栅栏、井盖等，根据企业自行在内地省份进行的研究与生产试验，生产的技术条件与设备条件均具备，生产成本可降至2 000元/吨，具备市场前景，目前已获得了一定的订单数量。通过生产再生品，企业可实现全年运转，且降低了回收后地膜含杂率的要求。回收后残膜不需大量清洗，大大降低了企业的清洗用水成本，根据企业管理者自行核算，新产品的总成本约2 000元/吨，盈利空间为1 200~1 500元/吨。

补贴方面，2017—2018年企业直接补贴给农户，2019年由政府直接给农户补贴20元/亩，企业除杂称重。130团共计覆盖地膜约32万亩，每亩地膜投入量5.6千克，按90%回收率要求种植农户上交每亩5.04千克地膜。2019年全团共计回收含杂地膜4 000~5 000吨，回收后的地膜中有较多的土块、秸秆等田间杂物，使回收后地膜质量超过实际地膜质量，根据厂家实际折算，2019年实际处理地膜1 500多吨。生产成本中，电费成本为1 200元/吨，占总生产成本20%，政府给企业补贴50%的电费，约为600元/吨，占企业生产成本10%，切实解决了企业加工生产实际中的问题。然而，根据企业提供的用电量电费票据，2019年共计产生电费70万元，根据电费发票应获取补贴35万元，但补贴因各种原因未能及时下拨。

根据实地调研可知，第一，我国是塑料薄膜生产大国，塑料制品需求量大，新疆本地塑料制品厂较少，需求量大。将残膜直接生产成再生品符合市场需求，具备市场潜力；第二，在电费补贴方面，应该根据企业的实际生产情况按需及时补贴，以改善企业的生产经营，降低企业的风险；第三，补贴资金方面，根据国家的环保补贴政策，应该对企业技术改造方面有一定的资金补贴或科研项目投入，提高企业技术能力，也降低企业技术改造风险；第四，适当进行秸秆粉碎还田、残膜回收联合作业机的田间试验，联合作业机回收后地膜进行再生品加工试验，使残膜回收作业形成全程机械化作业。

5.4.3 种植户残膜回收现状分析

（1）种植户残膜回收行为特征

表5-5描述了种植户的地膜回收行为。从种植户地膜回收行为来看，地膜回收频率基本在每年1～2遍（占比87.66%），10.75%的种植户每年会回收3遍以上，其中租入地回收3遍以上的比例略低于自有承包地，种植户回收地膜的频率与地膜回收技术以及耕地保护意识有关。58.38%的种植户以劳动投入为主，机械投入为主占到30.41%。从残膜处理方式看，66.50%的种植户选择了统一处理厂，42.91%的种植户会卖掉，其中租入地选择卖掉的比例（52.94%）远高于自有承包地（41.23%）。种植户随意丢弃残膜的行为已得到较好约束，采用市场行为处理残膜已比较普遍。但残膜单位价值相对较低，离回收站点较远的种植户，会选择放弃售卖、堆在集中堆放点。

表5-5 种植户地膜回收行为

指标	频数	比例	指标	频数	比例
地膜回收方式			残膜处理方式		
劳动投入为主	672	58.38%	随便扔掉	28	2.35%
等量投入	129	11.21%	卖掉	511	42.91%
机械投入为主	350	30.41%	统一填埋	152	12.76%
合计	1 151	100%	统一处理厂	792	66.50%
地膜回收频率			其他	85	7.14%
几年1遍	19	1.60%	合计	1 191	
每年1遍	583	48.95%			
每年2遍	461	38.71%			
每年3遍	113	9.49%			
每年4遍	15	1.26%			
合计	1 191	100%			

（2）种植户残膜回收认知特征

表5-6描述统计了种植户对残膜污染的状况认知、残膜回收的责任认知以及回收残膜的好处认知、残膜回收的情境因素认知，涉及影响种植户采取地

膜回收行为的外部经济、技术和制度因素。

表5-6　种植户残膜回收及情境因素认知

指标	项目	频数	比例	指标	项目	频数	比例
棉田地膜污染情况	非常严重	100	8.4%	回收农膜责任认知	农民自己	942	79.09%
	比较严重	174	14.61%		相关企业	155	13.01%
	一般	659	55.33%		当地政府	73	6.13%
	不存在	222	18.64%		国家	21	1.76%
	不清楚	36	3.02%	不回收地膜可能受到的惩罚	没有惩罚	46	3.86%
残膜影响耕地质量的程度	影响非常大	725	60.87%		会罚款	655	55.00%
	影响比较大	349	29.30%		会被批评	742	62.30%
	有一点影响	109	9.15%		会影响考核	601	50.46%
	没什么影响	8	0.67%		会影响供水	284	23.85%
残膜影响出租价格的程度	非常大	441	37.03%		会影响机械作业	447	37.53%
	比较大	360	30.23%		有法律约束	213	17.88%
	一般	228	19.14%		其他	68	5.71%
	没什么影响	88	7.39%				
	不太清楚	74	6.21%				
残膜影响单产的程度	非常大	607	50.97%				
	比较大	422	35.43%				
	一般	150	12.59%				
	没什么影响	12	1.01%				

关于棉田的地膜污染情况，仅有23.01%的种植户认为地膜污染严重，55.33%的种植户认为地膜污染一般，甚至18.64%的种植户认为不存在地膜污染。进一步来看，第七师的种植户认为棉田污染比较严重，而第一师认为严重的比率相对较低；根据《兵团各团场农田残膜污染分级汇总表》，第七师的两个团场分别为四级严重污染区（30千克/亩以上）和三级重度污染区（20～30千克/亩），第一师的两个团场属于二级中度污染（10～20千克/亩），种植户的实际感知与实际情况相对一致。

从残膜对耕地质量的影响来说，60.87%的种植户认为残膜影响耕地质量的程度非常大，29.30%的种植户认为影响比较大，9.15%的种植户认为有一点影响，可知绝大多数种植户都能够意识到残膜对耕地的负面影响。然而，从残膜对单产的影响认知来看，50.97%的种植户认为残膜对单产的影响非常大，

35.43%的种植户认为影响比较大，12.59%的种植户认为影响一般，比较而言，种植户认为残膜对耕地质量的影响超过了对单产的影响。

关于回收农膜的责任认知，79.09%的种植户认为应该由农民自己回收，13.01%的种植户认为回收农膜应该由相关企业来做，6.13%和1.76%的种植户分别认为应由当地政府和国家采取措施来回收。由此可知，绝大多数种植户都能够意识到自身回收农膜的责任，相较而言，第一师认为农民是主要责任主体的占比相对较高。

从残膜对耕地出租价格的影响来看，37.03%的种植户认为影响非常大，30.23%的种植户认为影响比较大，19.14%的种植户认为影响一般，7.39%的种植户认为没什么影响。由此可见，回收残膜具有市场价值，绝大多数种植户都可以意识到减轻地膜污染带来的市场价值。

从种植户不回收地膜的后果感知来看，种植户基本可感知到不回收地膜的制度压力，这种制度压力主要依次来源于连队干部的批评（62.30%）、罚款（55%）、相关考核（50.46%）、影响机械作业（37.53%）、影响供水（23.85%）、法律约束（17.88%）等。兵团职工的种植行为显著受到制度约束，2018年兵团改革前，政府采用行政指令督促种植户回收地膜，按照要求回收后（如肉眼可见无大块地膜），方可允许机械下地作业或者予以供水。种植户不回收地膜可能会受到领导干部的批评，会被禁止机械下地作业、限制用水灌溉，甚至可能会面临资金惩罚。2018年兵团改革后，团场减少了对种植户的生产干预，兵团对种植户的管理由行政命令方式转变为市场激励方式，主要采用补贴激励或考核激励，将回收残膜纳入对种植户的考核：若种植户按要求回收了地膜，即可正常获得减负资金（即社保资金）的补贴，否则不能获得补贴。

（3）种植户补贴感知和满意度

样本区第一师9团和第七师130团对种植户发放了专项残膜回收补贴，第一师10团和第七师129团没有专项补贴。样本中27.04%的种植户感知到了地膜回收补贴，3.68%的种植户有残膜机具购置补贴，1.60%的种植户有回收作业补贴，67.67%的种植户认为没有地膜回收补贴。具体而言（表5-7），9团和130团分别有22.70%和69.31%的种植户未感知到补贴，而130团的这一比例远远高于9团。通过调研发现，9团政策宣传比较晚，主要在2020年春播进行了大量宣传，因此，种植户对补贴的发放有准确的时间预知，而130团早前就有将地膜交到回收再利用企业的要求，种植户交售地膜后未见补贴，因此对补贴产生了不确定性的感知。10团和129团会有部分种植户感知到补贴，主要在于两团均有实行考核奖励，地膜回收与职工减负资金（社保资金补贴）的发放相关联，这些种植户将此当作奖励性补贴。

表5-7 种植户补贴感知差异

地区		地膜回收补贴		残膜机具购置补贴		回收作业补贴		没有补贴	
		频数	比例	频数	比例	频数	比例	频数	比例
一师	9团	210	74.47%	6	2.13%	2	0.71%	64	22.70%
	10团	29	7.69%	18	4.77%	3	0.80%	327	86.74%
七师	129团	30	9.09%	14	4.24%	11	3.33%	275	83.33%
	130团	53	26.24%	6	2.97%	3	1.49%	140	69.31%
合计		322	27.04%	44	3.68%	19	1.60%	806	67.67%

从两个补贴团场的样本满意度来看（表5-8），9团样本中，83.93%的种植户感到满意（包括比较满意和非常满意），仅有0.45%的种植户感到不满意；而130团的样本中，仅有46.77%的种植户感到满意，不满意的比例高达17.74%。由此可知，9团种植户对补贴的满意度远高于130团。

表5-8 种植户补贴满意度感知差异

地区		非常满意		比较满意		一般		比较不满意		非常不满意		合计
		频数	比例	频数	比例	频数	比例	频数	比例	频数	比例	
一师	9团	119	53.13%	69	30.80%	35	15.63%	0	0.00%	1	0.45%	224
七师	130团	11	17.74%	18	29.03%	22	35.48%	8	12.90%	3	4.84%	62

根据实地调研，补贴主要存在以下问题：①考核标准有争议。9团对种植户的考核标准为"交售净量的标准为不低于年初地膜实际使用量的95%，按公斤*交售不低于5.32公斤/亩，或按方量交售为每13亩折算一方"，130团对种植户的考核标准为"交售净重的标准为不低于年初实际地膜使用量的90%，即不低于5.04公斤/亩"，以公斤交售导致扣杂严重，特别是在130团，种植户机械搂膜含杂量较高，企业扣杂随意性大，有时交膜扣杂量可达到70%，如此往复，种植户与企业之间因不协调造成的人力、物力等无谓消耗将有所增加；②补贴下发不及时。130团补贴满意度较低的原因在于上一年种植户已将地膜交至回收再利用企业，而补贴迟迟未发放，使种植户对补贴产生了不确定性感知。因此，无论是补贴感知还是补贴满意度，130团种植户都大大低于9团种植户。补贴未及时兑现可能造成种植户的消极责任认知，认为回收地膜对企业和国家有利，却需要自己付出成本，承诺补贴却不知是否会兑现。

---

* 1公斤=1千克。

5.5 本章小结

本章首先介绍了研究区域的基本情况，包括棉花种植情况、耕地质量情况、土地制度等基本信息；其次，通过呈现访谈信息，以介绍问卷设计的依据（包括为什么选择土壤改良和地膜回收这两种耕地质量保护行为、样本区哪些指标可以表征土地产权的稳定性），进而介绍了问卷发放和样本的基本情况；再次，根据所获得的调研数据，描述了样本区种植户的土壤改良行为和认知特征；最后，分析了多元主体如团场、企业、种植户参与残膜污染治理的现状。

6 耕地质量保护行为对种植户产出的影响分析

理性小农是相关研究的逻辑起点,种植户是否采取耕地质量保护措施取决于其对成本收益的衡量。本章主要回答了"耕地质量保护行为对种植户产出有多大影响",探讨耕地质量保护行为对种植户的经济影响,以判断是否存在促进种植户养护耕地的经济拉力。本章的研究结论有助于后续识别产权因素对不同经济拉力的耕地质量保护行为的影响差异。

6.1 耕地质量保护行为对耕地质量及棉花产出影响的理论分析

6.1.1 耕地质量保护行为对耕地质量的影响

本书所涉及的耕地质量保护行为主要是土壤改良和地膜回收,土壤改良行为主要包括施用有机肥、微生物肥、配方肥、高有机质化肥、土壤改良剂等。本章根据自然科学实验结果,归纳总结了土壤改良和地膜回收行为对耕地质量的影响。土壤改良方面,探讨较多的是施用有机肥、化肥配施有机肥、微生物肥、土壤改良剂等对棉田耕地质量的影响;地膜方面,主要探讨残膜对棉田耕地质量的不利影响。具体而言:

(1) 施用有机肥能够提升棉田土壤有机质、提高土壤养分有效性,并且还具备改土作用

单施化肥会导致土壤有机质逐年下降,施用有机肥能够增加土壤有机质含量,并且随着施用年份的增加不断增加(卢合全等,2021)。同时,施用有机肥后,土壤养分有效性有明显提高,对滨海盐碱地有较大的改土作用(何伟等,2018)。它对盐渍化棉田地力提升效果比产量明显,与羊粪、鸡粪相比,油渣在改良盐碱并提升地力方面有较好的效果(罗佳等,2016)。

(2) 化肥配施有机肥对土壤质量提升有较大好处,但化肥减量配施、化肥常规用量配施所发挥的作用大不相同

冯克云等(2021)的实验结果表明,化肥配施有机肥能够改善土壤理化性质,协调土壤速效与缓效养分供给,增加土壤的保水保肥性。而卢合全等

（2021）的实验发现，与单施有机肥、减施化肥＋商品有机肥相比，常规用量化肥＋商品有机肥的土壤有机质含量最高。这意味着即便配施同样、同等量的有机肥，可能因化肥用量的不同而对耕地质量产生不同的影响。

（3）微生物肥能调节 pH 并提升土壤酶活性、微生物碳氮、有机质和养分含量，改良剂主要发挥盐碱地改土的作用

施用复合微生物肥能调节土壤 pH，显著提高土壤酶活性、微生物碳氮、有机质和速效养分含量（赵婧文等，2019；乌音嘎等，2021）。各盐碱改良剂可明显降低 0～20 厘米土层土壤盐分含量和 pH（王相平等，2020）。张江辉等（2011）的实验结果表明，盐碱地施用两种不同改良剂后，土体含盐量均呈下降趋势，脱盐率分别为 30.3％和 17.7％，高于不施用改良剂的脱盐率（10.4％）。

（4）残膜会影响水肥运移，导致土壤含水率和土壤养分下降或不平衡

清理残膜的行为能通过减少耕地污染提升耕地质量，但不同的残膜捡拾行为能在多大程度上缓解这种不利影响并不明确。徐阳等（2021）发现，随残膜含量增加，土壤含水率逐渐降低，土壤盐分的富集效果逐渐增强，氮素含量随着残膜含量的增大而逐渐增多。董合干等（2013）的研究表明，残膜使土壤 pH 显著上升，有机质、碱解氮、速效磷和速效钾显著下降。

根据以上分析，土壤改良可以提高耕地质量，但仍存在最优用量和最优配比问题，即投入要素之间的合理配置关系。改良土壤能在多大程度上提升耕地质量涉及复杂的技术问题，如用多少、怎么用、什么时候用。地膜回收能缓解残膜带来的不利影响，但它能在多大程度上缓解这种不利影响并不明确。

6.1.2 耕地质量保护行为对棉花产出的影响

本节梳理并总结了耕地质量保护行为对产出的影响结果。由于土壤改良涉及的措施较多，而自然科学的相关研究比较集中，主要聚焦于有机肥施用、微生物肥等方面，因此本节主要回答以下三个问题。

（1）有机肥施用或配施能在多大程度上增加棉花产出？

施用有机肥是否可以增加棉花产出？如何施用有机肥才能获得最优的产出效果？为回答这些问题，本节整理了自然科学的研究成果，具体见表 6-1。

首先，与单施化肥、不施肥相比，单施有机肥不一定能增加产出。汪苏洁等（2021）的实验表明，单施化肥会造成产量下降，连续施用有机肥会增加产量，单施有机肥的籽棉产量均高于不施肥和单施化肥的产量。而卢合全等（2021）的实验结果表明，单施有机肥的籽棉产量高于不施肥的产量，但低于单施化肥的产量，并且连年单施有机肥会造成籽棉产量连年下降。牛新湘等（2021）的研究结果表明，单施有机肥的籽棉产量低于不施肥和单施化肥的产量。以上学者在不同地区、用不同实验方法得到的结果并不相同。

表 6-1　有机肥施用对棉花籽棉产量的影响

实验时间	地区	处理措施	籽棉产量（千克/公顷）	参考来源
2016—2018 年（2018 年数据）	山东省临清市	不施肥	2 495±26	卢合全等，2021
		单施化肥	4 105±38	
		单施商品有机肥	3 605±38	
		化肥＋商品有机肥	4 153±34	
		70%的化肥＋商品有机肥	3 991±46	
2019 年	新疆库尔勒	不施肥	4 974	牛新湘等，2021
		单施化肥	6 003	
		化肥减量 20%用有机肥替代	6 353	
		化肥减量 40%用有机肥替代	6 056	
		单施有机肥	4 574	
2016—2018 年（2018 年数据）	河南省安阳县	不施肥	4 072	汪苏洁等，2021
		单施化肥	4 153	
		80%化肥＋20%有机肥	4 299	
		60%化肥＋40%有机肥	4 289	
		50%化肥＋50%有机肥	4 314	
		单施有机肥	4 209	
2017—2018 年（2018 年数据）	甘肃省敦煌市	不施肥	2 514	冯克云等，2021
		单施化肥	3 719	
		75%化肥＋25%有机肥	4 274	
		50%化肥＋50%有机肥	4 415	
		25%化肥＋75%有机肥	4 187	
2016 年	山东省东营市	不施肥	2 330	何伟等，2018
		习惯施肥	2 730	
		优化施肥	2 815	
		一次性施肥（控释氮）	2 790	
		化肥减量 20%	2 670	
		化肥减量 20%＋有机肥	3 095	

其次，有机肥配施能增加棉花产出，但只有与化肥配比合理才能获得较大产出。何伟等（2018）等发现，减量化肥＋施用有机肥的棉籽产量高于习惯施肥、优化施肥、一次性施肥、化肥减量 20％这些仅施用化肥的处理组，经济效益比习惯施肥增长了 1 925 元/公顷。卢合全等（2021）的实验结果表明，常规用量化肥＋商品有机肥的产量高于单施化肥、减量化肥＋商品有机肥的产量，这表明化肥与有机肥合理配施能够提高棉花产量，适量减施化肥也能获得常规化肥用量的产量。牛新湘等（2021）发现，有机肥替代部分化肥能够显著提高棉花产量。汪苏洁等（2021）的实验发现，有机肥不同程度的等量替代化肥在前两年会造成产量下降，但随着施用年限的增加，第 3 年的产量会高于单施化肥的产量，其中有机肥替代 50％的化肥效果最好。冯克云等（2021）的研究表明，在充分灌溉的情形下，75％化肥＋25％有机肥的产量高于 50％化肥＋50％有机肥、25％化肥＋75％有机肥；但在水分亏缺情形下，50％化肥＋50％有机肥的产量高于另外两个有机肥处理组。

以上分析表明，①化肥配施有机肥可以提高棉花产出，化肥减量配施有机肥也能达到单施常规化肥用量的产出，但在减施并配施的前几年有可能造成产出的下降；②若要通过减施化肥并配施有机肥达到理想的产出效果，还需综合考虑土壤基础、灌溉条件等外部因素；③尽管配施有机肥能增加产出，但可能增加的产出较小以至于非规模户对此并无积极性，例如卢合全等（2021）的研究中，常规量化肥＋商品有机肥仅比单施化肥产量多出约 3 千克/亩；汪苏洁等（2021）的研究中，有机肥替代化肥的产量最高也仅比单施化肥高出约 10 千克/亩。因而有机肥施用、有机肥替代化肥对于规模户可能更有吸引力。

（2）微生物肥、土壤改良剂能在多大程度上提高棉花产出？

施用生物肥以及土壤改良剂是否可以增加棉花产出？如何施用效果较好？为回答以上问题，本节整理了自然科学的研究成果，具体见表 6-2。

表 6-2　生物肥、土壤改良剂施用对棉花籽棉产量的影响

实验时间	地区	处理措施	籽棉产量（千克/公顷）	参考来源
2019 年	新疆第五师	不施用复合微生物肥	5 667±104	吕博等，2021
		复合微生物肥 150 千克/公顷	5 984±102	
		复合微生物肥 300 千克/公顷	6 294±99	
		复合微生物肥 450 千克/公顷	6 476±94	
		复合微生物肥 600 千克/公顷	6 136±96	

（续）

实验时间	地区	处理措施	籽棉产量（千克/公顷）	参考来源
2016—2018 年	甘肃省敦煌市	不施肥	2 328±11	王宁等，2020
		单施化肥	4 187±55	
		80%化肥＋1 200 千克/公顷有机肥	4 215±12	
		60%化肥＋2 400 千克/公顷有机肥	4 389±84	
		80%化肥＋1 200 千克/公顷生物肥	4 462±79	
		60%化肥＋2 400 千克/公顷生物肥	4 581±62	
		80%化肥＋900 千克/公顷有机肥＋300 千克/公顷生物肥	4 592±13	
		60%化肥＋1 800 千克/公顷有机肥＋600 千克/公顷生物肥	4 782±10	
2017 年	新疆沙湾县	不施肥	4 491±249	赵婧文等，2019
		常规化肥	5 656±256	
		滴灌专用肥	5 968±144	
		常规化肥＋生物有机肥	6 092±180	
		滴灌专用肥＋生物有机肥	6 344±234	
2007 年	新疆玛纳斯县	不施改良剂	2 931	张江辉等，2011
		旱地龙改良剂	3 549	
		禾康改良剂	3 452	

吕博等（2021）的实验表明，施用微生物肥能够显著增加棉花产量，当施用浓度为 450 千克/公顷时，对棉花生长和产量的综合促进效果最佳。王宁等（2020）实验发现，生物有机肥较普通有机肥对产量的促进作用更显著，化肥减量并与普通有机肥和生物有机肥混合配施带来的产量更高。赵婧文等（2019）的实验结果表明，配施生物有机肥的增产效果明显，常规化肥＋生物有机肥的施肥模式带来的经济效益最高。张江辉等（2011）实验发现，施加改良剂可增加棉花产量，旱地龙和禾康这两种改良剂每公顷分别可增产 21.1% 和 17.8%，净增收 2 491.5 元和 1 371.0 元。王相平等（2020）发现各盐碱改良剂均可提高棉花产量，所在区石膏和腐殖酸 9∶1 组合且施用量 3 000 千克/公顷时，棉花能增产 24%。

以上自然科学的实验结果表明，施用生物肥和土壤改良剂均能促进棉花产量提升，生物肥与化肥、有机肥的合理配比能够优化产出效果。与有机肥相比，生物肥的增产能力更强（王宁等，2020），但成本也相对较高。

(3) 残膜如何影响棉花产量? 回收残膜是否能增加棉花产出?

残膜会影响水肥运移,影响棉花出芽率及养分吸收,残膜在多大程度上会降低棉花产量? 这可以明晰回收地膜能为种植户带来多大价值。本节梳理的自然科学研究结果如表6-3所示。

表6-3　残膜量对棉花籽棉产量的影响

实验期	地区	残膜量(千克/公顷)	籽棉产量(千克/公顷)	参考来源
2020年	新疆石河子实验室	150	4 707±133	徐阳等,2021
		230	4 692±406	
		465	4 066±321	
		857	3 711±13	
		1 250	3 355±355	
		1 640	2 971±117	
		无残膜	4 739±174	
2019年	新疆石河子实验站	146	2 325	朱金儒等,2021
		228	2 388	
		310	2 154	
		392	1 783	
		474	1 593	
		555	1 511	
		无残膜	2 369	
2013—2014年	新疆石河子	1 000	4 731	董合干等,2013
		2 000	3 567	
		无残膜	5 779	

首先,残膜对产出的影响存在"危害阈值"。棉花产量随土壤残膜含量的增加而逐渐降低,当残膜超过一定量时,棉花产量下降显著。关于这一危害阈值,不同的研究有所差异:徐阳等(2021)发现,当残膜含量大于230千克/公顷时,下降幅度显著增强;朱金儒(2021)的实验结果表明,残膜量大于228.03千克/公顷时,产量有大幅下降。另外,尽管随着残膜密度升高,不同棉花品种的产量均呈下降趋势,但下降程度有所不同,具有发达根系的品种有更好的适应性(董合干等,2013)。

其次,回收残膜会增加产出,但边际报酬递减。土壤中的残膜量未超过危害阈值时,产量下降程度非常小,按均值计算,产量减少程度为2~3千克/亩

（徐阳等，2021；朱金儒，2021）；超过阈值后，产量减少程度为 14～148 千克/亩（徐阳等，2021；朱金儒，2021；董合干等，2013）。也就是说，土壤残膜含量较大时，残膜捡拾越干净，产出越有显著提升；随着残膜量降低，额外增加地膜回收投入所带来的产出将越来越小（马兴旺等，2020）。因此，残膜污染比较严重时，种植户有积极性增加地膜回收投入；随着残膜污染缓解，种植户增加地膜回收程度的积极性将有所下降。

综合以上分析可知，种植户采取的土壤改良和地膜回收行为能提升棉花产出，存在促使经营主体养护耕地的经济拉力，但对于不同种植户而言，经济拉力大小不同：①不同规模。有机肥配施所能增加的产出相对较小，以至于配施有机肥对小规模种植户可能不具吸引力；②不同技术约束。由于种植户的改良投入，需要与其他生产要素合理配施，才可能达到较大产出，因而其对存在技术约束的种植户可能缺乏吸引力。

6.2　估计策略与变量选取

为了考察耕地质量保护行为对产出的影响关系，建立如下模型：

$$Y = f(C, LM, RF, \boldsymbol{X}) \qquad 式（6-1）$$

其中，Y 为棉花单产（千克/亩），C 为地块的单位生产成本（元/亩），LM 为种植户是否改良土壤，RF 为种植户的地膜回收程度，$\boldsymbol{X}$ 为影响棉花产出和投入的家庭及种植特征，这些变量不直接影响棉花产出，但会通过影响种植户的投入及其管理技术水平，从而影响产出。

为进一步考察不同土壤改良措施对产出的影响，针对改良户建立如下模型：

$$Y = f\left(C, \sum LM_i, RF, \boldsymbol{X}\right) \qquad 式（6-2）$$

其中，Y 为棉花单产（千克/亩），LM_i 表示是否采纳了第 i 种土壤改良措施，其他变量如上文所述。具体的变量选取、定义、均值如表 6-4 所示。

表 6-4　变量选取与定义

变量	定　义	观测数	均值	标准差	最小值	最大值
因变量						
地块单产	千克/亩	1 163	363.856	56.539	200	490
耕地质量保护行为						
土壤改良	1＝改良了；0＝未改良	1 191	0.536	0.499	0	1

（续）

变量	定 义	观测数	均值	标准差	最小值	最大值
地膜回收	1＝几年1遍；2＝每年1遍；3＝每年2遍；4＝每年3遍；5＝每年4遍	1 159	2.638	0.745	1	5
施有机肥	1＝是；0＝否	638①	0.611	0.488	0	1
施微生物肥	1＝是；0＝否	638	0.351	0.478	0	1
施配方肥	1＝是；0＝否	638	0.365	0.482	0	1
施有机化肥	1＝是；0＝否	638	0.382	0.486	0	1
施土壤改良剂	1＝是；0＝否	638	0.196	0.397	0	1
其他改良措施	1＝是；0＝否	638	0.139	0.347	0	1
家庭及种植特征						
单位成本	元/亩	1 114	1 604.50	305.82	950	2 350
户主年龄	具体年龄	1 181②	41.724	9.170	20	73
基层干部	家庭是否有村干部：1＝是；0＝否	1 191	0.186	0.390	0	1
家庭收入	1＝4万元及以下；2＝4万～10万元；3＝10万元以上	1 191	1.526	0.578	1	3
种植年数	种植棉花年数（年）	1 185	11.136	9.839	1	39
棉地面积	亩	1 154	60.615	30.670	36	199
套种与否	1＝是；0＝否	1 191	0.065	0.247	0	1
专业化程度	棉花收入占家庭收入的比重	1 178	0.591	0.345	0	1
耕地质量感知	5＝非常好；4＝较好；3＝一般；2＝较差；1＝非常差	1 191	2.905	0.657	1	5
抵押贷款	1＝获得了棉地抵押贷款；0＝否	1 143	0.670	0.470	0	1
土地产权	1＝租入地；0＝承包地	1 191	0.143	0.350	0	1
产权期限	剩余耕种年数	1 155	13.788	9.719	0	40
区域变量	1＝7师；0＝1师	1 191	0.447	0.497	0	1

注：①样本中仅有638个改良户；②模型中观测数量不同是由于变量存在缺失值。

6.3 耕地质量保护行为对种植户产出影响的实证分析

6.3.1 耕地质量保护行为对种植户产出影响的回归分析

为避免异方差导致的参数估计缺乏有效性问题，本节运用STATA14.0进行OLS＋稳健标准误回归，结果如表6-5所示。由于土壤改良措施采纳间隔不同，3 年前采纳和 1 年前采纳对产出的影响有差别，因此，本节筛选了种植年数小于等于两年的样本做进一步回归，所选变量能够解释种植户产出 34% 的变异。根据关键变量的影响结果可知，全样本回归的结果平均了土壤改良和地膜回收对产出的影响。为考察是否存在影响的地区差异，本节进一步对不同地区的样本进行了回归分析。

表 6-5　耕地质量保护行为对产出的影响结果

变量	总样本		种植年数≤2		一师（种植年数≤2）		七师（种植年数≤2）	
	系数	标准误	系数	标准误	系数	标准误	系数	标准误
自变量								
土壤改良	5.100*	2.741	11.484*	5.912	5.428	6.911	21.405*	11.534
地膜回收								
每年 1 遍	10.382	14.803	31.431	28.675	30.716	24.757	—	—
每年 2 遍	4.802	14.880	19.208	28.909	18.755	25.972	−12.985	13.336
每年 3 遍	11.193	15.426	22.755	31.260	23.609	32.699	−27.107	18.426
每年 4 遍	24.190	17.961	29.546	33.687	16.721	26.918	−7.752	43.584
控制变量								
单位成本	0.011**	0.005	0.018	0.012	0.021*	0.011	0.019	0.028
户主年龄	0.271	0.206	0.805*	0.464	1.053*	0.610	0.093	0.987
基层干部	3.775	3.528	9.806	6.400	2.082	7.927	36.526**	14.050
家庭收入								
4 万～10 万元	22.144***	2.944	24.420***	6.744	20.568***	7.805	32.628**	12.836
10 万元以上	34.814***	6.342	49.678***	12.099	48.426***	14.518	49.875*	26.490
种植年数	0.095	0.170	−0.104	0.341	−0.201	0.542	0.108	0.511
棉地面积	−0.045	0.045	0.039	0.128	0.138	0.197	0.077	0.192
套种与否	10.119**	4.555	6.970	8.491	−0.057	8.920	37.678*	19.549
专业化程度	16.454***	4.788	25.668**	11.527	28.701**	13.711	23.219	22.755
耕地质量感知								
较差	5.206	7.659	0.709	17.843	11.918	20.915	−10.705	33.551
一般	30.192***	7.127	25.408	17.057	29.008	20.918	22.252	26.760
较好	38.640***	9.255	55.166**	22.799	56.828**	26.488	66.010	44.891
非常好	13.449	16.786	54.948**	23.861	61.914	39.724	42.846	31.064
抵押贷款	4.387	2.939	−0.301	5.976	−1.896	6.870	10.362	12.560

（续）

变量	总样本		种植年数≤2		一师（种植年数≤2）		七师（种植年数≤2）	
	系数	标准误	系数	标准误	系数	标准误	系数	标准误
土地产权	−11.204***	4.023	−3.888	7.308	−11.786	9.045	5.403	15.336
产权期限	0.102	0.192	0.552	0.381	0.607	0.415	−0.287	0.840
区域变量	51.130***	3.617	39.155***	7.743				
常数项	254.805***	19.047	188.714***	36.406	176.237***	41.838	277.980***	54.528
观测数	979		269		158		111	
F值	37.10***		8.73***		8.89***		3.06***	
R^2	0.409		0.340		0.296		0.307	

注：①***、**、*分别表示在1%、5%和10%的水平上显著；②由于七师几年一遍的样本仅有1个，因而，七师样本的基准组为每年1遍。

由表6-5可知，土壤改良与种植户产出在10%的水平上显著正相关，种植户若改良了土壤，产出平均会增加5.1千克/亩左右。对于近两年采纳土壤改良措施的种植户而言，其产出平均会增加11.5千克/亩左右。进一步，七师的种植户如果在近两年改良了土壤，其产出平均会在10%的水平上显著增加21.4千克/亩；但土壤改良对一师种植户产出的影响不显著，这表明土壤改良对产出的影响存在区域差异。地膜回收程度对产出有正向的影响，但由于内部差异较大，使其并没有表现出显著的影响水平。即便在控制了地区差异后，影响仍不显著。

控制变量中，单位成本、家庭收入、是否套种、专业化程度、耕地质量感知与棉花产出显著正相关。如果种植户在现有投入水平上再增加现金投入，仍可增加产出，但增产的幅度相对较小：种植户每增加100元/亩的投入，可使每亩产量增加1.8千克。但对于七师样本而言，生产投入总量已饱和，种植户通过增加投入达到增产目的的可能性比较小。家庭收入水平越高，种植户的产出越高：与家庭收入水平在4万元以下的种植户相比，收入水平在4万～10万元以及10万元以上的种植户可分别增产约24千克和49千克。通过不同收入水平各变量的单因素分析发现，高收入家庭通常有较高的人力资本、社会资本和自然资本水平，决定其有高产出的关键在于其拥有较高的管理和技术水平，因而在类似投入下，高收入家庭能有较高的产出。通过不同地区的回归也可看出，10万元以上的种植户与4万元以下种植户相比，增产效应更大且显著。

棉地套种的产出要高于不套种的产出，其中七师套种的增产效应更显著。

样本区以套种茴香、枣树及梨树更常见，但由于套种可能会增加机械作业和管理的复杂程度，样本区仅有不到 7％的种植户选择了套种，七师选择套种的仅占其样本数的 3.2％。另外，种植户专业化程度越高，其棉花产出越高：专业化程度每提高 10％，其产出平均会增加约 2.5 千克/亩。与耕地质量非常差的种植户相比，耕地质量较好和非常好的种植户平均产出分别显著高出其约 55千克/亩和 54 千克/亩。

另外，七师的平均单产水平显著高于一师约 39 千克/亩。2019 年，南疆积温较往年偏低且雨水偏多，加上局部灾害性天气影响，产量受到负面影响的程度较大。另外，南疆易遭受雹灾，团场炮班能够降低种植户因雹灾而遭受产量和收益损失的风险；然而，兵团改革后裁撤了炮班的人员编制，这也使一师遭受雹灾的风险显著增加。因而，受到气候变化的不利影响及防范风险的体制变化，一师单产有显著下降，远低于七师。

6.3.2 不同土壤改良行为对种植户产出影响的回归分析

本节进一步考察了不同土壤改良行为对种植户产出的影响。考虑到改良措施的时间间隔不同，且采取的改良措施组合不同，而在采集数据时并未细致考虑每一种改良措施采取的年数、时间间隔以及改良组合，有可能导致近期采纳的种植户和早期采纳的种植户在产出上存在较大异质性，因而本节控制了种植户种植该地块的年数，讨论了近 3 年和近 5 年采取相关改良措施对种植户产出的影响。所有样本均采用 OLS＋稳健标准误的方法，具体结果如表 6-6 所示。可以看出，与全样本的拟合优度相比，所选变量对改良户的解释力度更大，可以解释改良户 43.4％的产出变化。

表 6-6 不同改良措施对产出的影响结果

变量	全部改良户		种植年数≤3		种植年数≤5	
	系数	标准误	系数	标准误	系数	标准误
自变量						
土壤改良						
有机肥施用	−2.750	3.856	0.591	5.588	−0.214	5.074
微生物肥施用	1.958	4.099	−1.373	6.079	−1.197	5.304
配方肥施用	6.427*	3.683	11.448**	5.705	11.220**	5.110
有机化肥施用	−5.015	4.250	−2.125	6.170	−1.610	5.477
土壤改良剂施用	7.241	4.762	12.731*	6.870	9.942*	6.069
其他改良措施	−2.926	4.567	4.514	6.797	−1.675	6.406

（续）

变量	全部改良户		种植年数≤3		种植年数≤5	
	系数	标准误	系数	标准误	系数	标准误
地膜回收						
每年 1 遍	48.145*	27.403	49.393	31.031	48.841*	29.388
每年 2 遍	39.309	27.353	38.179	31.321	39.966	29.423
每年 3 遍	50.230*	27.645	49.537	31.821	51.610*	30.086
每年 4 遍	50.833	31.417	37.025	34.683	40.938	32.954
控制变量						
单位成本	0.006	0.006	0.015	0.010	0.011	0.009
户主年龄	−0.005	0.304	0.033	0.398	−0.045	0.367
基层干部	1.739	4.715	3.184	6.835	1.289	5.990
家庭收入						
4 万~10 万元	19.579***	3.828	15.287**	6.007	19.779***	5.476
10 万元以上	31.421***	8.609	34.159***	12.243	37.545***	10.786
种植年限	0.176	0.251	0.248	0.387	0.335	0.338
棉地面积	−0.075	0.056	−0.077	0.095	−0.112	0.082
套种与否	11.069*	6.363	8.806	9.337	6.226	7.959
专业化程度	12.931**	6.519	27.724**	11.126	25.679***	9.239
耕地质量感知						
较差	2.317	11.650	2.857	16.374	0.250	14.272
一般	31.087***	11.065	36.733**	15.051	35.109***	12.919
较好	33.511***	12.700	45.262**	19.422	39.976**	15.985
非常好	4.420	20.005	6.088	24.905	0.556	22.143
抵押贷款	6.294	4.143	6.993	6.123	6.376	5.185
土地产权	−6.048	6.171	−3.124	8.496	−5.909	7.660
产权期限	0.212	0.293	0.310	0.345	0.319	0.307
区域变量	52.987***	4.300	52.223***	6.569	50.294***	5.748
常数项	242.126***	34.491	205.287***	40.928	219.542***	37.847
观测数	514		237		283	
F 值	19.15***		9.81***		11.41***	
R^2	0.434		0.476		0.474	

注：***、**、* 分别表示在 1%、5% 和 10% 的水平上显著。

由表 6-6 的结果可知，配方肥与土壤改良剂的增产效果比较显著，其他改良措施对产出的影响并不显著。针对近 3 年改良了土壤的种植户而言，如果种植户采用配方肥或者土壤改良剂改良土壤，其平均产出可分别显著增加约 11.448 千克/亩和 12.731 千克/亩；通过三个样本结果的对比分析可知，如果忽略了种植户采纳相关改良措施的时间差异，将会低估改良措施对产出的促进作用。回收地膜对种植户产出有正向影响，但因内部差异较大，其对种植户产出并不总是有特别显著的影响。控制变量中，家庭收入、专业化程度、耕地质量感知与改良户的棉花产出显著正相关，七师的改良户产出也显著高于一师的改良户。

6.4　本章小结

本章首先整理分析了耕地质量保护行为对耕地质量及棉花产出的自然科学实验结果，进一步运用考虑了异方差的最小二乘回归方法（OLS）考察了耕地质量保护行为对种植户产出的实际影响。相关结论如下：

土壤改良可以提高产出，但仍存在最优用量和最优配比问题。土壤改良仍涉及用多少、怎么用、什么时候用的复杂技术问题；同时，有的改良措施增产效果较小以至于其对小规模户并无吸引力。残膜对产出的影响存在"危害阈值"，随着残膜污染缓解，种植户增加地膜回收程度的积极性将有所下降。

近两年采纳土壤改良措施的种植户平均增产 11.5 千克/亩左右。其中配方肥与土壤改良剂的增产效果比较显著，针对近 3 年改良了土壤的种植户而言，采用配方肥或者土壤改良剂可分别增产约 11.448 千克/亩和 12.731 千克/亩。随着地膜回收频率增加，种植户产出有所增加，但内部差异较大使其并没有表现出显著的影响水平。单位成本、家庭收入、是否套种、专业化程度、耕地质量感知均与棉花产出显著正相关。

本章结果表明，改良土壤存在相对显著的经济拉力，但种植户是否可以获得显著的经济收益，还需要考虑是否存在技术（或服务）约束。回收地膜并且增加地膜回收程度的经济拉力并不显著，特别是在残膜污染并未超过"危害阈值"的情况下。根据前文可知，一师的地膜残留量均值显著低于七师，但仍然出现了一师的单产显著低于七师的情况，这表明自然资源、气候条件等其他因素对棉花产出的影响更关键。

7 承包权与种植户耕地
质量保护行为研究

以往对土地承包权的研究主要集中在农村地区，主要集中于考察非自愿土地调整、稳定土地产权的政策以及土地流转对土地投资的影响（Jacoby等，2002；Ma 等，2013；Gao 等，2017；Xu 等，2014；Gao 等，2018；Lyu等，2019；林文声和王志刚，2018；邹伟和崔益邻，2019），关于国有农场土地承包权的研究较少。"三权"分置背景下，国有农场也积极推进权益分置，职工所拥有的土地产权与农村农民所拥有的土地产权特征相似，但国有农场土地承包期以退休年龄为限，子女拥有到期土地的优先耕种权，在土地承包方面仍存在特殊性。另外，国家对国有农场土地制度的统筹层次相对较低，并且缺乏专门的法律规范，不同地区国有农场的具体土地制度及其管理模式并不相同。就土地产权而言，新疆兵团国有农场的土地承包权不如农村地区稳定，因为土地调整相对频繁，土地承包期相对较短①。

从 1984 年土地承包期 15 年，到 1997 年延长承包期 30 年，再到 2017 年提出第二轮承包到期后再延长 30 年，我国法律上的承包权稳定性不断强化，制度的初衷不仅为了促进农业的现代化，还在于稳定小农的收益预期。借鉴农村土地承包制度改革，新疆兵团进行了土地调整和产权登记，其目的也在于能够稳定种植户的投资预期，使种植户能够注重用养结合。同时，农场赋予了棉花种植户与农村农民完全的自主经营权，种植户可以自主决定购买什么农资、在哪里销售等。那么，稳定的承包权在促进种植户养护耕地上发挥了什么样的作用？

与土壤改良有所不同，地膜回收行为在样本区有政府的干预，2018 年以后存在政府的考核激励。考虑到影响承包户土壤改良和地膜回收的因素有所差异，本章将分开讨论承包权稳定性对不同耕地质量保护行为的影响，同时考察环境规制对种植户地膜回收行为的影响。

---

① 若农户还有两年退休，那么他只剩两年时间可以耕种。

7.1 承包权稳定性对种植户土壤改良行为的影响分析

7.1.1 理论模型

本节借鉴了 McConnell（1983）的研究，构建了产权视角下耕地质量保护的分析框架。假定种植户为理性经济人，通过合理配置生产要素追求利润最大化；同时假定种植户仅生产一种作物，单一作物的利润函数是：

$$\pi = pgf(s, x) - c_1 x - c_2 z \qquad \text{式（7-1）}$$

其中，p 为作物价格，g 为中性技术进步，x 为生产性投入，z 为耕地质量保护性投入，c_1 和 c_2 分别为生产性投入和耕地质量保护性投入的价格指数。其中，生产性投入是生产周期中必要的生产要素投入，如土地、化肥、农药、种子等，若无相关投入则难以保证达到基础产量；耕地质量保护性投入并非作物生长中的必要投入，如土壤改良、废弃物回收等，相关投入可能是额外的资金或劳动力投入，如有机肥施用、土壤改良剂使用、微生物菌肥施用、地膜回收等，也可能是生产方式的转变，如由经验施肥改为测土配方施肥，由无机化肥改施有机质含量较高的化肥等。

耕地质量保护性投入可通过提升耕地生产潜力以达到减少投入或增加产量的目的。相关投入既可能形成对其他投入要素的替代，也可能与其他投入要素互补。例如，若种植户由经验施肥改为测土配方施肥，在化肥过度投入的情况下，能够减少化肥施用；有机肥为保护性措施，化肥为增产措施，随着有机肥投入增加及耕地潜力提升，化肥投入不足的情况下，种植户可以投入更多的化肥以提升作物产量，但在化肥过度投入的情况下，种植户减少化肥投入依然可以达到既定产量。

s 为土壤质量，它的引入意味着种植户产出的增加不仅要考虑土地投入，还要考虑土地要素本身的质量。其中，土壤质量变化满足：

$$\dot{s} = h(x, z) \qquad \text{式（7-2）}$$

h 表示土壤质量的变化量，这里的土壤质量不仅指土壤肥力质量，即土壤提供植物养分和生产生物物质的能力，还包括土壤环境质量，即土壤容纳、吸收和降解各种环境污染物的能力。其中，生产性投入的增加会耗竭耕地地力导致耕地质量下降（$\partial h/\partial x \leqslant 0$），但耕地保护性投入将有利于恢复耕地地力、提升耕地质量（$\partial h/\partial z \geqslant 0$）。随着土壤质量提升，既定生产性投入下将会增加作物产出，但土壤质量对产出增加的影响呈报酬递减，即达到土壤的最大生产潜力后，额外土壤质量的提升将不会再增加产出，因此，有 $f_s \geqslant 0$ 并且 $f_{ss} \leqslant 0$。

种植户是否养护耕地取决于耕地质量对其收益的影响，种植户在整个规划期内最大化作物收益和农地价值的净现值。令 R 为土地的重置价值，$R(s)$ 为终值，表明耕地质量会影响农地价值（包括退出价值和出租价值）。对于土地使用者而言，其目的在于使整个规划期内作物收益和农地价值最大化：

$$\max\left\{\int_0^T e^{-rt}\left[pgf(s, x)E(T_t)-c_1x-c_2z\right]dt + R(s)\,e^{-rt}\right\}$$

式（7-3）

$$\text{s.t.}\quad \dot{s}=h(x, z)\quad s\,(0)=s_0 \qquad\text{式（7-4）}$$

式（7-3）和式（7-4）中，e^{-rt} 为折现因子，s_0 为耕地质量的初始状况。$E(T_t)$ 表示第 t 期承包经营权仍然保留的二元期望值，若种植户预期第 t 期仍然有承包经营权，则 $E(T_t)=1$，否则 $E(T_t)=0$。一旦在第 t 期失去了承包经营权 $[E(T_t)=0]$，以后将无法重新获得。

进一步，建立关于式（7-3）和式（7-4）当期值的汉密尔顿函数：

$$H=\left[pgf(s, x)E(T_t)-c_1x-c_2z\right]+\lambda h(x, z) \qquad\text{式（7-5）}$$

λ 为当期值汉密尔顿乘子，又称为耕地质量提升的影子价格。λ_T 表示第 T 期耕地质量的边际价值，对于承包户而言，耕地质量能够被定价或者补偿，$\lambda_T=\partial R(s)/\partial s>0$，这表明承包户经营到期时耗竭地力不经济。

根据最大化准则，最优条件方程满足：

$$\partial H(x, z, s, \lambda)/\partial z=\left[pgf_s(s, x)h_zE(T_t)-c_2\right]+\lambda h_z(x, z)=0$$

式（7-6）

$$pgf_s(s, x)h_zE(T_t)+\lambda h_z(x, z)=c_2 \qquad\text{式（7-7）}$$

由式（7-7）可知，最优的耕地质量保护投入发生在耕地质量保护成本等于作物收益与耕地养护价值之和处。当等式左边大于右边时，耕地质量保护的边际收益大于边际成本，种植户会养护耕地或增加耕地养护投入，直到边际收益等于边际成本；反之，等式左边小于右边，意味着耕地质量保护的边际收益小于边际成本，种植户会减少耕地养护投入或不投入，直到边际收益等于边际成本。

可以看出，土地产权越稳定 $[即 E(T) 越大]$，种植户越会进行更多的耕地质量保护投入，种植户对土地产权的预期决定了是否养护及其养护水平。除了作物收益外，提升耕地质量的边际价值也能够增加种植户的耕地养护投入，而耕地养护价值的提升来源于政府或市场给予耕地质量提升的合理补偿或良好定价。

7.1.2 种植户承包权及改良行为特征

本节拟以承包地为研究对象，即不考虑转入地，共有 1 021 个承包地块数。

(1) 承包权调整及特征

2018 年兵团进行了土地调整，按照各个团场土地资源平均分配土地，其中一师身份地平均为 40 亩，七师身份地平均为 50 亩。从土地调整情况来看（表 7-1），38％的种植户未经历过土地调整，29.38％的种植户经历过 1 次土地调整，12.63％的种植户经历过 2 次土地调整，土地产权不稳定普遍存在。这种不稳定来源于连队统一调地，也来源于种植户符合规定的退地和自发的调地，例如种植户夫妻双方以职工身份取得了两份土地，当其中一个达到退休年龄时，则会退出一份土地。在最近一次（2018 年）的土地调整中，面积发生变化的种植户比例最高（68.98％），12.98％的种植户地块发生了变化，仅有27.95％的种植户均未发生变化，可以看出，最近一次土地调整中，大部分种植户的土地均发生了变化，连队职工的增加导致许多种植户需要退出多余土地分给新进职工，因而面积发生变化的种植户较多。

表 7-1　承包地调整及预期

变量	频数	占比	变量	频数	占比
经历过几次土地调整			最近一次调整土地变化		
0 次	388	38.00％	面积变化	696	68.98％
1 次	300	29.38％	地块变化	131	12.98％
2 次	129	12.63％	均未发生变化	282	27.95％
3 次及以上	204	19.98％	样本数 N	1 009	100％
样本数 N	1 021	100％	剩余期限		
承包到期的处理方式			3 年以下	122	11.95％
子女继续耕种	353	34.57％	3～5 年	97	9.50％
亲戚继续耕种	32	3.13％	5～10 年	205	20.08％
退还连队	615	60.24％	10～20 年	358	35.06％
其他	21	2.06％	20 年以上	239	23.41％
样本数 N	1 021	100％	样本数 N	1 021	100％

注："最近一次调整土地变化"这一变量有缺失值。

根据新疆兵团最新的土地承包规定，当种植户因各种原因终止承包合同的，土地可优先发包给其符合条件的配偶或子女。样本中 34.57％的种植户承包到期会交由子女继续耕种，60.24％的种植户会退还连队。由于继续耕种要首先取得连队职工身份，通常学历较高的子女愿意以职工身份继续耕种父母土地的可能性比较小，因此，承包到期退还连队的种植户较多。另外，兵团种植户和农村地区种植户相比普遍年轻，并且存在规模优势，商品化程度比较高，预计还会耕种 10 年以上的种植户占 58.47%。

（2）种植户土壤改良行为特征

新疆棉花种植过程中，改良土壤的行为主要包括有机肥施用（主要是发酵鸡粪、羊粪等）、土壤改良剂施用、有机质含量较高的复合肥施用、微生物菌肥施用、测土配方施肥、深松轮作等，其中，测土配方施肥是当前实现化肥减量增效的一个重要途径，其主要目的在于避免化肥过度投入而导致土壤板结。2017 年兵团全面取消"五统一"后，以上行为均由种植户自主选择。

从土壤改良行为看（表 7-2），45.05% 的种植户在最近一次土地调整之前（2018 年之前）改良了土壤，49.76% 的种植户在最近一次土地调整之后（2018 年以后）改良了土壤。可以看出土地调整之前种植户改良土壤的比例并不低，较多种植户可以意识到土壤改良对棉地生产经营的重要性。由于新疆土壤盐碱性比较大，并且土地集约化经营导致土地板结严重，耕地质量好坏对于种植户的产出影响较大，兵团多年来自上而下的技术指导方式使种植户能够意识到土壤改良的重要性。

对于未来是否会改良土壤，62.49% 的种植户表示会改良土壤，高出土地调整前 17.44%。值得注意的是，6.37% 的种植户在土地调整前未改良土壤，但在土地调整后改良了土壤；28.31% 的种植户在土地调整前未改良土壤，但表示未来会改良土壤。由于兵团国有农场土地调整不到 2 年，样本中大约有 10% 的种植户分到土地不满 1 年，因此，部分种植户的真实行为意图未能有所体现。

表 7-2　土壤改良行为的交叉分析

变量	2018 年以前是否改良土壤		合计
	改良了	未改良	
2018 年以后是否改良			
改良了	443（43.39%）	65（6.37%）	508（49.76%）
没改良	17（1.67%）	496（48.58%）	513（50.24%）
未来是否会改良			
会改良	349（34.18%）	289（28.31%）	638（62.49%）
看情况	103（10.09%）	233（22.82%）	336（32.91%）
不会改良	8（0.78%）	39（3.82%）	47（4.6%）
合计	460（45.05%）	561（54.95%）	1 021（100%）

注：括号外为频数，括号内为所占比例。

从具体的土壤改良行为看（表 7-3），施用有机肥的比例最高（60.19％），而后依次是施用有机质含量较高的化肥（37.52％）、测土配方施肥（36.00％）和施用微生物菌肥（34.48％），施用土壤改良剂以及其他土壤改良措施（包括深松或水旱轮作）的比例相对较低。进一步，采取其中一种土壤改良行为的种植户为 48.19％，采取两种、三种、四种及以上的比例分别为 21.90％、16.57％、13.33％。从土壤改良的区域差异看，一师施用有机肥的比例高出七师 11.45％，七师施用微生物菌肥和高有机质化肥的比例分别高出一师 14.42％和 22.14％，采取其他措施的比例基本相同。

表 7-3　土壤改良的具体行为

改良措施	全部		一师		七师	
	频数	占比	频数	占比	频数	占比
施用有机肥	316	60.19％	152	66.67％	164	55.22％
施用微生物菌肥	181	34.48％	60	26.32％	121	40.74％
测土配方施肥	189	36.00％	84	36.84％	105	35.35％
施用有机化肥	197	37.52％	57	25.00％	140	47.14％
施用土壤改良剂	100	19.05％	45	19.74％	55	18.52％
其他	80	15.24％	49	21.49％	31	10.44％
合计	525	100％	228	100％	297	100％

7.1.3　研究方法与变量选取

（1）基准回归模型

令 Y 为种植户的土壤改良行为，它是三分类有序变量：2018 年土地调整以来改良了土壤赋值为 2，正在考虑中赋值为 1，没有改良赋值为 0。这些可观测值 Y 来源于一些不可观测的潜变量 Y^*：

$$Y^* = \alpha \boldsymbol{T} + \beta \boldsymbol{X} + \varepsilon \qquad \text{式（7-8）}$$

$$Y = \begin{cases} 2, & if\ \mu_1 < Y^* \leqslant \mu_2 \\ 1, & if\ \mu_0 < Y^* \leqslant \mu_1 \\ 0, & if\ Y^* \leqslant \mu_0 \end{cases} \qquad \text{式（7-9）}$$

其中，$\boldsymbol{T}$ 为承包权稳定性的代理变量，本节选择了三个变量来描述土地承包权的稳定性：土地调整次数（T_1）、产权期限（T_2）、子女是否继续耕种（T_3），分别表征承包权过去、近期和远期的稳定性。其中，"自承包以来经历的土地调整次数"表征了土地产权过去的稳定性，调整次数越多，表明种植户过去的土地产权及其认知越不稳定，种植户改良土壤的可能性相对较低（Xu等，2014）。问卷中"距离退休的年份是否超过 5 年"衡量了产权期限（T_2）这一变量，若种植户 5 年后继续耕种，意味着其有相对长期的产权预期。"承包到期后子女是否继续耕种"衡量了子女是否继续耕种（T_3）这一变量，它表征了种植户对土地产权代际流转的预期，若子女继续耕种，则土地产权比较稳定。根据理论分析，产权期限（T_2）、子女是否继续耕种（T_3）与种植户改良土壤正相关，而土地调整次数（T_1）对种植户土壤改良行为有负向影响。另外，$\boldsymbol{X}$ 为一系列控制变量，包括个人特征、家庭经营特征、经济因素、技术因素以及制度因素等，α 和 β 为待估参数向量，ε 为服从正态分布的随机干扰项。

　　较多学者在相关研究中考虑了土地产权与农地投资的内生性问题，即土地产权的稳定会增加农地投资，但农地投资也可能促进土地产权的稳定。当存在内生问题时，参数估计缺乏一致性和有效性。由于本节的 T_1 和 T_2 为前定变量，内生性主要存在于 T_3 和 Y 之间。为了解决内生性问题，本节选择了所在连队将土地流转给其子女的平均水平作为 T_3 的工具变量。因为务农并不是受欢迎的职业，种植户更倾向于让其子女选择比较体面或收益较高的工作，如果所在农场有较多种植户都选择了这么做，这种负面影响可能会被抵消。因而，这一变量与种植户个人是否将土地流转给子女有关，但与种植户的改良行为不直接相关。

（2）估计策略

　　为了检验潜在的因果关系，两阶段最小二乘法（2SLS）可以产生一致估计量，但由于解释变量和被解释变量为有序离散变量，2SLS 可能不是理想估计方法。为了获得一致估计量 $\hat{\lambda}$，采用Ⅳ有序 Probit 模型处理潜在的内生性问题。

　　首先，借鉴 Heckman（1987）两步法估计参数。第一阶段，采用二元 Probit 模型将内生解释变量 T 对工具变量和外生解释变量回归，获得潜变量 T^* 的拟合值：

$$T^* = \delta Z + \theta X + u \qquad \text{式（7-10）}$$

$$T = \begin{cases} 0, & T^* < 0 \\ 1, & T^* \geq 0 \end{cases} \qquad \text{式（7-11）}$$

$$\hat{T}^* = \hat{\delta} Z + \hat{\theta} \boldsymbol{X} \qquad \text{式（7-12）}$$

　　其中，T 为虚拟变量，$\frown$ 为变量或估计量的拟合值，$\boldsymbol{X}$ 为控制变量向量，$\boldsymbol{Z}$ 为工具变量。第二阶段，采用有序 Probit 模型将潜变量的拟合值 $\hat{T}^*$、外生

解释变量 X 对Y^* 进行回归，如此可得到一致估计α^*。

$$Y^* = \alpha^* \hat{T}^* + \beta X + \varepsilon \qquad 式（7-13）$$

进一步，本节采用了条件混合模型（CMP）和控制函数法（CF）进行了方法的稳健性检验，这两种方法分别由 Roodman（2011）和 Wooldridge（2015）提出。条件混合模型（CMP）是极大似然估计，它基于极大似然法，通过建立递归模型来估计多阶段回归模型。通过检验式（7-8）和式（7-10）的误差项相关性是否等于 0，来判断模型是否存在内生性。若不能拒绝该假设，则意味着产权变量为外生变量，标准的有序 Probit 回归即可得到一致估计量。

控制函数法（CF）本质上是一种工具变量方法，可以应用于各种线性和非线性模型，并处理非线性的内生解释变量。通过在第一阶段加入合适的控制函数，使内生解释变量成为第二阶段估计方程中合适的外生变量。其在技术上是，第一阶段将内生变量对工具变量和外生变量回归，得到残差估计量（$\hat{\pi}$），第二阶段将被解释变量对内生变量、外生变量及残差估计量（$\hat{\pi}$）进行回归，如此可得到一致估计量（Wooldridge，2015）。控制函数法不使用通过第一阶段回归得到的内生变量的预测值，而是将从第一阶段方程得到的残差以及内生变量本身引入第二阶段方程：

$$Y^* = \alpha T + \beta X + \lambda \hat{u} + \varepsilon \qquad 式（7-14）$$
$$T = \delta Z + \theta X + u \qquad 式（7-15）$$

控制函数法用于估计具有离散内生变量的非线性模型比较有争议，因为它们依赖于非标准的假设，因而式（7-15）主要采用线性概率模型（LPM）进行估计，由该方程所得残差 $\hat{u}$ 和内生变量 T 共同被引入式（7-14），并采用有序 Probit 模型进行回归。λ 的显著性被用来检验内生性，若 λ 显著，则需要考虑产权变量的内生性。技术上，内生变量为连续变量，被解释变量为离散变量的控制函数模型也称为两阶段条件极大似然法（2SCML），它是由 Rivers 和 Vuong（1988）发展出来的（Brasselle 等，2002；Wooldridge，2015；Bambio 和 Agha，2018）。

（3）控制变量选取

本节相对全面地考虑了影响种植户改良土壤的因素，既包括家庭基本特征、棉地经营特征，还包括与土壤改良直接相关的经济、技术和制度因素。具体变量选取与定义如表 7-4 所示，变量的影响方向预测可参考 Knowler 和 Bradshaw（2007）、Adimassu 等（2016）、Prokopy 等（2019）、Foguesatto 等（2020）的研究。

表7-4 变量选取与定义

变量	定义	均值	标准差	预测
因变量				
土壤改良行为	2018年以来是否改良了土壤：2＝改良了；1＝正在考虑；0＝未改良	1.462	0.565	
地权稳定性				
土地调整次数	3＝2次及以上；2＝1次；1＝0次	1.946	0.839	－
产权期限	剩余产权期限是否超过5年：1＝是；0＝否	0.854	0.353	＋
子女继续耕种	承包到期是否由子女继续耕种：1＝是；0＝否	0.346	0.476	＋
家庭基本特征				
户主年龄	具体年龄	41.643	9.184	＋/－
家庭最高学历	1＝初中及以下；2＝高中；3＝大专；4＝大学及以上	2.487	1.101	＋
基层干部	家庭是否有村干部：1＝是；0＝否	0.177	0.382	＋
棉地经营特征				
种植经验	种植棉花年数（年）	10.966	9.695	＋/－
棉地面积	亩	58.249	26.932	＋
专业化程度	棉花收入占家庭收入的比重	0.593	0.343	＋
风险偏好	3＝风险偏好；2＝风险中性；1＝风险规避	1.964	0.712	＋
区域变量	1＝7师；0＝1师	0.468	0.499	＋/－
经济因素				
感知获利性	4＝有很大好处；3＝有一点好处；2＝不确定；1＝没有好处	3.726	0.556	＋
家庭收入	1＝4万元及以下；2＝4万～10万元；3＝10万元以上	1.513	0.575	＋
资金约束	是否存在土壤改良的资金约束：1＝是；0＝否	0.710	0.454	－
技术因素				
政府技术指导	是否有政府培训或技术人员指导：1＝是；0＝否	0.637	0.481	＋
企业技术服务	是否获得了企业培训或销售人员指导：1＝是；0＝否	0.443	0.497	＋
技术服务约束	是否存在改良土地的技术服务约束：1＝是；0＝否	0.555	0.497	－
技术经验	2018年以前是否改良了土壤：1＝是；0＝否	0.451	0.498	＋
制度因素				
政府投入	政府是否投入了提升耕地质量的工程措施：1＝是；0＝否	0.102	0.303	－

（续）

变量	定　　义	均值	标准差	预测
补贴感知	是否有耕地地力提升补贴：1＝是；0＝否	0.312	0.464	＋
社会规范	4＝都会改良；3＝大部分人会改良；2＝少部分人改良；1＝没有人改良	3.149	0.770	＋

家庭基本特征。人口特征如年龄、学历等通常作为文化的代理变量，以此推测种植户行为背后的社会文化原因（Burton，2014；Gould 等，1989）。样本中户主年龄平均约为 42 岁，与中国农村地区相比相对年轻，户主年龄越大，意味着其种地的职业生涯结束得越快，其改良动机将会有所下降。家庭最高学历越高，种植户家庭的知识和技术接受能力越强，越有助于种植户采取改良土壤的理性行为，样本中家庭最高学历从初中到大学及以上分布相对平均。样本家庭中有基层干部的比例为 17.7％，家庭若有基层干部，其获取土壤改良技术或政策信息能力强，改良土壤的可能性更高。

棉地经营特征。这类变量通常与棉花生产高度相关。样本种植经验均值为 11 年，一般而言，种植经验越丰富，种植户越有可能意识到改良土壤对增产增收的作用，并具有相对丰富的知识和技术经验，因而越有可能改良土壤；但同时，种植经验越丰富意味着种植户种地的职业生涯即将结束的可能性越大，因而改良土壤的可能性越小。样本种植户地块面积均值为 58 亩，面积越大意味着种植户的经营意识越强烈，并存在土壤改良的规模经济，相比小规模种植户以生存目标为主，大规模种植户改良土壤以获取较高收益的动机更强烈。种植户专业化程度越高，其经营意识越强烈，改良土壤的可能性越大，样本中棉花收入占家庭收入比重的均值为 59.3％。种植户越偏好风险或者越耐心，越有可能采取长期投资措施，问卷中"如果有几项替代生产技术可供选择，您最愿意选择哪种技术"衡量了种植户的风险偏好，样本中约 50％的种植户为风险中立者。

经济因素。经济因素主要涉及家庭收入、感知获利性和资金约束等（Lapar 和 Pandey，1999；Mcconnell，1983；Gebremedhin 等，2003），这是农民环境行为的基础。"您认为改良土壤对您是否有好处"衡量了种植户的获利性感知，样本均值为 3.726，表明较多种植户能够意识到土壤改良的好处，种植户能感知到或可观察到较高的相对收益都会增加种植户的保护行为（Defrancesco 等，2008；Reimer 等，2012），因而预测其与种植户行为正相关。家庭收入影响种植户的参与能力和意愿，一方面生存型种植户因能力受限而难以改变耕作方式；另一方面，经济压力使农民更愿意容忍不道德行为（Jr. James 和 Hendrickson，2008），家庭年均纯收入越高，种植户的资金约束越小，投资行为不会过于谨慎和保守，因此可能与种植户行为正相关，样本种植户年均纯收入在 10 万元以下的占到 96.13%。若种植户不存在资金约束，则意味着种植户面临的流动性约束相对较小，种植户的投资行为不会受限，因而改良土壤的可能性较大，样本中认为存在资金约束的比例为 71%。

技术因素。技术是推动绿色农业变革的基础，促使种植户采取相关保护行为应当首先保证他们能够学习和发展相关技术，或者获得相关技术服务（Burton，2004）。由于土壤改良过程中存在有机质施多少、怎么施以及什么时候施的复杂技术问题，即便改良土壤被认为有价值，但若种植户存在技术约束，其改良的可能性也比较小。样本中大部分种植户接受过政府培训或技术人员指导，最近一次土地调整前，兵团采取自上而下的技术推广方式，种植户的技术主要来源于技术培训或技术人员指导；若种植户接受过相关技术指导，则其存在较小的技术约束，改良土壤的可能性更大。样本中接受过公司培训或销售人员指导的种植户占 44.3%，最近一次土地调整后，种植户所需技术来源于市场化的技术推广，主要包括购买公司产品后，企业销售人员的技术指导；若种植户接受过公司培训或销售人员指导，其改良土壤的可能性也更大。样本中 55.5% 的种植户存在技术服务约束，随着较多企业售前、售后服务的完善，种植户由过去的技术需求逐渐向服务需求转变，若种植户存在技术服务约束，改良土壤的可能性较小。若种植户在过去改良了土壤，具有改良的技术经验、形成了行为惯性，种植户继续改良土壤的可能性比较大。

制度因素。制度具有激励和约束功能，能够改变种植户参与环境治理的交易成本，有效的制度安排是种植户参与的保证（Greiner 和 Gregg，2011），制度包含了正式规则、非正式约束及其实施特征（诺思，1990）。大多数学者认为财政激励如成本补偿、公平补贴是缓解种植户环境行为约束最有效的工具（Defrancesco 等，2008；Lastra - Bravo 等，2015；Greiner 和 Gregg，2011），样本中 31.2% 的种植户表示政府提供了相关补贴；若政府提供了相关补贴，并且种植户有所感知，则能促进种植户改良土壤。样本中 10.2% 的种植户表示政府投入了提升耕地质量的相关工程措施，若政府采取了相关措施，在一定程度上会挤出种植户的私人投资，因此会抑制种植户的改良投入（Gebremedhin 和 Swinton，2003）。问卷中"针对土壤改良，您周围的人都是怎么做的"表征了社会规范，若周围的人都改良，则能形成非正式约束，促进种植户改良土壤，因而预期其与种植户行为正相关。

7.1.4 承包权稳定性对种植户土壤改良行为影响的实证分析

由于新疆兵团调整土地不到两年，约有 10% 的种植户拥有土地不到一年，他们的真实意图没有得到反映，即他们可能愿意改良土壤，但还没有这样做。因此，我们去掉了耕种不到一年（包括一年）的土地样本。表 7-5 报告了有序 Probit 模型、Ⅳ有序 Probit、条件混合过程（CMP）和控制函数（CF）的回归结果。

具体而言，模型Ⅰ没有考虑内生性，模型Ⅱ、模型Ⅲ和模型Ⅳ是考虑了内生性的结果，模型Ⅴ和模型Ⅵ加入了技术经验，考察技术经验的作用及其对内生性的影响。模型Ⅰ到模型Ⅳ的结果表明，如果忽略内生问题，关键变量的有效性将受到影响。考虑了内生性后，关键变量的影响更显著，但影响方向不变。此外，工具变量与内生变量呈显著正相关（附表 A-6）。根据模型Ⅴ，当增加了技术经验变量，模型的拟合优度有所提高，且这一变量缓解了模型的内生性。因为采用条件混合估计（CMP）策略时，模型中的 Atanhrho 不显著，而且两个模型的系数基本相同，这表明拒绝了式（7-8）和式（7-10）的联合估计。考虑到剩余的产权期限与年龄显著相关，可能导致估计结果缺乏有效性，模型Ⅵ去掉了年龄变量。由模型Ⅵ的结果可知，产权期限与年龄的共线关系并未导致估计结果出现较大差异。

由表 7-5 可知，过去的土地调整经历对种植户土壤改良行为有正向影响，经历的土地调整次数越多，种植户改良的可能性反而越大。这与类似研究的结论有所不同，相关研究认为土地过去不稳定的经历可能导致种植户减少相关行为（Deininger 和 Jin，2006；Xu 等，2014），因为频繁经历土地调整可能导致他们对土地产权的认知不稳定从而减少改良土壤的行为。但是根据样本数据可知，频繁经历土地调整的种植户通常年龄更大、经验更丰富，他们有更大的种植面积，种植棉花的专业化程度也比较高。因而，种植户的经验和动机对土壤改良的影响可能超过了产权因素的影响。这一结果也表明，土地产权法律上和事实上的稳定性得到了强化，种植户对其有越来越稳定的预期，因而种植户并不关心过去的土地调整实践。

产权期限与土壤改良行为显著正相关。许多研究认为，5 年以上通常意味着相对长期的产权，因而把 5 年作为判断产权是否长期的指标。本书的研究结果与一些以土地产权期限或预期为代理变量（土地未来是否会调整、未来 5 年内是否继续耕作、剩余的合同期等）的类似研究一致（郜亮亮等，2013；Deininger 和 Jin，2006；Abdulai 和 Goetz，2014；Teshome 等，2016；徐志刚等，2018）。然而，这些变量在类似研究中并不总是那么显著，并且两者的影响关系可能随着保护措施的不同而发生变化（Ma 等，2013；Gebremedhin 和 Swinton，2003；Deininger 和 Jin，2006），例如，Deininger 和 Jin（2006）的研究发现未来的调整预期与石阶投资显著正相关，但与种树并无显著关系。

表7-5 地权稳定性对种植户土壤改良行为的影响结果

变量	模型Ⅰ OProbit Coeff	SD	模型Ⅱ Ⅳ-oProbit Coeff	SD	模型Ⅲ CMP Coeff	SD	模型Ⅳ CF（2SCML） Coeff	SD	模型Ⅴ OProbit Coeff	SD	模型Ⅵ OProbit Coeff	SD
地权稳定性												
土地调整次数												
1次	0.020	0.111	−0.005	0.111	−0.003	0.097	−0.006	0.111	0.256*	0.147	0.251*	0.145
2次及以上	0.175	0.114	0.163	0.114	0.133	0.108	0.159	0.114	0.289*	0.151	0.268*	0.149
产权期限	0.243*	0.128	0.350***	0.132	0.297**	0.122	0.343***	0.131	0.321**	0.165	0.318**	0.160
子女继续耕种	−0.136	0.095	−1.506***	0.372	−1.264***	0.152	−1.423***	0.372	−0.152	0.125	−0.136	0.124
家庭基本特征												
户主年龄	−0.008	0.006	−0.010*	0.006	−0.009	0.006	−0.010*	0.006	−0.005	0.008		
家庭最高学历												
高中	0.011	0.128	−0.054	0.130	−0.044	0.110	−0.045	0.129	0.008	0.169	0.039	0.167
大专	0.024	0.128	−0.184	0.139	−0.137	0.116	−0.159	0.138	0.092	0.168	0.125	0.167
大学及以上	−0.111	0.143	−0.386**	0.161	−0.322**	0.136	−0.371**	0.161	−0.229	0.189	−0.177	0.186
基层干部	−0.047	0.135	−0.178	0.140	−0.147	0.128	−0.170	0.139	0.061	0.176	0.059	0.175
棉地经营特征												
种植经验	0.014**	0.006	0.015**	0.006	0.013**	0.006	0.015***	0.006	−0.003	0.008	−0.007	0.007
棉地面积	0.004**	0.002	0.005**	0.002	0.004**	0.002	0.005**	0.002	−0.001	0.003	−0.001	0.003

（续）

变量	模型I OProbit Coeff	SD	模型II IV-oProbit Coeff	SD	模型III CMP Coeff	SD	模型IV CF（2SCML） Coeff	SD	模型V OProbit Coeff	SD	模型VI OProbit Coeff	SD
专业化程度	-0.188	0.142	-0.211	0.143	-0.179	0.135	-0.208	0.143	-0.130	0.185	-0.113	0.183
风险偏好												
风险中性	0.227**	0.107	0.278***	0.108	0.238**	0.095	0.276**	0.108	0.159	0.140	0.125	0.139
偏好风险	0.254*	0.124	0.354***	0.127	0.303***	0.118	0.346***	0.127	0.112	0.163	0.100	0.162
区域变量	0.425***	0.108	0.197	0.123	0.172	0.109	0.211*	0.123	0.532***	0.147	0.536***	0.146
经济因素												
感知获利性												
不确定	-1.375	0.950	-1.460	0.962	-1.230	0.785	-1.460	0.957	-0.558	1.293	-0.550	1.308
有一点好处	-1.117	0.940	-1.199	0.952	-1.009	0.778	-1.197	0.947	-0.449	1.287	-0.433	1.303
有很大好处	-1.130	0.936	-1.190	0.948	-0.998	0.780	-1.188	0.943	-0.558	1.284	-0.571	1.300
家庭收入												
4万~10万元	-0.049	0.096	-0.067	0.097	-0.043	0.090	-0.066	0.097	0.026	0.127	0.037	0.126
10万元及以上	-0.170	0.237	-0.236	0.238	-0.251	0.212	-0.237	0.238	0.017	0.295	0.027	0.294
资金约束	-0.396***	0.105	-0.458***	0.107	-0.388***	0.100	-0.456***	0.107	-0.428***	0.143	-0.390***	0.142
技术因素												
政府技术指导	0.033	0.094	0.141	0.099	0.117	0.090	0.137	0.099	0.038	0.123	0.053	0.122

（续）

变量	模型 I OProbit Coeff	模型 I OProbit SD	模型 II IV-oProbit Coeff	模型 II IV-oProbit SD	模型 III CMP Coeff	模型 III CMP SD	模型 IV CF (2SCML) Coeff	模型 IV CF (2SCML) SD	模型 V OProbit Coeff	模型 V OProbit SD	模型 VI OProbit Coeff	模型 VI OProbit SD
企业技术服务	0.198**	0.091	0.190**	0.091	0.159*	0.087	0.190**	0.091	0.278**	0.120	0.274**	0.120
技术服务约束	−0.363***	0.094	−0.392***	0.095	−0.328***	0.090	−0.387***	0.094	−0.306**	0.124	−0.273**	0.123
技术经验									2.927***	0.153	2.944***	0.153
制度因素												
政府投入	0.080	0.151	0.013	0.152	0.019	0.143	0.019	0.152	0.110	0.196	0.115	0.196
补贴感知	0.211**	0.101	0.302***	0.104	0.253***	0.096	0.296***	0.104	−0.083	0.136	−0.078	0.135
社会规范												
少部分人改良	0.229	0.284	0.261	0.285	0.222	0.237	0.251	0.285	−0.144	0.337	−0.145	0.335
大部分人改良	0.955***	0.278	0.906***	0.279	0.749***	0.243	0.899***	0.280	0.140	0.334	0.125	0.332
都会改良	1.037***	0.283	0.970***	0.285	0.823***	0.254	0.966***	0.285	0.284	0.342	0.282	0.340
子女继续耕种的残差							1.381***	0.386				
atanhrho_12					0.933***	0.180						
N	847		847		847		847		847		854	
Log likelihood	−606.651		599.379		−1 072.893		−600.203		−314.211		−318.801	
LR chi2 或 F 值	175.71***		190.26***		485.62***		188.61***		760.60***		766.60***	
伪 R^2 或调整 R^2	0.127		0.137		0.136		0.136		0.548		0.546	

注：***、**、* 分别表示在1%、5%、10%的水平上显著。

考虑了内生性后，子女是否耕种与土壤改良行为有显著的负相关关系，但若将技术经验这一变量引入模型，这一负相关影响变得不显著。这一结果与预期不太一致，如果土地承包权到期后由其子女继续耕作，这意味着种植户有更长的规划期，会鼓励更多的土壤改良投资。中国的相关研究中较少考虑子女继承或在同一块土地上继续耕种的问题，但在非洲的相关研究中，遗赠权利常常被用作地权稳定性的代理变量，但结果也不相同（Besley，1995；Hayes等，1997；Bambio和Agha，2018）。例如，Gebremedhin（2003）认为，若种植户把耕地遗赠给子女，则种植户会考虑石阶投资，但与投资强度无显著关系。基于样本数据可发现，学历水平较高或者有基层干部的家庭让子女继续务农的可能性较小。子女继续耕种不仅意味着土地产权在较长的时间里比较稳定，而且意味着种植户家庭没有基层干部、子女受教育的程度相对较低。家庭人力资本和社会资本水平较低，可能阻碍种植户使用相关的土壤改良技术，而这可能超过了土地产权的积极影响。然而，当模型考虑了种植户过去的土壤改良经验时，土地产权的代际流转影响可以被忽略。

除了土地产权以外，资金和技术是制约种植户改良土壤的重要因素。与预期一致，如果种植户面临着资金约束，他们改良土壤的可能性将大大降低。如果种植户过去有改良土壤的技术经验，或者接受过企业的相关技术服务，则种植户面临的技术约束较小，其改良土壤的可能性较高。此外，七师种植户改良土壤的可能性要显著高于一师，通过比较两个地区的数据可知，一师的年龄、种植经验、种植面积、专业化程度和技术经验的平均值要显著低于七师。这意味着，种植户改良土壤的行为存在地区差异，而这一差异可能是与种植户缺乏相关技术认知和动机有关。

7.1.5 承包权稳定性对种植户土壤改良行为影响的异质性分析

表7-6基于表7-5中的模型V探讨了承包权对土壤改良的异质性影响。针对不同年龄的回归，以42岁平均年龄为分界点，回归42岁以下和42岁以上的样本；针对不同规模的回归，以50亩为分界点，因为40亩和50亩分别为两个地区的分地标准。根据影响结果可知，只要变量显著，其影响方向均与总体样本一致，这进一步验证了上述结果的稳健性。

根据分组影响的结果可知，产权期限对一师、年龄较大组、规模较小组种植户有显著的正向影响。在所有模型中，子女是否继续耕种这一变量并不显著，这意味着土地承包权的代际转移并不影响种植户自身职业生涯中的行为。这可能是因为种植户的时间偏好程度较高，倾向于在当期获得收益，获得远期收益并不是种植户决策的主要考虑因素。土地调整次数变量对一师、年龄较

表7-6　承包权稳定性影响种植户土壤改良行为的异质性分析

变量	不同规模			不同地区			不同年龄		
	<=50亩	>50亩	>50亩	一师	七师	七师	<42岁	<42岁	>=42岁
土地调整次数									
1次	0.242 (0.166)	0.523 (0.388)	0.739* (0.424)	0.415** (0.196)	0.204 (0.263)	0.206 (0.301)	0.332 (0.208)	0.319 (0.250)	0.200 (0.232)
2次及以上	0.192 (0.179)	0.612* (0.355)	0.984* (0.519)	0.444** (0.221)	0.232 (0.242)	0.263 (0.386)	0.538** (0.253)	0.469 (0.386)	0.153 (0.213)
产权期限	0.380** (0.190)	0.092 (0.405)	-0.297 (0.592)	0.419* (0.220)	0.387 (0.279)	0.917** (0.424)	0.226 (0.356)	1.229** (0.575)	0.444** (0.212)
子女是否继续耕种	-0.171 (0.144)	-0.176 (0.305)	-0.329 (0.500)	-0.125 (0.165)	-0.109 (0.225)	-0.150 (0.422)	-0.013 (0.191)	-0.191 (0.290)	-0.283 (0.181)
技术约束	-0.369** (0.145)	-0.279 (0.318)	-0.289 (1.044)	-0.232 (0.170)	-0.594*** (0.213)	0.218 (0.693)	-0.307* (0.186)	1.114 (0.864)	-0.344* (0.185)
土地调整次数*技术约束			-0.328 (0.340)			-0.038 (0.233)		0.065 (0.240)	
产权期限*技术约束			0.741 (0.822)			-0.917* (0.552)		-1.779** (0.774)	
子女是否继续耕种*技术约束			0.255 (0.601)			-0.055 (0.482)		0.351 (0.371)	
控制变量	是	是	是	是	是	是	是	是	是
N	610	237	237	443	404	404	371	371	476
Log likelihood	-231.262	-72.232	-72.192	-171.145	-126.446	-125.044	-144.995	-141.759	-153.480
LR or F值	556.40***	204.18***	206.26***	400.77***	345.79***	348.59***	328.98***	335.45***	461.71***
伪R²或调整R²	0.546	0.586	0.592	0.539	0.578	0.582	0.532	0.542	0.601

注：***、**、* 分别表示在1%、5%、10%的水平上显著。

小组、规模较大组种植户有显著的正向影响。这表明，经验对于这些群体改善耕地状况更重要。

考虑到种植户的有限理性，即受限于个人认知程度和认知能力，种植户并不能完全意识到改良土壤的好处，或者可以意识到，但不能掌握相关技术措施，即便土地产权稳定，种植户也不可能采取改良土壤的措施。针对产权期限在大于 50 亩、七师、42 岁以下样本中存在的不显著关系，本节通过引入技术约束这一调节变量来进一步检验影响效应，表 7 - 6 中的第 4 列、第 7 列和第 9 列为以技术约束为调节变量的结果。结果表明，除较大规模组外，产权期限与技术约束之间存在显著的交互作用，并且在引入交互项后，产权期限的影响变得更加显著。

以上结果表明，产权期限对大规模组种植户土壤改良不存在显著影响；对于七师和年轻种植户，只有种植户对承包权有相对长期的预期，并且不存在技术约束时，种植户改良土壤的可能性才比较大。由于大规模种植户改良土壤的规模效应显著，能够缩短改良土壤的投资回收期，因此产权期限并未构成主要的影响因素。对于年轻种植户，相对长期的产权、不存在技术约束是他们采取土壤改良措施的必要条件。

7.1.6　主要结论

本节利用 1 021 个承包地块数据，选取了土地调整次数、产权期限、承包到期后子女是否继续耕种作为承包权稳定性的代理变量，3 个变量分别表征了土地承包权过去、现在和未来的稳定性。运用内生性策略进行估计的结果表明：土地调整次数和子女是否继续耕种这两个变量与预期不一致。具体而言，土地调整的次数越多，种植户改良土壤的可能性反而越大。由于丰富的种植经验、较大的地块面积、较高的专业化程度通常与种植户比较频繁的土地调整经历相关联，这些因素超过了产权的影响，从而导致结论不一致。承包到期后子女继续耕种，种植户改良土壤的可能性反而越低，因为子女继续耕种通常与家庭较低的人力资本和社会资本水平有关，这不利于种植户采用相关保护性技术。与预期一致的是，若种植户 5 年后继续耕种，其改良土壤的可能性比较大。异质性分析的结果验证了结果的稳健性，但关键变量在不同组别中的影响有差异，特别是产权期限对大规模组种植户土壤改良不存在显著影响；对于年轻种植户，存在技术约束对产权期限和土壤改良关系的调节作用。

以上结果表明：①新疆国有农场最近进行的土地改革改变了过去土地承包权不稳定的状况，强化了种植户所拥有的土地承包权，使种植户对当前的土地承包权有比较稳定的预期，因而过去的土地调整并不重要，这也意味着种植户对政府及其政策的信任程度较高。②土地承包权的代际转移并不是影响种植户改良土壤的关键因素，与之相比，种植户更关心职业生涯中的产权稳定性。因此，在国内许多学者探讨是否赋予土地继承权的背景下，这么做不一定能促进耕地的养护。③相对长期、稳定的土地承包权（可能是 5 年或以上）能够激励种植户养护耕地。因为政府已承担了相对长期的耕地质量保护投资，种植户自身进行的中短期投资，回收期相对较短。而对于大规模种植户而言，促使他们改良土壤的产权期限要求可能更宽松。④虽然稳定土地承包权的政策促进了种植户养护耕地，但其作用有限。因为在土地调整前产权相对不稳定的情况下，采取各种措施改良土壤的种植户就已高达 45.39%，这表明非产权因素例如促进技术采用的政府支持（政府技术推广、免费提供农场粪肥）可能在过去的土壤改良中发挥了重要作用。政府干预为种植户改良土壤提供了充足的技术信息，极大地缓解了种植户的认知约束，进而形成了可持续的改良行为。随着政府行政干预减少，有必要考虑以市场为导向的手段促进种植户改良土壤。

7.2　承包权稳定性、环境规制对种植户地膜回收行为的影响分析

7.2.1　理论模型

借鉴 Ma 等（2018）将种植户参与农村合作社引入动态优化模型的研究，假定种植户仅生产棉花，利润函数是：

$$\pi = pgf(s, x) - \theta C(x, z) - (1-\theta)NC(x, z) \qquad 式（7-16）$$

其中，p 为棉花价格，g 为中性技术进步，x 为生产性投入，z 为地膜回收投入。θ 为政府的环境规制，取值 0 和 1，包括激励机制（如补贴、考核等）和约束机制（如罚款、批评或法律约束等）。$C(x, z)$ 为有环境规制下的成本函数，$NC(x, z)$ 为没有环境规制下的成本函数。s 为土壤质量，土壤质量的变化满足：

$$\dot{s} = h(x, z) \qquad 式（7-17）$$

h 表示土壤质量的变化量，主要指土壤环境质量，即土壤容纳、吸收和降解环境污染物的能力。随着地膜回收投入增加，土壤质量提升（$\partial h/\partial z \geq 0$），有 $f_s \geq 0$ 并且 $f_{ss} \leq 0$。

种植户的地膜回收程度取决于耕地质量对其收益的影响，种植户在整个规划期内最大化作物收益和农地价值的净现值。令 R 为土地的重置价值，$R(s)$ 为终值，承包户的目的是使整个规划期内作物收益和农地价值最大化：

$$\max\left\{\int_0^T e^{-\gamma t}\left[pgf(s,\,x)E(T_t)-\theta C(x,\,z)-(1-\theta)NC(x,\,z)\right]dt+R(s)\,e^{-\gamma t}\right\}$$

式（7-18）

$$\text{s. t.} \quad \dot{s}=h(z) \quad s(0)=s_0 \qquad\qquad \text{式（7-19）}$$

式（7-18）中，$e^{-\gamma t}$ 为折现因子，$E(T_t)$ 表示第 t 期承包经营权仍然保留的二元期望值。建立关于式（7-18）和式（7-19）当期值的汉密尔顿函数：

$$H=\left[pgf(s,\,x)E(T_t)-\theta C(x,\,z)-(1-\theta)NC(x,\,z)\right]+\lambda_\theta h(x,\,z)$$

式（7-20）

λ_θ 为当期值汉密尔顿乘子，为耕地质量提升的影子价格，不仅包括作物收益的提高、土地出租或补偿价格的提升，还包括做出符合环境规制行为所获得的额外资金补偿或心理收入。其他条件一致的情形下，有环境规制的 λ_1 大于无环境规制的 λ_0。

根据最大化准则，最优条件方程分别满足：

$$\partial H(x,\,z,\,s,\,\lambda)/\partial z=\left[pgf_sh_zE(T_t)-\theta C_z-(1-\theta)NC_z\right]+\lambda h_z=0$$

式（7-21）

$$pgf_s(s,x)h_zE(T_t)+\lambda_\theta h_z=\theta C_z-(1-\theta)NC_z \qquad \text{式（7-22）}$$

式（7-22）左边为地膜回收的边际收益，右边为地膜回收的边际成本，最优的地膜回收投入发生在边际成本等于边际收益处。若回收地膜的边际收益大于边际成本，种植户会继续投入，直到边际收益等于边际成本。此处用图 7-1、图 7-2 描述了式（7-22）所体现的关系。如图 7-1 所示，在环境规制及其他条件一致的情况下，产权稳定意味着种植户会进行更多的地膜回收投入（$z_1 > z_0$）；图 7-2 表明，在地权稳定性及其他条件一致的情况下，感知到环境规制意味着种植户会进行更多的地膜回收投入（$z_1' > z_0'$）。因此，假定：（1）环境规制能增加种植户地膜回收投入；（2）土地产权预期越稳定，种植户在地膜回收投入上越多。

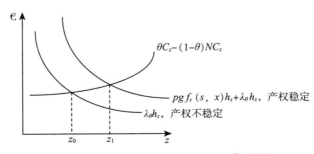

图 7-1　不同产权稳定性特征下的地膜回收投入

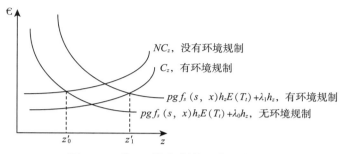

图 7-2　基于环境规制的地膜回收投入

7.2.2　种植户地膜回收行为特征及环境规制感知

（1）种植户地膜回收行为特征

从地膜回收频率看（表 7-7），一师每年 1 遍的比例较高（70.00%），七师每年 2 遍的比例较高（51.79%）。从地膜回收方式看，一师以劳动投入为主的比例最高（77.50%），七师以机械投入为主的比例最高（47.35%）。由于种植户的地膜回收频率、地膜回收方式均与地区所推广的地膜回收技术有关，七师的地膜回收频率相对高于一师，且地膜回收的机械化率也高于一师。兵团一师以人工收膜为主，在地膜尚未破损前，先切除边膜、回收中间膜，如此做法，能够减少残留碎膜；而七师主要采用机械收膜，但缺点比较明显：残留碎膜较多。根据 2017 年新疆兵团的残膜污染状况调查数据，一师的地膜残留量平均为 16.1 千克/亩，而七师的地膜残留量平均为 24.1 千克/亩，可见机械回收地膜存在较大弊端。

表 7-7　种植户的地膜回收行为

指标	合计		一师		七师	
	频数	占比	频数	占比	频数	占比
地膜回收频率						
几年 1 遍	5	0.5%	4	0.77%	1	0.21%
每年 1 遍	490	49.25%	364	70.00%	126	26.53%
每年 2 遍	371	37.29%	125	24.04%	246	51.79%
每年 3 遍	112	11.26%	24	4.62%	88	18.53%
每年 4 遍	17	1.71%	3	0.58%	14	2.95%
合计	995	100%	520	100%	475	100%

（续）

指标	合计		一师		七师	
	频数	占比	频数	占比	频数	占比
地膜回收方式						
劳动投入为主	576	58.66%	396	77.50%	180	38.22%
劳动和机械等量投入	103	10.49%	35	6.85%	68	14.44%
机械投入为主	303	30.86%	80	15.66%	223	47.35%
合计	982	100%	511	100%	471	100%
残膜处理方式（多选）						
随便扔掉	20	1.96%	13	2.39%	7	1.46%
卖掉	418	40.94%	393	72.38%	25	5.23%
统一填埋	130	12.73%	86	15.84%	44	9.21%
统一处理厂	695	68.07%	238	43.83%	457	95.61%
其他	76	7.44%	55	10.13%	21	4.39%
合计	1 021		543		478	

从残膜处理方式看，一师选择卖掉的比例较高（72.38%），七师选择统一处理厂的比例较高（95.61%）。导致残膜处理方式存在差异的主要原因是地方资源禀赋差异：①第七师有回收再利用企业，补贴政策出台后，种植户按要求交残膜，政府按照 20 元/亩发放补贴，企业将残膜清洗后生产再生颗粒并进行出售；②第一师缺乏高附加值的回收再利用企业，种植户主要将残膜卖给相关企业（主要由企业生产滴灌带）、残膜回收站或在地头由私人回收，由于回收再利用企业生产的产品附加值低，种植户卖掉的价值较低，40 亩耕地的残膜售卖价值仅 200～300 元。若相关企业或回收站点距离较远，种植户可能选择就近处理（如随意扔掉、统一堆放等）。因而，一师选择随意扔掉、统一填埋或其他方式的比例相对较高。

（2）种植户环境规制感知

种植户所面临的环境规制既包括正式规制，还包括非正式规制。正式规制是政府为改善耕地污染而制定的相应规范；非正式规制主要是政府以外的群体所施加的规范，本节主要以周围人的行为作为引导种植户行为的非正式规制。

根据对种植户约束方式的不同，正式规制包括了命令控制型环境规制和以市场为基础的激励型环境规制，前者以被动接受为主要特点，后者在于激发主动性。最近一次土地调整前，政府对地膜回收的规制以命令控制型规制为主，具体包括了罚款、批评、禁止机械下地作业、影响生长期的灌溉用水等惩罚性措施。若种植户未回收地膜，不仅会受到批评、罚款，还可能影响种植户生产环节的供水或机械进地作业。另外，伴随着严重的地膜污染，地膜回收也陆续纳入地方法律法规，用以约束和规范经营主体的地膜使用和回收行为。

最近一次土地调整后，样本区减少了对种植户生产经营的干预，政府规制由此前的命令控制型规制转变为以市场激励型为主的环境规制，具体包括补贴、考核等激励方式。首先，地膜回收情况纳入团场对职工的考核，若种植户按要求回收了地膜，则会给予种植户社保资金的补贴；如果种植户未按要求回收地膜，则不能享受社保资金补贴。其次，为加大农田残膜污染治理，形成种植户＋企业的协同治理机制，兵团在个别团场进行了补贴试点，以此激励种植户按要求回收地膜，并交售到残膜回收再利用企业。种植户所面临的有关地膜回收的正式规制感知如表7-8所示。

表7-8 地膜回收的正式规制

环境规制	是		否		合计
	频数	占比	频数	占比	
命令控制型规制					
罚款感知	549	53.77%	472	46.23%	1 021
批评感知	621	60.82%	400	39.18%	1 021
生产影响感知	443	43.39%	578	56.61%	1 021
法律法规感知	180	17.63%	841	82.37%	1 021
市场激励型规制					
补贴感知	270	26.44%	751	73.56%	1 021
考核感知	514	50.34%	507	49.66%	1 021

实际上，样本区除了补贴情况存在差异外，其他环境规制普遍存在，但从数据来看，种植户对各种环境规制的心理感知存在较大差异。样本中未感觉到任何规制的种植户有2.84%，感受到6种环境规制的有2.06%，感受到1～5种环境规制的种植户分别有28.40%、22.53%、18.51%、17.24%、8.42%。具体而言，种植户对地膜回收的批评感知最高（60.82%），而后依次是罚款感知（53.77%）、考核感知（50.34%）、生产影响感知（43.39%），对地膜回收的法律法规感知（17.63%）和补贴感知（26.44%）相对较低。从种植户所受到的非正式规制来看，1.67%的种植户认为周围人都不回收地膜，48.58%的种植户认为周围人每年回收1遍，39.28%的种植户认为周围人每年回收2遍，仅有10.48%的种植户认为周围人每年回收3遍以上，这与种植户的地膜回收

频率的比例分布比较一致。

7.2.3 估计策略与变量选择

为考察承包权稳定性对种植户地膜回收行为的影响，根据理论分析，建立如下计量模型：

$$Y = \alpha \boldsymbol{T} + \beta \boldsymbol{R} + \theta \boldsymbol{X} + \varepsilon \qquad \text{式 (7-23)}$$

式中，Y 为因变量，表示种植户的地膜回收频率。由于样本区较少存在不回收地膜的情形，但在地膜回收频率上有差异，地膜回收频率越高，残膜回收越彻底，种植户对耕地质量的保护程度越高。结合实际情况，问卷中设置了 5 个值，基本囊括了地膜回收的所有情况，值越大，表明种植户回收的频率越高。

$\boldsymbol{T}$ 为承包权稳定性变量，具体包含了土地调整次数（T_1）、产权期限（T_2）和子女耕种（T_3）三个变量，分别表征了土地产权过去的稳定性、种植户职业生涯规划内的稳定性以及远期的稳定性，与 7.1.3 节一致，此处将考察 T_3 的内生性。$\boldsymbol{R}$ 为环境规制向量，种植户当前面临的环境规制主要有补贴规制（R_1）、考核规制（R_2）、法规规制（R_3）以及非正式规制（R_4），前三个变量为二元取值变量。$\boldsymbol{X}$ 为控制变量，包括棉农的家庭特征、种植特征以及地膜回收的情境因素等。具体指标、定义及影响方向的预测如表 7-9 所示。

表 7-9 变量选取与定义

变量	定 义	均值	标准差	预测
因变量				
地膜回收频率	5＝每年 4 遍；4＝每年 3 遍；3＝每年 2 遍；2＝每年 1 遍；1＝几年 1 遍	2.644	0.753	
地权稳定性				
土地调整次数	3＝2 次及以上；2＝1 次；1＝0 次	1.946	0.839	－
产权期限	剩余耕种期限是否超过 5 年：1＝是；0＝否	0.854	0.353	＋
子女耕种	承包到期是否由子女继续耕种：1＝是；0＝否	0.346	0.476	＋
环境规制				
补贴规制	1＝是；0＝否	0.264	0.441	＋
考核规制	1＝是；0＝否	0.503	0.500	＋
法规规制	1＝是；0＝否	0.176	0.381	＋
非正式规制	周围人的做法：1＝每年 1 遍及以下；2＝每年 2 遍；3＝每年 3 遍；4＝每年 4 遍	1.617	0.711	＋

（续）

变量	定　义	均值	标准差	预测
家庭基本特征				
户主年龄	具体年龄	41.643	9.184	＋/－
基层干部	家庭是否有村干部：1＝是；0＝否	0.177	0.382	＋
家庭收入	3＝10万元以上；2＝4万～10万元；1＝4万元及以下	1.512	0.571	＋
棉地经营特征				
种植经验	种植棉花年数（年）	10.966	9.695	＋/－
棉地面积	亩	57.942	27.140	＋
专业化程度	棉花收入占家庭收入的比重	0.593	0.343	＋
扩大经营意愿	3＝想扩大面积；2＝保持不变；1＝想减少面积	2.807	0.417	＋
风险偏好	3＝风险偏好；2＝风险中性；1＝风险规避	1.964	0.712	＋
抵押贷款	是否获得了棉地抵押贷款：1＝是；0＝否	0.652	0.477	＋
区域变量	1＝7师；0＝1师	0.468	0.499	＋/－
残膜单产影响认知	4＝没什么影响；3＝一般；2＝影响很大；1＝影响非常大	1.636	0.741	－

为了检验潜在的因果关系，采用条件混合方法（CMP）联合估计式（7-10）和式（7-23），若两式误差项显著不为0，则不能忽略内生性，需要进行系统估计，否则可以采用单一方程估计方法如最小二乘法（OLS）。进一步，本节采用控制函数法（CF）进行方法的稳健性检验。技术上，第一阶段用内生变量对工具变量和外生变量回归，采用Probit模型估计获得残差拟合值；第二阶段用被解释变量对内生变量、外生变量和第一阶段获得的残差拟合值回归，采用OLS回归即可得到一致估计量。

7.2.4　承包权稳定性、环境规制对地膜回收行为影响的实证分析

运用stata14.0进行估计的结果如表7-10所示。为消除异方差影响，模型中的最小二乘法OLS估计和控制函数法CF估计均采用了稳健标准误估计。

根据表7-10的结果可知，若不考虑内生性（第2和第3列OLS回归），关键变量的影响方向和显著性均会受到影响；若未纳入控制变量（第4和第5列CMP回归），有可能产生遗漏变量导致的内生性问题。在考虑了内生性并加入控制变量后（第6和第7列CMP回归），atanhrho_12的值在1％的水平上显著，表明在选定现有控制变量的情况下，不能忽视模型的内生性。控制函

表 7 - 10　地膜回收行为的影响因素

	OLS		CMP		CMP		CF		OLS	
	系数	标准误	系数	标准误	系数	标准误	系数	标准误	系数	标准误
承包权稳定性										
土地调整次数										
1 次	−0.018	0.058	−0.085	0.059	0.013	0.067	−0.001	0.058	−0.051	0.034
2 次及以上	0.055	0.058	0.166***	0.057	0.058	0.068	0.056	0.057	−0.010	0.036
产权期限	−0.066	0.072	0.025	0.069	−0.134*	0.081	−0.104	0.072	−0.092**	0.038
子女耕种	−0.065	0.046	−0.498***	0.133	0.896***	0.096	0.476***	0.161	−0.004	0.029
环境规制										
补贴规制	−0.121**	0.052			−0.142**	0.064	−0.133***	0.051	−0.047*	0.028
考核规制	0.084*	0.046			0.089	0.057	0.087**	0.046	0.018	0.028
法规规制	0.103	0.068			0.259***	0.073	0.191***	0.071	0.002	0.037
非正式规制										
每年 2 遍									0.814***	0.037
每年 3 遍									1.680***	0.068
每年 4 遍									2.751***	0.093
控制变量										
户主年龄	0.005**	0.003			0.006*	0.003	0.006*	0.003	−0.001	0.002
基层干部	0.014	0.069			0.189**	0.078	0.114	0.075	0.019	0.040
家庭收入										
4 万～10 万元	0.060	0.048			0.103*	0.058	0.084*	0.048	0.030	0.029
10 万元以上	−0.076	0.102			−0.005	0.140	−0.037	0.102	−0.019	0.039

（续）

	OLS 系数	OLS 标准误	CMP 系数	CMP 标准误	CMP 系数	CMP 标准误	CF 系数	CF 标准误	OLS 系数	OLS 标准误
种植经验	0.002**	0.001			0.002	0.002	0.002**	0.001	0.002***	0.000
棉地面积	-0.001	0.001			-0.001	0.001	-0.001	0.001	-0.001	0.001
专业化程度	0.060	0.073			0.115	0.084	0.091	0.073	0.054	0.043
扩大经营意愿										
保持不变	0.268	0.398			0.708*	0.434	0.523	0.440	0.046	0.095
想扩大面积	0.349	0.396			0.761*	0.430	0.587	0.438	0.059	0.091
风险偏好										
风险中性	0.058	0.053			0.006	0.065	0.029	0.053	0.065**	0.029
偏好风险	0.153**	0.068			0.089	0.076	0.117*	0.068	0.078**	0.036
抵押贷款	0.040	0.052			0.002	0.061	0.018	0.053	0.037	0.031
区域变量	0.531***	0.060			0.717***	0.071	0.636***	0.065	0.107***	0.038
单产影响认知										
影响很大	-0.127**	0.050			-0.126**	0.059	-0.126**	0.050	0.017	0.028
一般	-0.189***	0.073			-0.158*	0.086	-0.172**	0.073	-0.005	0.046
没什么影响	-0.298	0.223			-0.618**	0.281	-0.479**	0.222	0.038	0.135
子女继续耕种的残差							-0.585***	0.173		
atanhrho_12			0.293***	0.113	-1.049***	0.109				
N	895		1 021		914		895		895	
LR chi2或F值	12.72***		146.54***		518.42***		13.23***		136.34***	
伪R²或调整R²	0.226						0.234		0.726	

注：①***、**、* 分别表示在1%、5%、10%水平上显著；②模型中观测数量 N 不同是由于一些变量存在缺失值。

数法（第 8 和第 9 列 CF 方法）的结果也验证了潜在的内生性问题，因为子女继续耕种的残差项在 1% 的水平上显著。引入非正式规制这一变量后，CMP 模型中的 atanhrho_12 值并不显著，因而采用 OLS 方法对加入这一变量的模型进行了估计（第 10 和第 11 列 OLS 回归），结果发现模型的拟合度有了显著提升，并且较多变量在加入这一变量后都变得不再显著，这一模型更理想地解释了种植户的行为。

产权变量中，土地调整次数对种植户地膜回收程度没有显著的影响，产权期限与地膜回收程度显著负相关，子女耕种在 1% 的水平上与地膜回收程度正相关，但在模型加入非正式规制这一变量后变得不显著。若种植户拥有相对长期的产权期限，其地膜回收程度反而越低。通过产权期限与其他变量的相关性分析发现，如果种植户拥有相对长期的产权，可能意味着其经历了较少的土地调整、相对年轻、家里有基层干部、较高的家庭收入、较少的种植经验、有扩大规模的意愿和消极的残膜单产影响认知。这表明，有长期产权的种植户通常年轻且种植经验较少，经济资本和社会资本水平较高，他们不认为增加地膜回收频率对自己有好处，他们会回收地膜，但不会额外增加地膜回收投入。种植户自身的认知和动机对地膜回收的影响超过了产权因素的影响。

环境规制中，补贴规制与地膜回收程度显著负相关，考核规制与地膜回收程度有正相关关系，法规规制能显著促进种植户增加地膜回收程度，但在加入非正式规制这一变量后影响变得不显著。通过补贴感知与其他变量的相关性分析发现，补贴感知度高的种植户相对年轻、家里有基层干部、家庭收入较高、缺乏种植经验、种植面积较小、专业化程度较低、风险偏好程度不高、未获得抵押贷款、消极的残膜单产影响认知、非正式规制程度低。总体来说，补贴感知度高的种植户专业化程度低，受到非正式规制影响的程度较低，对残膜负面影响的认知度不高使其不会增加地膜回收频率。加入非正式规制这一变量后，模型中较多的变量变得不显著，这意味着这些变量与社会规范高度相关，种植户的行为受到社会网络的影响，存在群体规制和模仿效应。

从控制变量的影响看，种植经验、风险偏好、非正式规制与种植户的地膜回收频率显著正相关。可以看出，种植户回收地膜与其多年形成的种植经验及习惯有较大关系，多年的种植使种植户易于认识到残膜对产量及耕地的不利影响，有利于建立和谐的"人地观"，进而形成保护耕地的种植习惯。

7.2.5 主要结论

本节利用 1 021 个承包地块数据，选取了土地调整次数、产权期限、承包到期后子女是否继续耕种作为承包权稳定性的代理变量，运用考虑了内生性的估计策略进行估计的结果表明：土地调整次数对种植户地膜回收程度没有显著影响，产权期限与地膜回收程度显著负相关，子女继续耕种在1‰的水平上与地膜回收程度正相关，但在加入社会规范这一变量后变得并不显著。产权期限的影响与预期并不一致，因为较长产权期限通常与较低的保护认知和保护动机相关，而这些潜在因素超过了产权因素应发挥的激励作用。

以上结果表明：①政府规制激励的是短期行为，在种植户感知不到额外的地膜回收投入所带来的作物收益时，承包权稳定与否并不重要。本节与预期不一致的结论大都受到种植户自身特质、动机影响，产权的激励作用并不显著。若要产权发挥激励作用，政府规制应当瞄准种植户的长期行为结果，让种植户能感知到行为的远期收益；②非正式规制是影响种植户增加治污投入的关键因素。一方面，非正式规制变量的引入提高了模型的整体拟合度，可以解释因变量近50%的变化；另一方面，非正式规制变量的引入使原先较多显著的变量变得不显著，这意味着变量之间的相关性较强。既然非正式规制对于规制种植户的行为至关重要，政府目标是减少地膜残留，可以树立标杆，使种植户感知到其与标杆之间的差距，从而提升种植户治污的积极性。

7.3　本章小结

本章利用1 021个承包地块数据，运用考虑了内生性的条件混合模型（CMP）、控制函数法（CF）、Ⅳ有序Probit模型考察了承包权稳定性对棉农耕地质量保护行为的影响，结果表明：①对于有显著经济拉力、没有政府干预的土壤改良行为，承包权过去是否稳定以及承包权的代际流转并不影响种植户在当前改良土壤，职业生涯内相对长期和稳定的承包期对于种植户改良土壤有显著的积极影响；②对于没有显著经济拉力、有政府干预的地膜回收行为，长期、稳定的承包权并没有显著激励种植户增加地膜回收程度，非正式规制的作用更加显著。本章结论表明，承包权稳定性并未如预期那样，总是显著地促进种植户采取耕地质量保护行为，它的影响受到耕地质量保护行为类型、外在干预程度等因素的调节。

尽管本章数据有一定特殊性，但仍有助于得到一般性结论。根据本章结论，此处拟作进一步讨论：

（1）许多学者认为，我国三轮延长土地承包期的做法实际上类似于"永佃制"，因而建议我国实施"永佃制"。本研究对于实施"永佃制"有何启示？

本研究中，产权期限变量有助于回答这一问题。可以看出，相对长期的产权预期与耕地质量保护投资并不总是显著正相关，甚至有反向的影响关系。从养护耕地的角度出发，产权期限的延长对于种植户养护耕地的激励作用较小，实施"永佃制"并不一定会促进种植户养护耕地。结合实际可知：①目前，我国土地承包期已相对较长，但小农的耕地养护行为依然滞后，这说明长期的产权在激励小农采取耕地养护行为上的作用比较有限。本章模型也证明了，技术因素、社会规范对小农行为的解释力度远超过产权期限；②为避免耕地质量的恶化，政府已承担了相对长期的耕地质量保护投资（如高标准农田建设、中低产田改造等），种植户自身进行的中短期投资，回收期相对较短。因此，从养护耕地的角度上来看，只要能保证种植户有相对长期的产权（5 年或以上），就能够激励种植户采取养护耕地的中短期措施。

在非"永佃制"的情形下，承包权始终会到期，较长的土地租赁也会面临合约到期。通过延长承包期或租赁期来激励经营主体养护耕地，应考虑将经营主体养护耕地的外部成本内部化：经营到期，针对经营主体提升耕地地力的结果给予合理补偿，或者给予耕地质量合理定价。我国 1984 年的中央 1 号文件就首次提出要对土地定等定级，以便土地使用权发生转移时进行补偿或赔偿，但这一机制显然因条件不成熟还未能显著发挥养护耕地的激励作用。

（2）我国农村主要以家庭名义承包耕地，承包权由家庭成员共同享有，因而同一户口的子女可以继续履行承包合同，子女"继承"是否有利于耕地质量提升？

本节中，子女继续耕种变量有助于回答这一问题。子女继承意味着经营主体的规划期比较长，与国外已有讨论继承权的研究中所得结论不一致。本研究中子女继续耕种并没有总是表现出显著的正相关影响，因而赋予承包权以"继承关系"[①] 并不能显著提升耕地质量。结合实际可知：①自古以来就有子代继承亲代土地的做法，改革开放以来，二代或三代直系家庭中，亲代将土地留给子代非常普遍，子代通过分家获得土地，拥有土地的使用权。但管理技术水平低下，使亲代在务农过程中并没有过多采取养护耕地的措施，当前化肥过度施用、有机肥施用不足也能说明这一问题；②当农业未能规模化、机械化、产业化经营时，务农对子代没有足够的吸引力。子代继续务农意味着家庭的人力资本和社会资本水平相对低下，而这些可能同时不利于亲代和子代采用先进的管理技术。因此，过去经验表明，在农业未能产业化经营导致农业比较收益较低的情形下，子女"继承"不能促进耕地质量提升。

---

① 承包权是一种非财产权利，不能继承。

8 经营权与种植户耕地质量保护行为研究

8.1 理论模型

本章沿用第六章的理论模型，借鉴了 McConnell（1983）的研究构建经营权视角下耕地质量保护的分析框架。转包户是否采取耕地质量保护措施取决于耕地质量提升对其收益的影响。由于土地租赁者没有处置土地的权利，若土地承包者未能对租赁者进行的耕地保护性投资给予补偿，那么对于土地租赁者而言，其目的在于使整个规划期内作物收益最大化：

$$\max\left\{\int_0^T e^{-\gamma t}\left[pgf(s_t,\ x_t)E(T_t)-c_1x_t-c_2z_t\right]dt\right\}$$

式（8-1）

$$\text{s. t.}\quad \dot{s}=h(x,\ z)\quad s(0)=s_0 \qquad \text{式（8-2）}$$

式（8-1）和式（8-2）中的变量含义与 7.1 节一致，$e^{-\gamma t}$ 为折现因子，$E(T_t)$ 表示第 t 期经营权仍然保留的二元期望值。

进一步，建立关于式（7-1）和式（7-2）当期值的汉密尔顿函数：

$$H(x_t,\ z_t,\ s_t,\ T_t,\ \lambda_t,\ t)=\left[pgf(s_t,\ x_t)E(T_t)-c_1x_t-c_2z_t\right]+\lambda_t h(x_t,\ z_t)$$

式（8-3）

λ 为当期值汉密尔顿乘子，又称为土壤质量提升的影子价格。λ_t 表示第 t 期耕地质量的边际价值，对于土地租赁者而言，若租赁合同中没有维持耕地质量的约束或激励，则 $\lambda_t=0$，这表明转包户经营到期时，倾向于耗竭地力。

根据最大化准则，最优条件方程满足：

$$\partial H(x_t,\ z_t,\ s_t,\ T_t,\ \lambda_t,\ t)/\partial z=\left[pg f_s(s_t,\ x_t)h_z E(T_t)-c_2\right]+\lambda_t h_z(x_t,\ z_t)=0$$

式（8-4）

$$pg f_s(s_t,\ x_t)h_z E(T_t)+\lambda_t h_z(x_t,\ z_t)=c_2 \qquad \text{式（8-5）}$$

由式（8-5）可以看出，土地经营权越稳定，种植户越会进行更多的保护性投入。种植户对经营权的预期影响规划期，决定了保护性投资的合意水平以及保护性投资的类型。基于以上分析，土地经营权越稳定，种植户越会进行更多的保护性投资。

8.2 经营权稳定性对国有农场种植户耕地质量保护行为的影响分析

8.2.1 种植户耕地转入及耕地质量保护状况分析

本部分的数据仍然来源于 2020 年 5 月在新疆兵团国有农场调研获取的一手数据，本节以 170 个转包地为研究对象。

从耕地转入状况看（表 8-1），转入期限 5 年以下占比 88.23%，2 年以下占比 38.82%，由此可知样本区土地租赁主要以短期为主。由于 83.33% 的种植户在土地到期后仍会续约，因而种植户的预期耕种年数会超过合同期限，预期耕种年数在 6 年以上的有 41.81%。这表明，承包户和转包户虽然倾向于签订短期合同，但转包户通常有相对较长的耕种预期，对租赁关系有稳定预期。

表 8-1 种植户耕地转入状况

指标	分组	频数	比例	指标	分组	频数	比例
转入期限	2 年以下	66	38.82%	转入来源（多选）	本地种植户	150	88.24%
	3～5 年	84	49.41%		非本连种植户	10	5.88%
	6 年以上	20	11.76%		连队集体	20	11.76%
	合计	170	100%		其他	2	1.18%
到期是否续租	是	140	83.33%		合计	170	100%
	否	28	16.67%	租金支付方式（多选）	固定现金	70	48.28%
	合计	168	100%		收益分成	1	0.69%
转入租金	300 元/亩以下	8	4.71%		实物	6	4.14%
	301～400 元/亩	120	70.59%		代缴社保	87	60%
	401～500 元/亩	27	15.88%		其他	4	2.76%
	501 元/亩以上	15	8.82%		合计	145	100%
	合计	170	100%				
合约形式	口头约定	27	15.15%				
	签订合同	143	84.85%				
	合计	170	100%				

从合约形式看，84.85% 的种植户都会签订书面合同，样本区土地流转已相对正规和正式。种植户转入面积在 40 亩以上的占比 61.21%，可见样本区

耕地规模相对较大，大面积流转比较普遍。转入租金基本在 400 元/亩以下（占比 75.3%），因棉花经济价值较高，零租金的情况比较少见。另外，租金支付方式以现金（48.28%）或缴纳社保（60%）为主，收益分成及实物方式比较少见。从耕地转入来源看，转自本地种植户的占比较高（88.24%），样本区土地流转范围相对较窄。

从土壤改良情况看（表 8-2），65.45% 的种植户在土地租入以来改良了土壤，85.45% 的种植户表示在未来会改良土壤，由此可知转包户有较强的土壤改良意识。由于 25.88% 的种植户转入耕地不超过 1 年，部分种植户想改良但还未改良土壤，因而，表示在未来会改良土壤的比例高于已改良土壤的转包户。从土壤改良措施看，转包户施用有机肥的比例最高（62.96%），远超过其他土壤改良措施，其次是施用高有机质的化肥（41.67%）、测土配方施肥（38.89%）、施用微生物菌肥（37.96%）。

表 8-2　种植户土壤改良认知及行为特征

指标	分组	频数	比例	指标	分组	频数	比例
是否改良土壤	是	108	65.45%	未来是否改良	是	141	85.45%
	否	57	34.55%		否	24	14.55%
土壤改良措施	施有机肥	68	62.96%	土壤改良面临的困难	物资困难	70	41.18%
	施微生物菌肥	41	37.96%		服务困难	64	37.65%
	测土配方施肥	42	38.89%		技术困难	87	51.18%
	施高有机质化肥	45	41.67%		资金困难	122	71.76%
	施土壤改良剂	21	19.44%		无困难	14	8.24%
	其他	9	8.33%	改良土壤的责任认知	农民自己	143	84.12%
土壤改良的好处	有很大好处	140	82.35%		地方政府	20	11.76%
	有一点好处	24	14.12%		国家	7	4.12%
	不确定	6	3.53%				
	没什么好处	0	0.00%				

从土壤改良认知看，84.12% 的种植户认为改良土壤是农民自己的责任，82.35% 的种植户认为改良土壤有很大好处，可见绝大多数种植户都能够意识到改良土壤的自身责任及带来的好处。71.76% 的种植户面临土壤改良的资金约束，51.18% 的种植户面临技术约束，37.65% 的种植户面临服务约束，种植户面临较强的流动性约束，并且普遍存在土壤改良技术、服务的不可获得性。施用有机肥是种植户改良土壤的主要方式，但 41.18% 的种植户面临获得相关

物资的困难。综上所述，种植户具有改良土壤的意愿，但存在资金、技术方面的实际约束。

从地膜回收认知及其行为特征看（表8-3），转包户几乎每年都会回收地膜，且集中在每年1~2遍（87.18%），周围人的地膜回收频率也集中在每年1~2遍，转包户的地膜回收行为有群体趋同性。地膜回收以劳动投入为主的比例最高（57.79%），27.92%的种植户以机械投入为主，残膜处理以统一处理厂（55.76%）和卖掉（52.73%）的方式居多。

表8-3　种植户地膜回收认知及其行为特征

指标	分组	频数	比例	指标	分组	频数	比例
地膜回收频率	几年1遍	2	1.28%	周围人的做法	几年1遍	2	1.18%
	每年1遍	76	48.72%		1年1遍	87	51.18%
	每年2遍	60	38.46%		1年2遍	60	35.29%
	每年3遍	18	11.54%		1年3遍	21	35.29%
	每年4遍	0	0.00%		1年4遍	0	0.00%
地膜回收方式	劳动投入为主	89	57.79%	残膜处理方式	随便扔掉	7	4.24%
	等量投入	22	14.29%		卖掉	87	52.73%
	机械投入为主	43	27.92%		统一填埋	23	13.94%
残膜影响耕地质量的程度	影响非常大	93	54.71%		统一处理厂	92	55.76%
	影响很大	60	35.29%		其他	8	4.85%
	有一点影响	15	8.82%	残膜影响单产的程度	影响非常大	80	47.06%
	没什么影响	2	1.18%		影响比较大	65	38.24%
地膜污染情况	非常严重	11	6.47%		一般	23	13.53%
	比较严重	22	12.94%		没什么影响	2	1.18%
	一般	95	55.88%	地膜回收的责任认知	农民自己	139	81.76%
	不存在	37	21.76%		相关企业	19	11.18%
	不清楚	5	2.94%		当地政府	10	5.88%
					国家	2	1.18%

从地膜回收认知看（表8-3），90%的种植户能够意识到残膜对耕地质量的较大危害，85.3%的种植户能够意识到残膜对产量的较大影响，81.76%的种植户能够意识到回收残膜的自身责任，但仅有19.41%的种植户认为自家耕地中地膜污染严重，21.76%的种植户认为自家耕地中不存在地膜污染。因而，种植户大都可以意识到残膜的危害，并且对地膜回收主体有积极认

知，但由于种植户每年都会回收地膜，因而其认为耕地的残膜污染并不
严重。

8.2.2 估计策略与变量选取

（1）估计策略

本节探究经营权稳定性对种植户耕地质量保护行为的影响，根据理论分析
可建立如下计量模型：

$$IM_i = a_0 + \sum_{s=1}^{3} a_{1s} T_{is} + \sum a_{2j} X_{ij} + \varepsilon_i \qquad 式（8-6）$$

$$Recovery_i = b_0 + \sum_{s=1}^{3} b_{1s} T_{is} + \sum b_{2j} X'_{ij} + u_i \qquad 式（8-7）$$

其中，IM_i 为第 i 个种植户的土壤改良行为，$Recovery_i$ 为第 i 个种植户的
地膜回收行为。T_{is} 为第 i 个种植户的第 s 个经营权稳定性代理变量，本节主要
选取了经营预期、合同期限及合同形式三个变量来度量经营权的稳定性，预
期三个变量与转包户的耕地质量保护行为正相关。X_{ij} 和 X'_{ij} 为第 i 个种植户
第 j 个控制变量，分别代表影响种植户土壤改良和地膜回收的一系列控制
变量。

考虑到经营权稳定性与耕地质量保护行为可能互为因果，若种植户采取耕
地质量保护行为，其经营权可能更稳定，本节考虑了模型的内生性问题。合同
期限及合同形式发生在耕地质量保护行为之前，因此仅考虑预期耕种年数的内
生性。本节采用了种植户所在连队种植户预期耕种期限（短期、中期、长期）
的均值为工具变量，种植户通常根据棉花的收益情况决定是否继续租用耕地，
若棉花行情较好，转包户会试图与承包户达成长期的租赁契约，种植户所做决
策有群体趋同性。周围种植户的经营预期会影响种植户个人的预期，但与种植
户改良土壤无直接关系。

因变量为有序离散变量，因而选择了条件混合处理模型（CMP）和控制
函数法作进一步估计。若模型中未发现有显著的内生性关系，本节将针对因变
量类型的不同，分别选择有序 Probit 模型、OLS 回归模型对转包户的土壤改
良和地膜回收行为进行分析。考虑到可能存在的异方差问题，将采用对应模型
加稳健标准误的方法进行估计。

（2）变量选取

延续第七章选取控制变量的做法，本节考虑了家庭和种植特征，以及与
土壤改良、地膜回收相关的内外部因素，具体变量定义与描述如表 8-4
所示。

表 8 - 4 变量定义与描述

变量	定　义	均值	标准差	预期
耕地质量保护行为				
土壤改良	土地租入以来是否改良：2＝改良了；1＝正在考虑；0＝未改良	1.527	0.695	
地膜回收	1＝几年1遍；2＝每年1遍；3＝每年2遍；4＝每年3遍	2.592	0.707	
经营权稳定性				
经营预期	预期耕种年数（年）	7.279	13.376	＋
合同期限	签订的合同年数（年）	3.774	6.199	＋
合同形式	1＝书面合约；0＝口头合约	0.836	0.371	＋
家庭及种植特征				
户主年龄	岁	41.768	9.007	＋/－
家庭最高学历	1＝初中及以下；2＝高中；3＝大专；4＝大学及以上	2.527	1.080	＋
村干部	1＝家里有村干部；0＝家里没有村干部	0.224	0.418	＋
种植经验	种植棉花年数（年）	12.358	15.221	＋/－
棉地面积	亩	70.158	51.217	＋
家庭收入	1＝4万元及以下；2＝4万～10万元；3＝10万元以上	1.594	0.624	＋
抵押贷款	1＝获得了棉地抵押贷款；0＝否	0.767	0.424	＋
风险偏好	2＝风险偏好；1＝风险中性；0＝风险规避	1.030	0.711	＋
区域变量	1＝七师；0＝一师	0.327	0.471	＋/－
土壤改良的内外部因素				
感知获利性	3＝有很大好处；2＝有一点好处；1＝不确定是否有好处	2.782	0.495	＋
资金约束	1＝存在土壤改良的资金约束；0＝否	0.709	0.456	－
技术服务约束	1＝存在土壤改良的技术或服务约束；0＝否	0.558	0.498	－
社会规范	3＝都会改良；2＝大部分改良；1＝少部分改良；0＝没有人改良	2.073	0.785	＋
地膜回收的内外部因素				
单产影响认知	1＝影响非常大；2＝影响很大；3＝一般；4＝没什么影响	1.697	0.752	－

（续）

变量	定　义	均值	标准差	预期
非正式规制	1＝几年1遍；2＝每年1遍；3＝每年2遍；4＝每年3遍	2.588	0.724	＋
引导规制	1＝是；0＝否	0.200	0.401	＋

8.2.3　经营权稳定性对土壤改良行为影响的实证分析

本节首先考察了未考虑内生性的有序 Probit 模型结果（表 8-5），所选变量能解释因变量 25.4％的变异，仅有合同期限与转包户的改良行为高度相关。进一步，运用 CMP 方法考察内生性问题，Atanhrho 的参数显著，表明拒绝预期耕种年数为外生变量；控制函数（CF）中预期耕种年数的残差项在 1％的水平上显著，表明拒绝预期耕种时间为外生变量的假设。两个模型中连队平均预期耕种期限与种植户的预期耕种时间均在 1％的水平上显著正相关，并且两个模型的结果大体相似。除了关键自变量的影响存在不一致外，三个模型中显著的变量影响方向均一致。

表 8-5　经营权稳定性对土壤改良行为的影响结果

变量	有序 Probit		CMP		CF	
	系数	标准误	系数	标准误	系数	标准误
经营权稳定性						
经营预期	−0.019	0.013	0.070***	0.015	0.154***	0.057
合同期限	0.051**	0.020	−0.025	0.023	−0.054	0.041
合同形式	0.001	0.309	0.158	0.268	0.347	0.340
家庭及种植特征						
户主年龄	0.004	0.016	0.016	0.013	0.034	0.021
家庭最高学历						
高中	0.386	0.374	0.272	0.206	0.596	0.377
大专	0.464	0.370	0.676**	0.264	1.480***	0.507
大学及以上	0.399	0.389	0.727**	0.330	1.590**	0.523
村干部	0.434	0.352	−0.014	0.305	−0.031	0.368
种植经验	0.041***	0.015	0.034**	0.014	0.074***	0.019
地块面积	0.004	0.003	0.004*	0.002	0.009**	0.004

（续）

变量	有序 Probit		CMP		CF	
	系数	标准误	系数	标准误	系数	标准误
家庭收入						
4 万～10 万元	−0.652**	0.265	−0.256	0.230	−0.561**	0.266
10 万元及以上	−0.204	0.523	−0.192	0.423	−0.420	0.502
抵押贷款	0.289	0.269	0.577**	0.243	1.262***	0.392
风险偏好						
风险中性	0.646**	0.313	0.358	0.229	0.784**	0.314
偏好风险	0.795**	0.330	0.340	0.312	0.745**	0.350
区域变量	1.530***	0.448	0.489	0.468	1.071**	0.529
土壤改良的相关因素						
感知获利性						
有一点好处	1.903***	0.730	1.488***	0.504	3.256***	0.882
有很大好处	1.089*	0.660	1.650***	0.475	3.610***	1.028
资金约束	0.052	0.314	−0.030	0.242	−0.066	0.316
技术服务约束	−0.137	0.252	−0.113	0.208	−0.247	0.251
社会规范						
少部分人会改良	2.174***	0.532	1.140*	0.635	2.493***	0.536
大部分人会改良	2.688***	0.499	1.488**	0.732	3.256***	0.527
都会改良	2.888***	0.549	1.572**	0.791	3.439***	0.576
Atanhrho			−1.419***	0.466		
预期耕种时间的残差项					−0.177***	0.059
N	136		136		136	
Chi - square	95.20***		317.14***		117.22***	
Pseudo R^2	0.254				0.291	

注：关键变量的数据有缺失，因而观测数 N 不等于 170。

　　根据表 8-5，经营预期与土壤改良行为在 1％ 的水平上显著正相关，而合同期限、合同形式与土壤改良行为并不显著相关。这表明，相对长期的耕种预期能够激励转包户改良土壤，这与郜亮亮等（2013）的研究比较一致。合同期限这一变量的影响与现有研究结论并不一致（Abdulai 和 Goetz，2014；Lovo，2016；赵丹丹和周宏，2017），进一步分析发现，合同期限长并不意味着种植户有更长期和稳定的预期，因为许多合同期限较短的种植户在合同到期后仍会选择续租，本书选取的经营预期更准确地反映了长期、稳定经营权的影响。徐志刚等（2018）的研究结果也表明，地权期限对种植户是否采纳秸秆还田的影响不大，而这种不显著影响可能与比较灵活的土地流转契约有关。通过变量的相关分析发现，较长的耕种预期与较长的合同约定年数以及口头契约相关。由于种植户之间存在紧密的地缘关系，口头契约仍有较高的违约成本。种植户虽然以签订短期合同为主，但依然会在口头上达成长期租赁的契约，种植户对这一关系有稳定的预期，因而合同期限、合同形式不影响种植户的改良行为。

控制变量中，只要变量显著，均与预期的影响方向一致。家庭学历、种植经验、地块面积、抵押贷款、风险偏好、感知获利性、社会规范与转包户的土壤改良行为显著正相关。也就是说，家庭的人力资本水平越高，种植经验越丰富，地块规模越大，获得了抵押贷款，偏好风险，转包户改良土壤的可能性越大。若种植户能够意识到改良土壤的好处，并且意识到周围人都改良了土壤，他这么做的可能性也比较大。

8.2.4   经营权稳定性对地膜回收行为影响的实证分析

本节将种植户的地膜回收行为纳入模型，首先考察了模型中可能存在的内生性问题。通过重复上节控制函数法和 CMP 方法的数据分析过程，模型并未通过外生变量的检验，即关键自变量与地膜回收行为之间未观察到内生性。因而本节将采用 OLS 方法探索两者之间的关系。考虑到潜在的异方差问题，此处将采用 OLS＋稳健标准误的方法进行估计，具体结果见表 8-6。

表 8-6   经营权稳定性对地膜回收行为的影响结果

变量	OLS（无控制变量）		OLS（有控制变量）	
	系数	标准误	系数	标准误
经营权稳定性				
预期耕种时间	−0.000	0.004	0.003	0.003
合同期限	−0.010	0.011	0.003	0.012
合同形式	−0.013	0.172	−0.015	0.107
家庭及种植特征				
户主年龄			−0.002	0.006
家庭最高学历			0.039	0.035
村干部			−0.241***	0.092
种植经验			−0.006	0.004

（续）

变量	OLS（无控制变量）		OLS（有控制变量）	
	系数	标准误	系数	标准误
地块面积			0.001	0.001
家庭收入			0.009	0.092
抵押贷款			0.122	0.099
风险偏好			0.062	0.067
区域变量			0.339***	0.118
地膜回收的相关因素				
单产影响认知			−0.056	0.044
非正式规制			0.611***	0.089
引导规制			0.103	0.088
N	130		128	
F 值	0.30		17.71***	
R^2	0.004		0.597	

注：关键变量的数据有缺失，因而观测数 N 不等于 170。

从关键自变量的影响看，经营权稳定性各代理变量基本与地膜回收频率之间无显著相关关系。根据实际情况，可能存在以下情况导致两者的关系不显著：①尽管转包户不受地方政府的行政规制，但地膜回收行为依然受到约束。由于双方签订的是短期流转合同，若承租户未按要求回收地膜，随时可能面临不再续约的境况，因而即便是短期合同，转包户依然会按要求回收地膜。②虽然没有对地膜回收频率的规制，但保守的种植户会选择与大众趋同的做法，以规避可能被惩罚的风险，因而观察不到稳定经营权对地膜回收行为的激励。③随着地膜回收频率增加，耕地残膜会减少、产出会有不同程度的增加，但地膜回收投入的边际报酬递减，当残膜对产出的影响降低到危害阈值以下，增加地膜回收频率并不是"划算投资"，因而即便经营权稳定，种植户也不一定增加地膜回收投入。

控制变量中，社会规范、区域变量以及家里是否有基层干部能够较大程度上解释地膜回收频率的差异。转包户的地膜回收行为存在地缘和同群差异，若所在地区地膜回收的频率较高，周围人回收地膜也比较积极，种植户地膜回收的频率也相对较高。家里有基层干部，种植户回收地膜的频率反而较低，如前所述，增加地膜回收频率不一定是"划算投资"，存在较大的正外部性，基层干部更能意识到这一点。

8.2.5　主要结论

本节利用新疆兵团 170 个转包地块数据，考虑了模型可能存在的内生性问题，探讨了经营权稳定性对种植户耕地质量保护行为的影响，结果表明：①经营预期与种植户的改良行为显著正相关，但经营权稳定与否与地膜回收频率无显著相关关系。以上结论与第七章以承包户为研究对象的结论比较相似：产权稳定性对有经济拉力、无环境规制的耕地质量保护行为有正向促进作用，但与无显著经济拉力、有环境规制的耕地质量保护行为无显著相关关系。②家庭学历、种植经验、地块面积、抵押贷款、风险偏好、感知获利性、社会规范能够解释转包户的土壤改良行为差异，社会规范、区域变量以及家里是否有基层干部能够解释地膜回收频率的差异。

以上结果表明，若承包户不能对转包户在土地租赁期间因耕地质量提升而给予合理补偿，应引导流转双方签订相对长期的经营合同，确保承租户有相对稳定的经营预期。另外，社会规范可以较大程度解释种植户耕地质量保护行为的差异，为了在区域范围内形成社会规范进而带动种植户采取相关措施，应该：①树立标杆或建立示范区。由于增加相关投入存在风险，并且种植户不能完全意识到相关实践的好处，树立标杆或者建立示范区能够缓解种植户的有限理性约束。②统一耕地质量保护标准。种植户从众的原因在于，在有限理性情况下让自己始终处于有利的状态。制定耕地质量保护标准，能使种植户明确如何做会更有利，进而使区域范围内的种植户行为趋同。

8.3　经营权稳定性对农村农户耕地质量保护的影响分析

8.3.1　研究假设

Ma 等（2015）从法律上、事实上和认知上三个维度衡量了地权稳定性，沿着这一思路，本研究认为若由法律所赋予的经营权性质表现出相对不安全或不稳定，或者经营权的安排和实施加深了土地变动的频率、程度或可能性，或者农户没有对经营权形成比较稳定的预期，则认为土地经营权不稳定。国外相关研究中主要以租赁期限和租金支付方式（固定租金、浮动地租、收益分成）作为经营权稳定性的代理变量（Abdulai 等，2011；Paltasingh，2018），我国土地流转仍处在初级阶段，非正式流转及"差序格局"特征明显（刘瑞峰等，2018），因此，考虑到所选样本特征及变量可得性和变异性，借鉴 Zhou 等（2019）、李博伟（2019）的相关研究，选取租赁期限、是否有租金作为经营权稳定的代理变量。

由于不确定期限租赁多发生在亲戚朋友代耕代种等非市场化流转中，转出户和转入户之间建立的是以口头协议为主要特征的非正式契约（Zhou 等，2019）。此种情形下，农户的土地有随时被收走的可能性（即 $E[T_i]$ 越小），因此确定期限比不确定期限租赁更稳定，长期租赁比短期租赁更稳定。较多研究证明了短期和不确定期限租赁对农户生产及投资的消极影响（田传浩和方丽，2003；赵丹丹和周宏，2017；Zhou 等，2019），基于此，提出研究假设：

H1：与不确定期限租赁相比，确定期限租赁农户进行耕地质量保护投资的可能性和程度更高。

H2：确定期限租赁下，长期租赁比短期租赁农户进行耕地质量保护投资的可能性和程度更高。

零租金流转通常发生在熟人、亲戚或邻居之间，农户一般未签订流转合同，转出户通过让渡租金收益以满足自身的控制权偏好，以便转出方要求收回土地时，转入方能予以配合（钱龙和洪名勇，2018）。一旦转出户要回土地，为避免发生纠纷而可能付出的额外成本（包括经济成本或心理成本），转入户会随时返还土地。而在有租金情形下，转出户随意收回土地的概率降低了，转出户因随意收回土地而发生纠纷产生的经济和心理成本将会大大增加，同时转入户对经营期限有理性预期，因此，有别于零租金（即人情租）流转契约更稳定的论断（李博伟，2019），本书认为土地经营权在有租金租赁情形下比无租金租赁更稳定，非正式的土地流转不利于激励农户对转入土地的长期投资（俞海等，2003）。基于此，提出研究假设：

H3：与零租金租赁相比，有租金租赁农户进行耕地质量保护投资的可能性和程度更高。

8.3.2　农户耕地转入及耕地质量保护状况分析

本节使用的数据来自浙江大学"中国家庭大数据库"（CFD）和西南财经大学中国家庭金融调查与研究中心的"中国家庭金融调查"（CHFS），涉及2015 年全国 29 个省（市、区）的微观数据。本节主要考察样本中转入耕地农户的耕地质量保护状况，样本容量为 2 011 户。样本的基本情况如表 8-7 和表 8-8 所示。

从农户耕地转入状况看（表 8-7），不确定期限和 2 年以下的短期租赁共占到 59.67%，其中 1 年期租赁的农户有 563 户，占样本总数的 28%，可见由经营期限所表征的经营权不稳定比较普遍。从转入租金看，零租金转入户近一半，200 元/亩以下的共占到 67.13%，农户转入的耕地价值普遍较低；其中，吉林省和黑龙江省农户转入租金在 300 元/亩以上的居多，而吉林省农户租金在 500 元/亩以上的更多。从租金支付方式看，除去零租金样本户，农户以固定金额租赁更常见，其次是以粮食或油等实物形式支付的租金，收益分成这种风险共担的支付方式比较少见。从转入面积看，5 亩以下的占 56.69%，15 亩以上的流转主要发生在吉林和黑龙江省。从转入耕地原因看，扩大农业生产规模、满足自家需求或者获得土地收入是农户转入耕地的主要原因；但许多农户转入耕地是因为无人耕种，转出户为避免抛荒而交由亲戚或邻居耕种，个别农户则因为分家或继承而获得土地。从转入来源看，90.3% 的转入耕地来源于本村普通农户，流转活动主要发生在当地农户之间，土地流转范围比较局限。

表 8 - 7　农户耕地转入状况

指标	分组	频数	比例	指标	分组	频数	比例
转入期限	不确定期限	534	26.55%	转入面积	5 亩以下	1 140	56.69%
	短期（1～2 年）	666	33.12%		5～10 亩	327	16.26%
	中期（3～5 年）	298	14.82%		10～30 亩	311	14.46%
	长期（5 年以上）	513	25.51%		30 亩以上	212	10.54%
转入租金	无租金	842	41.87%	转入原因	扩大农业生产规模	767	38.16%
	200 元/亩以下	508	25.26%		获得土地收入	348	17.31%
	200～400 元/亩	237	11.78%		满足自家需求	754	37.51%
	400～600 元/亩	160	7.95%		预计土地会升值	3	0.15%
	600 元/亩以上	241	11.99%		其他（如无人耕种）	138	6.87%
租金支付方式	实物租金	215	18.65%	转入来源	本村普通农户	1 816	90.30%
	固定金额租金	904	78.40%		非本村普通农户	119	5.92%
	股份分红	8	0.69%		村集体	94	4.67%
	其他	26	2.25%		其他来源	24	1.19%

表 8 - 8　农户耕地质量保护投资分析

指标	分组	投资与否		投资程度		
		是	否	均值	标准差	F 值
转入期限	确定期限	43.33%	56.67%	4 010.43	32 468.05	4.27**
	不确定期限	31.46%	68.54%	1 074.64	7 977.81	
转入租金	有租金	43.51%	56.49%	4 627.38	35 752.77	6.89***
	无租金	35.46%	64.54%	1 292	10 617.71	

注：**、***分别表示在 5% 和 1% 的水平上显著。

从耕地质量的投资状况看，40.18％的农户进行了耕地质量保护投资，59.82％的农户未进行相关投资。具体而言（表 8-8），农户在确定期限下进行耕地质量保护投资的比例（43.33％）高于不确定期限下的投资比例（31.46％），有租金农户耕地质量保护投资的比例（43.51％）高于无租金时的投资比例（35.46％）。同时，不同转入期限、不同转入租金农户的投资程度存在显著差异，确定期限、有租金的转入户会进行更多的保护性投资，平均高出不确定期限和无租金转包户 3 000 元左右，但从标准差来看，农户投资的内部差异较大。

8.3.3 研究方法与变量选取

（1）研究方法

针对耕地质量保护投资存在较多零值的情况，应采用受限因变量模型，即同时考虑农户是否进行投资和投资强度。若以上决策是联合的，可采用 Tobit 模型，但该模型认为农户是否投资以及投资强度有完全相同的参数，即采取耕地质量保护措施的农户与不采取的农户没什么不同。然而，农户是否保护耕地的决策可能独立于投资强度决策，例如，农户的投资程度受到资金约束，而农户是否投资的决策与其相关性相对较小。因而本节采用双栏模型：首先采用 Probit 模型估计样本农户进行耕地质量保护投资的可能性，其次对非零观测值采用截断回归估计农户的参与程度，其中，Tobit 模型是双栏模型的特例。

首先，构建 Probit 模型讨论农户耕地质量保护意愿，方程如下：

$$\text{Prob}(y_i=0\,|\,x_{1i})=1-\phi(x_{1i}\alpha) \qquad 式（8-8）$$

$$\text{Prob}(y_i>0\,|\,x_{1i})=\phi(x_{1i}\alpha) \qquad 式（8-9）$$

式（8-8）表示农户耕地质量保护投资的意愿为 0，式（8-9）表示农户耕地质量保护意愿不为 0；$\phi(\cdot)$ 表示标准正态分布的累积分布函数，y_i 为被解释变量，即农户耕地质量保护投资数量，x_{1i} 为包括经营权稳定变量在内的解释变量，α 为待估参数，i 表示第 i 个农户。

其次，考虑农户耕地质量保护投资程度，可建立如下方程：

$$E(y_i\,|\,y_i>0,\ x_{2i})=x_{2i}\beta+\delta\lambda(\beta x_{2i}/\delta) \qquad 式（8-10）$$

其中，$E(\cdot)$ 表示条件期望，即农户耕地质量保护程度；$\lambda(\cdot)$ 为逆米尔斯比率，x_{2i} 为包括经营权稳定变量在内的解释变量，β 为对应的待估计参数，δ 为截取正态分布的标准差。

在式（8-8）至式（8-10）的基础上，可以建立对数似然函数如下：

$$\ln L = \sum_{y_i=0} \{\ln[1-\emptyset(x_{1i}\alpha)]\} + \sum_{y_i>0} \left\{\ln\emptyset(x_{1i}\alpha) - \ln\emptyset\left(\frac{\beta x_{2i}}{\delta}\right) - \right.$$

$$\left. \ln(\delta) + \ln\{\emptyset[y_i - \beta x_{2i}/\delta]\}\right\} \qquad \text{式（8-11）}$$

（2）变量选取

农户的耕地质量保护行为具有多样性，受气温、水资源、土壤及其污染状况等方面的影响，不同地区的政策导向及农艺、农机实践各有侧重。基于相关研究成果、问卷设计，本节选取农户转入耕地后实际的耕地质量保护投资额（元）作为被解释变量，具体包括了土地平整、土壤培肥等提升耕地质量的支出。关键自变量主要选取是否确定期限、是否支付租金以及转入期限，确定期限、有租金、较长转入期意味着相对稳定的经营权，预测其与耕地质量保护投资正相关。

控制变量具体包含两类：个体特征、家庭及其经营特征[①]。个体特征主要包括年龄、性别、受教育程度、风险偏好等4个变量。由于耕地质量保护投资通常与较高的劳动投入、资本投入或技术要求相关，年龄较大的农户一是存在较高的知识、技术、体力约束，二是受到较短规划期的制约，因此，年龄越大可能意味着相对较少的耕地质量保护投资；女性通常需要平衡工作与家庭的关系，其投资决策相对保守，因而预测男性户主会有相对较高的耕地质量保护投资；教育程度越高，农户面临的知识和技术约束越小，其采取耕地质量保护投资措施的可能性和程度越高；农户越规避风险，其在长期投资决策中也越保守。

家庭及其经营特征主要包括是否有村干部、农业劳动力数量、家庭收入、是否新型农业经营主体、耕地面积、耕地价值6个变量。家庭有村干部有助于农户明确相关政策导向并意识到耕地质量保护的重要性，因而对耕地质量保护投资可能有正向影响；家庭农业劳动力数量越多，越有助于农户采取劳动偏向型的耕地质量保护投资；家庭收入越高，农户越能意识到耕地保护的意义，同时在进行相关投资时面临的资金约束越小，因而有助于农户采取耕地质量保护措施；若农户为新型农业经营主体（专业大户、家庭农场、农业合作社等），则有助于提升农户对耕地质量保护的认知，则采取耕地质量保护措施的可能性更大；耕地面积越大，越有利于发挥规模优势，同时农户的经营行为也异于生存型农户，越能意识到耕地质量保护投资对长期经营效益的影响；本书选取单

[①] 部分变量的影响方向预测可参考 Knowler 和 Bradshaw（2007）、Adimassu 等（2016）、Prokopy 等（2019）的研究。

位面积土地租金作为耕地价值，租金越高意味着耕地的价值越高，农户越有可能成为效率型农户，不同于生存型农户，效率型农户对于耕地质量保护措施可能有相对积极的态度，因而耕地质量保护投资的可能性和程度相对较高。具体变量选取及其影响方向预测如表8－9所示。

表8－9　变量选取及影响方向预测

变量	定义	均值	预测
因变量			
耕地质量保护投资	转入耕地后，土地平整、土壤培肥等提升耕地质量的实际支出取对数	2.84	
自变量			
是否确定期限	1＝确定期限；0＝不确定期限	0.73	＋
是否支付租金	1＝有租金；0＝无租金	0.58	＋
转入期限	具体转入年数	18.73	＋
控制变量			
户主年龄	具体年龄	52.64	－
户主性别	1＝男；0＝女	0.91	＋
户主受教育程度	1＝文盲；2＝小学；3＝初中；4＝高中；5＝中专/职高；6＝大专/高职；7＝大学本科；8＝硕士；9＝博士	2.55	＋
风险偏好	取值1～6，值越大越规避风险	4.35	－
是否有村干部	1＝是；0＝否	0.05	＋
农业劳动力数量	具体劳动力个数	2.05	＋
家庭收入	实际值取对数	9.90	＋
是否新型经营主体	1＝是；0＝否	0.03	＋
耕地面积	亩，总耕地面积	38.50	＋
耕地价值	单位面积土地租金	319.67	＋

8.3.4　经营权稳定性对农户耕地质量保护影响的实证分析

运用stata14.0借鉴Garcia（2013）的方法进行双栏模型回归的结果如表8－10所示。模型1考察了无控制变量下关键自变量的影响，模型2和模型3分别考察了不同经营权稳定变量对农户耕地质量保护投资的影响，模型4考察了是否确定期限、是否支付租金对农户耕地质量保护投资的影响，模型5

考察了确定期限下转入时间长短对农户耕地质量保护投资的影响。除了模型1外，其他模型的协方差均在1%的水平上显著，这意味着影响农户是否投资以及投资程度的因素显著不同。

如表8-10所示，从经营权稳定变量来看，模型1至模型4中是否确定期限、是否支付租金与农户耕地质量保护投资均显著正相关，影响结果比较稳健。这意味着，若农户为确定期限租赁并支付租金，农户不仅会进行耕地质量保护投资，还会投入更多。一方面，确定期限和非零租金租赁稳定了农户的经营预期，降低了耕地被随意收回的可能性，因而激励了更多的保护性投资；另一方面，由于不确定期限租赁、零租金多发生在亲子两代、亲朋好友之间的代际流转中，特别是子代农民将承包地交由留守亲代农户代为经营比较普遍，相较于市场化的流转，留守农户多以生存型经营为主，因而缺乏耕地质量保护等额外投资的动机。

模型5中转入期限与投资程度显著正相关，但不影响农户是否进行耕地质量保护投资，这与徐志刚等（2018）在分析地权期限和农户采用秸秆还田技术的研究结果相似。由于农户是否进行相关投资，除了受到经营期限的影响，可能受到认知、技术等方面的调节。较长的转入期限保证了农户可从采取相关保护性行为中获益，但农户是否会采取还取决于农户的保护性认知（必要性、重要性）以及相关保护技术认知（有用且有能力采用）。因此，转入期限不影响农户是否进行相关投资，但农户若进行相关投资，转入期限越长的农户投入越多。

从控制变量的影响结果来看，各控制变量如果显著，则在模型2至模型5中的影响方向基本一致。个体特征变量中，除户主性别外，基本与预期影响方向一致。年龄越大，农户进行耕地质量保护投资的可能性越小，即便进行相关投资，投资程度也较小；女性户主进行耕地质量保护投资的可能性较大，且投资程度较高；高学历家庭农户不一定进行相关保护性投资，但如果进行相关投资，投资程度较高；农户越规避风险，越不愿进行相关投资，同时投资数量也较为保守。

家庭及其经营特征变量中，除了是否新型农业经营主体、耕地面积与预期不一致外，其余变量基本与预期影响方向一致。若家里有村干部，农户进行耕地质量保护投资的可能性较大，若进行相关投资，投资程度也较高；农业劳动力数量与农户是否进行相关投资并无显著联系，但若农户进行相关投资，农业从业人数越多，农户的投资程度越高；经济状况好坏并不影响农户是否进行相关投资，但决定了农户愿意投资的程度。农户为新型农业经营主体不能激励更多的耕地质量保护投资，产生这一反向关系可能源于两个方面：一是样本中普

表 8 - 10　双栏模型回归结果

变量	模型 1 投资与否	模型 1 投资程度	模型 2 投资与否	模型 2 投资程度	模型 3 投资与否	模型 3 投资程度	模型 4 投资与否	模型 4 投资程度	模型 5 投资与否	模型 5 投资程度
自变量										
是否确定期限	0.267*** (0.067)	0.427* (0.228)	0.226*** (0.071)	0.539** (0.220)	—	—	0.206*** (0.072)	0.417* (0.219)	—	—
是否支付租金	0.184*** (0.059)	1.203*** (0.176)	—	—	0.122* (0.067)	0.617*** (0.170)	0.130* (0.068)	0.870*** (0.202)	—	—
转入期限	—	—	—	—	—	—	—	—	0.010 (0.007)	0.035* (0.020)
控制变量										
户主年龄	—	—	-0.006* (0.003)	-0.031*** (0.009)	-0.005* (0.003)	-0.014 (0.008)	-0.005 (0.003)	-0.028*** (0.009)	-0.005 (0.004)	-0.031** (0.012)
户主性别	—	—	-0.263** (0.115)	-0.729** (0.329)	-0.266** (0.114)	0.376 (0.275)	-0.260** (0.115)	-0.705** (0.325)	-0.381** (0.150)	-1.098** (0.448)
户主受教育程度	—	—	0.035 (0.038)	0.270** (0.113)	0.023 (0.037)	0.116 (0.094)	0.032 (0.038)	0.239** (0.112)	0.041 (0.047)	0.281* (0.146)
风险偏好	—	—	-0.061** (0.026)	-0.250*** (0.077)	-0.058** (0.026)	-0.035 (0.065)	-0.060** (0.026)	-0.229*** (0.076)	-0.089** (0.032)	-0.283*** (0.099)
是否有村干部	—	—	0.294** (0.135)	0.804** (0.370)	0.265** (0.133)	-0.218 (0.311)	0.285** (0.135)	0.749** (0.365)	0.348** (0.173)	1.196** (0.491)

（续）

变量	模型1 投资与否	模型1 投资程度	模型2 投资与否	模型2 投资程度	模型3 投资与否	模型3 投资程度	模型4 投资与否	模型4 投资程度	模型5 投资与否	模型5 投资程度
农业劳动力数量	—	—	0.044 (0.040)	0.243** (0.119)	0.036 (0.040)	0.071 (0.100)	0.037 (0.040)	0.195* (0.118)	0.044 (0.051)	0.406** (0.164)
家庭收入	—	—	0.005 (0.021)	0.191*** (0.063)	0.006 (0.021)	0.157*** (0.053)	0.000 (0.021)	0.162** (0.063)	-0.010 (0.027)	0.159* (0.085)
是否新型农业经营主体	—	—	①	-1.45*** (0.446)	0.225 (0.177)	0.417 (0.409)	—	-1.553*** (0.439)	—	-2.000** (0.563)
耕地面积	—	—	-0.000* (0.000)	0.001*** (0.000)	0.000** (0.000)	0.001** (0.000)	-0.000 (0.000)	0.001*** (0.000)	-0.000 (0.000)	0.001*** (0.000)
耕地价值	—	—	0.000 (0.000)	0.000*** (0.000)	0.000 (0.000)	0.000* (0.000)	-0.000 (0.000)	0.000** (0.000)	0.000 (0.000)	0.000** (0.000)
常数项	-0.565*** (-0.063)	5.710*** (1.042)	0.125 (0.345)	4.276*** (1.045)	0.216 (0.338)	7.053*** (0.856)	0.099 (0.346)	4.168*** (1.032)	0.603 (0.433)	5.078*** (1.356)
观测值数	2 011		1 701		1 701		1 701		1 037②	
sigma	1.868		2.869		2.339		2.826		3.069	
covariance	0.351 (0.871)		2.512*** (0.151)		-1.995*** (0.182)		2.468*** (0.148)		2.647*** (0.204)	
LR	-2 960.612		-2 517.909		-2 411.714		-2 508.345		-1 648.896	

注：括号内为标准误，*、**、***分别表示在10%、5%、1%的水平上显著。①模型2、模型3、模型4、模型5中该变量与因变量的系数大小导致其在对应模型中被忽略；②模型1未引入控制变量，观测值为2 011个；模型2、3、4引入了控制变量，部分样本的相关数据缺失导致观测值最终仅有1 701个；模型5排除了不确定期限的转入户做进一步分析，加之样本相关数据缺失，最终观测值仅有1 037个。

通农户占到 96.23%，可能存在由于变异数量较少而未能体现两者真实关系的情况；二是新型农业经营主体的耕地保护功能还未发挥。耕地面积与投资与否的关系不一致，但均与耕地质量保护投资程度显著正相关，这意味着，若耕地面积较大的农户进行相关投资，会投入更多，而对是否投资影响不稳健的可能原因是存在一定程度的内生关系。耕地价值与投资程度显著正相关，即耕地价值越高，农户的耕地质量保护投资越多。

8.3.5　主要结论

本节利用 2015 年全国 29 个省（市、区）2 011 个农户数据，运用双栏模型探讨了由经营权不稳定带来的耕地质量保护行为差异。结果表明，农村土地流转主要表现为亲子两代的代际流转、亲朋好友的非市场化流转，不确定期限、零租金是非市场化流转的主要特征，而这种非市场化流转所表现出的经营权不稳定确实阻碍了农户进行耕地质量保护投资。另外，经营期限并不影响农户是否投资，但影响投资程度，有限理性可能是影响农户相关投资决策的潜在调节因素。

为了推动耕地质量保护，应从以下方面加以考虑：①需强化相关农产品的产业基础并完善市场信息服务平台以引导土地高效流转；②采用"政府宣传＋市场化技术推广"体系引导农户的观念和技术认知；③推进农村土地承包经营权抵押贷款以增加农户的耕地质量保护投资。受到数据局限，本节并未考虑具体作物的具体耕地质量保护技术，建立的模型可能忽视了一些因素的潜在影响，但通过多模型构建，基本论证了关键自变量的稳健性，所得结论具有可靠性。

8.4　本章小结

本章分别利用全国和新疆兵团转包户的数据，实证分析了经营权稳定性对种植户耕地质量保护行为的影响：①利用 2015 年全国 2 011 个数据实证的结果表明，亲子两代的代际流转和亲朋好友的非市场化流转所表现出的经营权不稳定（不确定期限和零租金租赁）阻碍了种植户耕地质量保护投资；②利用 2020 年新疆兵团 170 个转包地块数据实证的结果表明，在相对规范的市场化流转中，较长的耕作预期对有经济拉力、无环境规制的耕地质量保护行为有激励作用；但对于无显著经济拉力、有环境规制的耕地质量保护行为，经营权稳定与否并不重要。

从研究对象的经营权流转特征看，与全国样本相比，新疆兵团国有农场的土地流转发生在亲子或亲戚之间的非正式流转比较少见，但合约期限在 5 年以上的样本比例（12.12％）远低于农村（25.51％）。虽然合同期限以短期为主，但采取耕地质量保护行为的比例并不低，兵团改良土壤的比例为 65.45％，而农村的类似比例仅为 40.18％，这意味着产权以外的因素发挥了重要作用。

9 不同性质产权与种植户耕地质量保护行为研究

不同性质产权考察的是地块产权性质（如承包地/租入地、自有地/租入地、自留地/责任地/开荒地等）的影响，本节主要考察与经营权流转有关的承包地和租入地产权特征的影响差异。2019 年，我国承包地流转面积占家庭承包经营耕地面积的 35.9％，其中，出租（包括转包）占比 80.37％，流入种植户占比 56.18％①，可见经营权流转已越来越普遍。在分离的产权特征下，耕地是否能够得到不同经营主体的养护？

关于这一关系，国内外已有不少论证结论，但差异较大：大部分学者认为，与自有地（或承包地）相比，租入地的土地产权不稳定，因而自有地（或承包地）采取耕地养护措施的可能性高于租入地（或者自留地的耕地保护性投入高于责任地或转包地）（Fraser，2004；Jacoby 和 Mansuri，2008；Abdulai 和 Goetz，2014；Sklenicka 等，2015；Gao 等，2017；Gao 等，2018；Lawin 和 Tamini，2019；何凌云和黄季焜，2001；杨柳等，2017；邰亮亮等，2011b；高立等，2019；李成龙和周宏，2020），并且自有地的土壤肥力要高于租入地（俞海等，2003；Myyrä 等，2005）。也有较多学者认为自有地与租入地的耕地养护措施采纳及土壤肥力的差异可能在缩小（Gao 等，2017），甚至不存在显著差异或者呈反向影响（Knowler 和 Bradshaw，2007；Sklenicka 等，2015；Leonhardt 等，2019；Lyu 等，2019；Prokopy 等，2019；张倩月等，2019）。若土地租赁被认为是长期和稳定的，或者政府采取了激励措施，耕地所有者与租入户的采纳差异会减少甚至消失（Sklenicka 等，2015；Leonhardt 等，2019）。自有者与租赁者的采纳差异与合同形式（分成租赁还是现金租赁）和保护性实践的收益时间有关（Soule 等，2000；Lichtenberg，2007）。综上所述，产权不稳定（产权期限短、权利范围窄）是限制经营权流转发挥耕地保护效应的潜在因素，但自有地与租入地的差异可能在产权认知稳定、政府干预、有利合同形式、较短投资回收期等情形下逐渐消失（Soule 等，2000；Lichtenberg，2007）。

---

① 《2019 年中国农村政策与改革统计年报》。

尽管国内外已有丰富研究，但国内外土地产权制度及土地流转市场发育有所不同。随着我国土地流转市场发育，土地产权特征发生了一定变化，其耕地保护效应仍值得进一步探讨（叶剑平等，2018；徐志刚和崔美龄，2021）。本章以新疆兵团国有农场棉农为研究对象，样本量为 1 191，其中自有承包地 1 021 个，租入地 170 个。运用考虑内生性的估计策略，考察不同性质产权对土壤改良和地膜回收行为的影响及异质性特征，主要回答：随着经营权流转市场化、正规化，租入地在养护耕地上仍然比承包地消极吗？产权期限较短是制约种植户养护耕地的主要原因吗？

9.1　理论模型

本章沿用第七章的理论模型，借鉴 McConnell（1983）的研究构建不同产权主体耕地质量保护的行为框架。

种植户是否改良土壤取决于耕地质量对其收益的影响，种植户在整个规划期内最大化作物收益和农地价值的净现值。中国"三权"分置背景下，有三种产权形式安排：自有承包经营、租赁经营、合作经营，其中，合作经营可指土地不流转、经营权部分流转（土地部分环节托管）或全部流转（土地完全托管）的情形，也可指土地流转，但仍享有部分经营权的返租倒包情形等。这些产权安排的区别在于规划期以及权利范围的差别，其中，自有承包经营者的规划期通常以户主年龄为基础，后两者的规划期则建立在种植户承包期的基础上，并且自有承包经营者关心农场的重置价值，包括退出价值①和出租价值。

令 T 为农地规划期，R 为土地农地价值，$R[s(T)]$ 为终值，表明耕地质量会影响农地价值（包括退出价值和出租价值）。对于土地使用者而言，其目的在于使整个规划期内作物收益和农地价值最大化：

$$\max\left\{\int_0^T e^{-\gamma t}\big[pgf(s,\ x)-c_1 x-c_2 z\big]dt + e^{-\gamma T}\theta R[s(T)]\right\}\quad \text{式（9-1）}$$

$$\text{s. t.}\quad \dot{s}=h(x,\ z)\quad s(0)=s_0\qquad\qquad \text{式（9-2）}$$

式（9-1）和式（9-2）中，$e^{-\gamma t}$ 为折现因子，s_0 为耕地质量的初始状况。

————————

① 《中华人民共和国农村土地承包法》第二十六条，承包方交回承包地或者发包方依法收回承包地时，承包方对其在承包地上投入而提高土地生产能力的，有权获得相应的补偿。第四十三条，经承包方同意，受让方可以依法投资改良土壤，建设农业生产附属、配套设施，并按照合同约定对其投资部分获得合理补偿。然而，我国相对规范的土流网耕地转让合同范本中并未就耕地质量提升是否补偿、如何补偿进行约定，可知租入户的用养行为一般未受到约束和规范。综上可知，承包户更注重农地的退出价值，而由于流转契约不完善，转租户并不关心农地退出价值。

对于自有承包地块，$\theta=1$；对于租赁地块，$\theta=0$。进一步，建立关于式（9-1）和式（9-2）当期值的汉密尔顿函数：

$$H=[pgf(s,\,x)-c_1x-c_2z]+\lambda_\theta h(x,\,z) \qquad 式（9-3）$$

λ_θ 为当期值汉密尔顿乘子，表示状态变量 s 在时刻 t 的边际价值，每提高一单位耕地质量所增加的边际效用，又称为土壤质量提升的影子价格。根据最大化准则，最优条件方程满足：

$$\partial H(x,\,z,\,s,\,\lambda)/\partial x=pg[f_s(s,\,x)h_x(x,\,z)+f_x(s,\,x)]-c_1+\lambda_\theta h_x(x,\,z)=0$$
$$式（9-4）$$

$$\partial H(x,\,z,\,s,\,\lambda)/\partial z=pgf_s(s,\,x)h_z(x,\,z)-c_2+\lambda_\theta h_z(x,\,z)=0$$
$$式（9-5）$$

$$\partial H(x,\,z,\,s,\,\lambda)/\partial s=r\lambda-\lambda\Rightarrow\lambda=\gamma\lambda_\theta-pgf_s(s,\,x)$$
$$式（9-6）$$

$$\lambda_\theta(T)=\theta\partial R[s(T)]/\partial s(T) \qquad 式（9-7）$$

根据式（9-7）可知，在租入地地力提升未能得到合理补偿以及不能转租的情形下，种植户在最后一期耗竭地力的成本为0，理性的承租户会耗竭地力以最大化作物收益。通过对式（9-6）迭代计算，耕地使用者的初始使用成本为：

$$\lambda(0)=\frac{\theta}{(1+\gamma)^{T_\theta}}\frac{\partial R[s(T_\theta)]}{\partial s(T_\theta)}+\sum_{t=0}^{T_\theta}\frac{p(t)g(t)f_s(t)}{(1+\gamma)^t}$$
$$式（9-8）$$

根据式（9-8）可知，土地产权性质（租入还是自有）如何影响种植户的土地使用决策。对于自有地而言（$\theta=1$），耕地质量下降的隐性成本（λ）不仅包含了作物收益的减少，还包含了耕地价值的下降，在耕地质量能够被定价或补偿的情形下，种植户经营到期时耗竭地力不经济。当租入地和自有承包地的产权期限相等时（$T_1=T_0$），租入户的耕地使用成本低于自有承包户（$\lambda_0<\lambda_1$），因为租入户在使用耕地时并不考虑农地价值，租入户养护耕地的动机在于提高耕地产出。耕地养护实践投资回收期较长的情形下（对于任意 t，$f_s(t)\neq0$），产权期限较长的种植户能获得更高的作物收益，因而拥有较高的耕地使用成本。

根据最优条件式（9-5），可得：

$$pgf_s(s,\,x)h_z(x,\,z)+\lambda_\theta h_z(x,\,z)=c_2 \qquad 式（9-9）$$

由式（9-9）可知，λ_θ 越高，种植户养护耕地的边际收益越高，其会采取耕地养护措施或增加相关投入，直到边际收益等于边际成本。综上，提出假设：（1）在承包地的耕地质量能够被补偿或定价的情形下（$R[s(T)]\neq0$），承包地采取耕地养护实践的可能性将高于租入地；（2）针对长期投资（$f_s(t) \neq 0$），产权期限越长，耕地被养护的可能性越高。上述关系如图 9-1 所示。

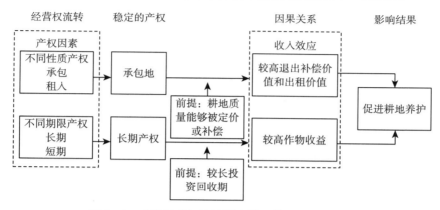

图 9-1　土地经营权流转影响耕地养护的机理分析

9.2　研究方法

令 LM 为种植户的土壤改良行为，其为多元有序变量：改良了赋值为 2，正在考虑赋值为 1，未改良赋值为 0，这些可观测值 LM 来源于不可观测的潜变量 LM^*。令 RF 为种植户的地膜回收行为，其可看作连续变量：几年 1 遍赋值为 1，每年 1 遍赋值为 2，每年 2 遍赋值为 3，每年 3 遍赋值为 4，每年 4 遍赋值为 5。根据理论分析可建立如下计量模型：

$$LM^* = a_0 + a_1 T_1 + a_2 T_2 + a_3 T_1 \times T_2 + \sum a_{4i} X_i + \varepsilon$$

式（9-10）

$$RF = b_0 + b_1 T_1 + b_2 T_2 + b_3 T_1 \times T_2 + \sum b_{4j} X_j + u$$

式（9-11）

其中，T_1 为土地产权性质变量，若为租入地块则 $T_1 = 1$，否则为 0；T_2 为土地剩余产权期限，其中承包地的产权期限与种植户的退休年龄有关，租入地的产权期限为剩余年数，$T_1 \times T_2$ 为上述两个变量的交叉项，用以考察调节效应。X_i 和 X_j 为控制变量，包括家庭特征、种植特征、影响土壤改良和地膜回收的情境因素等（表 9-1）。

不存在内生性的情况下，为得到更有效的估计结果，式（9-10）和式（9-11）可以似无相关模型（SUR）为基础，进行联立估计。由于是否为租入地与种植户的养地行为可能存在因果联系，即自有地因为产权更加稳定、养护价值更高，会被得到更好的养护；反过来，若土地得到了较好的养护，那么种植户租出的可能性比较小，该地块为租入地的可能性比较小。当存在内生性时，可能得到不一致的结果。因而，本节拟采用可解决内生性的估计策略。

为了解决内生性问题，选取所在连队的土地转入水平作为土地产权性质（T_1）的工具变量。若所在连队的土地转入水平较高，则意味着较多种植户对棉花种植效益的预期比较乐观，进而影响种植户个人转入土地的决策，但群体的土地转入水平与种植户的耕地养护行为并不直接相关。基于此，建立如下计量模型：

$$T^* = c_0 + c_1 Z + \sum c_{2n} X_n + \pi \qquad 式（9-12）$$

其中，T^* 为土地产权性质的潜变量，Z 为工具变量，X_n 为包含 X_i 和 X_j 的一系列控制变量，π 为随机误差项。

技术上，采用条件混合处理模型（CMP）将式（9-10）、式（9-11）、式（9-12）联立估计。CMP 方法由 Roodman（2011）提出，其以似无相关模型为基础，基于极大似然法构建递归方程组实现多阶段回归模型的估计，适用于由不同被解释变量类型联立方程组的混合模型系统，特别是存在类别变量或截尾数据变量等作为内生变量的混合模型估计中具有明显的优势，可根据需要制定方程组完成估算（Roodman，2011）。通过判断式（9-10）、式（9-11）、式（9-12）中误差项的相关性是否等于 0，检验是否需要联合估计或存在内生性：若式（9-10）和式（9-11）的误差项显著相关，则两个方程需要联合估计，否则选择单一方程估计方法（有序 Probit 或 OLS）即可；若式（9-10）、式（9-11）与式（9-12）的误差项相关，则意味着存在内生性需要采用系统估计方法，反之单一方程估计即可得到一致参数。若模型存在内生性，将采用控制函数法（CF）进行结果的稳健性检验。

9.3 变量说明及描述性分析

本节选取了家庭特征、种植特征、影响土壤改良以及地膜回收的情境因素。变量定义及描述具体见表9-1，为了解租入地与自有地的特征差异，进行了比较均值分析。

表 9-1 变量定义与描述

变量	定 义	自有地	租入地	T 检验
被解释变量				
土壤改良	2=改良了；1=正在考虑；0=未改良	1.277	1.518	-0.240***

（续）

变量	定　义	自有地	租入地	T 检验
地膜回收	1＝几年 1 遍；2＝每年 1 遍；3＝每年 2 遍；4＝每年 3 遍；5＝每年 4 遍	2.645	2.596	0.049
土地产权				
产权性质	自有地＝0，租入地＝1			
产权期限	剩余耕种年数（年）	14.999	7.136	7.863***
家庭特征				
户主年龄	岁	41.724	41.722	0.002
村干部	1＝家里有村干部；0＝无	0.181	0.218	−0.036
风险偏好	3＝风险偏好；2＝风险中性；1＝风险规避	0.971	1.024	−0.053
家庭收入	1＝4 万元及以下；2＝4 万～10 万元；3＝10 万元以上	1.515	1.588	−0.073
抵押贷款	1＝获得了棉地抵押贷款；0＝否	0.654	0.768	−0.115***
种植特征				
种植年限	种植棉花年数（年）	11.336	12.329	−0.993
种植面积	亩	58.464	76.455	−17.991***
耕地质量感知	5＝非常好；4＝较好；3＝一般；2＝较差；1＝非常差	2.919	2.824	0.095*
地块耕种年数	种植该地块的年数（年）	10.174	3.764	6.410***
土壤改良的情境因素				
资金约束	1＝存在土壤改良的资金约束；0＝否	0.713	0.718	−0.005
技术约束	1＝存在土壤改良的技术或服务约束；0＝否	0.554	0.541	0.013
补贴感知	1＝有土壤改良补贴；0＝否	0.316	0.347	−0.031
社会规范	4＝都会改良；3＝大部分人改良；2＝少部分人改良；1＝没有人改良	2.149	2.088	0.061
地膜回收的情境因素				
社会规范	1＝每年 1 遍及以下；2＝每年 2 遍；3＝每年 3 遍；4＝每年 4 遍	1.617	1.600	0.017
激励感知	1＝有地膜回收补贴或考核；0＝无	0.717	0.765	−0.048
惩罚感知	1＝不回收残膜会受到惩罚；0＝否	0.892	0.924	−0.031

注：***、**、* 分别表示在 1%、5%、10%的水平上显著。

如表 9-1 所示，租入地被改良的均值显著高于承包地，承包地的地膜回收频率略高于租入地，但并不存在显著差异。自有地与租入地主要在家庭及种植特征变量上存在差异，在土壤改良与地膜回收的内外部感知上基本没有差异。家庭及种植特征方面，租入户在抵押贷款、地块面积变量上的均值显著高于承包户，而在产权期限、耕地质量感知、地块耕种年数变量上的均值显著低于承包户。这意味着租入户地块面积大且获得了棉地抵押贷款，但租入地耕地质量较差、耕种年数及剩余耕种年数相对较短。

9.4 不同性质产权对种植户耕地质量保护行为影响的实证分析

本节首先运用 CMP 方法对式（9 - 10）、式（9 - 11）和式（9 - 12）进行了联合估计。式（9 - 10）和式（9 - 11）的 Atanhrho_12 值不显著（P 值为 0.937），这表明式（9 - 10）和式（9 - 11）可分开估计；式（9 - 10）和式（9 - 12）的 Atanhrho_13 值不显著（P 值为 0.911），这表明在选定现有控制变量的情形下，式（9 - 10）不存在内生性；式（9 - 11）和式（9 - 12）的 Atanhrho_23 值在 10% 的水平上显著（P 值为 0.091），这表明需要采取可解决内生性的方法估计式（9 - 11）。

考虑到户主年龄与产权期限显著相关导致产权期限的估计一致但非有效的问题，本节分别采用有序 Probit 和 CMP 方法对剔除户主年龄的两个模型进行回归并比较了其中的差异。剔除户主年龄后，土壤改良模型中，产权性质在 1% 的水平上显著正相关，产权期限在 5% 的水平上显著正相关，两者的交叉项也在 5% 的水平上显著；地膜回收模型中，产权性质在 1% 的水平上显著负相关，产权期限仍在 5% 的水平上显著负相关，两者的交叉项不显著。可以看出，剔除户主年龄后，关键变量的影响方向均未发生变化，但部分变量的显著性有了明显提升，因而户主年龄与产权期限的共线性问题使变量的显著性有所下降。

9.4.1 不同性质产权与种植户土壤改良行为

由于式（9 - 10）并未观察到显著的内生性，因而采用有序 Probit 模型进行估计，同时采用线性概率模型（LPM）从方法上验证结果的稳健性。由表 9 - 2 可以看出，变量结果比较稳健，除了变量影响的显著性略有差异外，其影响方向、显著性比较一致。

土壤改良行为中，产权性质与土壤改良行为显著正相关，即相较于自有地，租入地被改良的可能性更大。这与本节的理论分析有所不同，但与已有研究一致。Knowler 和 Bradshaw（2007）通过总结 31 篇种植户采用保护性农业实践的研究，发现少有研究支持"自有户比租赁户更好地采取保护性农业实践"的假设。Prokopy 等（2019）通过总结 93 个定量研究发现，土地产权（自有还是租赁）与美国种植户采取保护性农业实践之间并无显著联系。同时，两位学者在对相关文献的整理中发现，得到显著正向和反向结论的研究数量基本差不多。产权性质与产权期限的交互项在 10% 的水平上显著为负，这表明承包地产权期限越长，其被改良的可能性越大。控制变量中，风险偏好、种植年限、种植面积、补贴感知、社会规范与种植户的土壤改良行为显著正相关，而种植户所面临的资金和技术约束会显著阻碍其改良土壤。

表 9-2 不同性质产权与种植户土壤改良行为结果

变量	有序 Probit（无控制变量）		有序 Probit（有控制变量）		LPM	
	系数	标准误	系数	标准误	系数	标准误
产权性质	0.485***	0.134	0.606***	0.155	0.374***	0.087
产权期限	0.007*	0.004	0.007	0.005	0.004	0.003
产权性质 * 产权期限	−0.024***	0.009	−0.017*	0.009	−0.011**	0.004
户主年龄			−0.005	0.005	−0.003	0.003
村干部			0.099	0.102	0.051	0.058
风险偏好						
风险中性			0.130	0.089	0.085	0.054
偏好风险			0.232**	0.106	0.144**	0.064
家庭收入						
4 万～10 万元			0.039	0.080	0.035	0.050
10 万元以上			0.082	0.192	0.047	0.106
抵押贷款			0.074	0.083	0.046	0.052
种植年限			0.014***	0.004	0.008***	0.003
地块面积			0.003**	0.001	0.001*	0.001
耕地质量感知						
较差			0.072	0.203	0.037	0.139
一般			0.087	0.178	0.040	0.127
较好			0.297	0.222	0.161	0.147
非常好			0.391	0.401	0.152	0.212
地块耕种年数			−0.003	0.004	−0.002	0.002

（续）

变量	有序 Probit（无控制变量） 系数	标准误	有序 Probit（有控制变量） 系数	标准误	LPM 系数	标准误
资金约束			−0.194**	0.088	−0.106**	0.053
技术约束			−0.293***	0.078	−0.177***	0.045
补贴感知			0.364***	0.084	0.229***	0.051
社会规范						
少部分人改良			0.766***	0.268	0.441***	0.152
大部分人改良			1.497***	0.259	0.922***	0.144
都会改良			1.600***	0.262	1.007***	0.146
区域变量	未控制		控制		控制	
N	1 155		1 059		1 059	
LR 卡方或 F 值	14.15***		244.54***		12.85***	
伪 R^2 和调整 R^2	0.006		0.113		0.203	

注：①***、**、*分别表示在1%、5%和10%的水平上显著；②模型中观测数量 N 不同是由于一些变量存在缺失值。

9.4.2 不同性质产权与种植户地膜回收行为

由于式（9-11）存在显著的内生性，因而采用 CMP 方法进行估计，并采用控制函数法（CF）进行方法的稳健性检验，具体结果如表9-3所示。CMP 模型中，Atanhrho_12 值在10%的水平上显著，这表明模型存在内生性，需要联合估计；CF 模型中，产权性质残差在5%的水平上显著，这表明模型存在内生性，拒绝产权性质为外生的假定。可以看出，两个模型均拒绝产权性质外生的假定，各变量的影响方向、显著性大体一致，另外，工具变量与内生变量显著正相关。

表 9-3 不同性质产权与种植户地膜回收行为结果

变量	OLS 系数	标准误	CMP 系数	标准误	CF（考虑了社会规范的模型） 系数	标准误	CF（未考虑社会规范的模型） 系数	标准误
产权性质	−0.215**	0.085	−0.222**	0.092	−0.586***	0.228	1.585***	0.410
产权期限	−0.005**	0.002	−0.004**	0.002	−0.008***	0.002	0.013***	0.005
产权性质 * 产权期限	0.004	0.006	0.004	0.004	0.006**	0.003	0.003	0.005
户主年龄			−0.001	0.002	−0.003	0.002	0.011***	0.003

（续）

变量	OLS		CMP		CF（考虑了社会规范的模型）		CF（未考虑社会规范的模型）	
	系数	标准误	系数	标准误	系数	标准误	系数	标准误
村干部			−0.010	0.035	0.001	0.037	−0.012	0.060
风险偏好								
风险中性			0.062**	0.030	0.070**	0.029	0.024	0.048
偏好风险			0.089**	0.036	0.098***	0.036	0.151**	0.062
家庭收入								
4 万～10 万元			0.036	0.027	0.037	0.027	0.045	0.044
10 万元以上			−0.015	0.064	−0.011	0.037	−0.208**	0.085
抵押贷款			0.054*	0.029	0.079**	0.032	−0.069	0.052
种植年限			0.002	0.001	0.002	0.002	0.002	0.003
地块面积			0.000	0.000	0.000	0.001	−0.004***	0.001
耕地质量感知								
较差			−0.073	0.069	−0.072	0.093	−0.075	0.124
一般			−0.124**	0.061	−0.130	0.086	0.042	0.114
较好			−0.084	0.074	−0.100	0.100	0.037	0.142
非常好			−0.196	0.128	−0.225**	0.109	0.106	0.183
地块耕种年数			−0.002*	0.001	−0.005**	0.002	0.011***	0.004
社会规范								
每年 2 遍			0.794***	0.029	0.800***	0.032		
每年 3 遍			1.645***	0.048	1.661***	0.060		
每年 4 遍			2.712***	0.124	2.730***	0.096		
激励感知			−0.017	0.032	−0.019	0.034	−0.010	0.054
惩罚感知			−0.069	0.048	−0.049	0.054	−0.101	0.085
Atanhrho_12			0.234*	0.138				
地块产权性质的残差					0.505**	0.229	−1.602***	0.410
区域变量			控制		控制		控制	
N	1 123		1 059		1 031		1 031	
LR chi2 或 F 值	3.18**		2 644.33***		145.02***		13.80***	
Pseudo R^2	0.006				0.706		0.219	

注：①***、**、*分别表示在1%、5%和10%的水平上显著；②模型中观测数量不同是由于变量存在缺失值。

产权性质与种植户的地膜回收行为显著负相关，即相较于租入地，承包地回收地膜的频率显著更高，这与理论分析一致；与预期不一致的是，产权期限并未显著促进种植户提高地膜回收频率。徐志刚等（2018）的研究结果表明，地权期限对种植户是否采纳秸秆还田的影响不大，但较长的地权期限对规模户有显著的促进作用。Fraser（2004）发现，不同期限租赁在激励农户种植保护性作物上并没有什么差异，鼓励长期租赁的公共政策并没有在土壤保护中发挥积极作用。结合相关文献可知，产权期限的激励作用可能受到其他因素的调节，如耕地质量保护措施差异、规模差异等。

控制变量中，风险偏好、抵押贷款、社会规范与种植户的地膜回收行为显著正相关，而耕地质量感知、地块耕种年数与种植户的地膜回收行为显著负相关。社会规范可以较大程度解释种植户的行为，加入这一变量后，模型的拟合优度提升了50%左右；若不考虑地膜回收的非正式规制，将产生遗漏重要变量而导致的内生性问题，因为产权性质和产权期限的影响方向发生了显著的反向变化。与风险规避的种植户相比，风险偏好者与风险中性者回收地膜的程度更高；获得了抵押贷款的种植户回收地膜的频率也较高。耕地质量越好、地块耕种年数越长，种植户回收地膜的频率会有所下降。

9.5 不同性质产权影响种植户耕地质量保护行为的结果讨论

（1）为什么自有承包地未能如理论预期得到更好的改良？

租入地的产权期限远低于承包地，为什么租入地反而能够得到更好的养护？显然产权因素的作用并没有预期显著。理论模型假设承包地有较高的土壤改良价值，并且承包地与租入地改良的作物收益没有差别，此种情形下，承包地能够比租入地得到更好养护。本书的反向结论可能与以下因素有关：

第一，土壤改良的耕地价值。理论上，承包地有较高的土壤改良价值（主要是耕地退出补偿价值），若承包户不能感知到耕地质量的退出补偿价值（λ_1可能等于λ_0），则承包地被改良的可能性并不比租入地高。通过考察改良土壤的退出价值感知对两者关系的调节作用，由表9-4可知，存在耕地退出价值感知对两者关系的反向调节作用：若承包户能够感知到耕地地力提升的退出补偿价值，承包地被改良的可能性会显著高于租入地，而样本出现的反向结论可能与绝大部分承包户未能感知到耕地地力补偿价值有关，因为样本中仅有10.66%的种植户知道耕地地力提升会有耕地退出补偿。

第二，土壤改良的作物收益。如表9-1，租入户的种植规模显著高于承包户。根据自然科学的实验结果，改良土壤增加的产出较小可能对于小规模户并无多大积极性。同时，要达到理想的产出效果，还需考虑复杂的技术因素。根据规模效应和量级效应，规模户一方面在购买改良物资或服务上有较大的议价能力；另一方面其改良收益的量级效应较大，时间偏好程度较低，因而改良土壤对于规模较大的租入户更有吸引力。

表 9-4   耕地养护价值感知的调节效应检验

指标	土壤改良（有序 Probit）
产权性质	0.684***
	(0.166)
退出价值感知	0.516***
	(0.138)
产权性质 * 退出价值感知	−0.658**
	(0.302)
控制变量	控制
N	1 059
LR 卡方或 F 值	217.36***
伪 R^2	0.113

注：***、**、* 分别表示在 1%、5% 和 10% 的水平上显著。

（2）为什么产权性质对土壤改良和地膜回收行为的影响有显著不同？

首先，2018 年以前政府主要通过限制供水或机械下地等措施督促农户回收地膜，2018 年后一些团场将地膜回收纳入考核：若承包户按要求回收地膜，政府会补贴一定比例资金用于承包户缴纳社会保险；反之，则得不到相关补贴资金。样本中分别有 72.38% 和 89.67% 的农户能感知到政府对地膜回收的激励和惩罚。但考核瞄准的通常是具有职工身份的承包户，租入户受到地缘关系的非正式制约，其需要回收地膜，但并不能获得对应的考核补贴或补偿（特别是棉花行情较好的时候）。同时，承包户还可因耕地污染不严重而获得较高的出租价值。因而，承包户回收地膜的价值（主要是补贴或出租价值）高于租入户。

其次，残膜对产出的影响存在"危害阈值"，随着残膜量逐渐降低，额外增加地膜回收投入所带来的产出逐渐减小。自然科学的实验结果表明，当土壤中的残膜量未超过危害阈值时，产量的下降程度非常小，产量均值减少程度为 2～3 千克/亩；超过阈值后，产量减少程度为 14～118 千克/亩（徐阳等，2021；朱金儒等，2021）。增加地膜回收投入会提升耕地质量（$h_z > 0$），进而增加作物产出（$f_s > 0$），但是地膜回收投入的边际报酬递减（$h_{zz} < 0$ 且 $f_{ss} < 0$）。地膜污染比较严重时，增加一单位治污投入所带来的收益较大，这时种植户有明显感知，$pgf_sh_z + \lambda_\theta h_z$ 与 $\lambda_\theta h_z$ 之间的差异较大，产权的激励作用明显；但随着污染程度降低，增加一单位治污投入所带来的收益较小，种植户感知到的 f_s、h_z 可能接近于 0，不同主体均没有动力在低于危害阈值时增加投入，因而产权的激励作用并不明显。综上，在额外增加的地膜回收频率对作物收益影响极小的情况下，政府激励增加了承包户治理地膜污染的耕地价值，因而承包地的回收程度显著高于租入地。

（3）为什么产权期限并不总是如预期发挥积极的作用？

首先，稳定、长期的产权通过影响作物收益预期从而影响种植户的耕地养护行为，产权期限影响结果的不同与投资回收期有关。种植户当年的改良投入要若干年才能逐渐收回，随着改良投入及施用年限的增加，增产效果越来越显著，种植户当年改良土壤的影响可能会持续 2～5 年，其投资回收期相对较长。针对地膜污染，种植户在当年回收残膜以避免第二年的大幅减产，尽管额外增加地膜回收频率可以从长期保持土壤健康，但对于种植户而言，带来的额外收益非常小，同时，政府激励和约束的是种植户的短期行为。因而，较长的产权期限对土壤改良会有积极的促进作用，但并未在地膜回收中发挥积极作用。

其次，根据变量的相关性分析发现，户主年龄、种植经验、种植面积、地块耕种年数与产权期限显著负相关，是否有基层干部、家庭收入、补贴感知与产权期限显著正相关，这表明产权期限长的种植户种植经验少、种植面积小、相对年轻、家庭人力资本和收入水平较高；同时，产权期限较长的种植户并未在较大程度上感知到残膜对单产的负面影响以及棉田中严重的地膜污染状况，认为残膜不会影响耕地退出价值和出租价值。与前述分析一致，产权期限较长的种植户并不能感知到额外的治污投入所带来的远期重置价值和作物收益，其行为有较高的经济理性。因而，较短回收期、与较长产权期限相关联的种植户特征导致产权期限出现了反向影响。

9.6 不同性质产权影响种植户耕地质量保护行为的异质性分析

由于不同地区所采用的耕地养护技术存在差异，不同规模、不同年龄段的种植户认知和行为也有所不同，为了进一步考察产权影响的异质性，本部分根据区域、规模、年龄分别进行分组回归（表 9-5）。其中，规模分组以 50 亩为限，年龄分组以均值 42 岁为限。

表9-5 不同性质产权影响种植户耕地质量保护行为的异质性分析结果

指标	土壤改良① 区域 一师	土壤改良① 区域 七师	土壤改良① 面积 ≤50亩	土壤改良① 面积 >50亩	土壤改良① 年龄 <42岁	土壤改良① 年龄 ≥42岁	地膜回收② 区域 一师	地膜回收② 区域 七师	地膜回收② 面积 ≤50亩	地膜回收② 面积 >50亩	地膜回收② 年龄 <42岁	地膜回收② 年龄 ≥42岁
产权性质	0.323* (0.186)	1.672*** (0.430)	0.502*** (0.194)	0.719** (0.327)	0.152 (0.237)	1.024*** (0.299)	-0.219** (0.089)	-0.390** (0.179)	-0.136** (0.064)	-0.324** (0.140)	-0.141* (0.087)	-0.315*** (0.099)
产权期限	0.002 (0.007)	0.018** (0.008)	0.005 (0.005)	0.017 (0.013)	0.000 (0.006)	0.012 (0.009)	-0.003 (0.002)	-0.006** (0.003)	-0.002 (0.002)	-0.012*** (0.004)	-0.003 (0.002)	-0.002 (0.003)
产权性质 * 产权期限	-0.009 (0.011)	-0.043** (0.018)	-0.015 (0.010)	-0.004 (0.029)	-0.000 (0.012)	-0.054 (0.048)	0.004 (0.004)	-0.015 (0.016)	0.006* (0.004)	0.000 (0.010)	0.017*** (0.006)	-0.002 (0.004)
控制变量	控制	控制	控制	控制	控制	控制	控制	控制	控制	控制	控制	控制
N	625	434	748	311	509	550	625	434	723	311	491	550
LR chi2 或 F值	133.38***	94.74***	164.68***	62.55***	107.40***	154.04***	1 057.33***	944.33***	106.39***	871.21***	50.43***	1 641.54***
R² 或调整 R²	0.100	0.119	0.104	0.112	0.102	0.139			0.715①		0.667	

注: 括号外为回归系数, 括号内为标准误。①样本采用有序Probit模型回归; ②样本采用CMP方法回归; ③小于等于50亩和小于42岁的样本(地膜回收)拒绝了联合估计, 因面采用线性模型(OLS)估计。

根据表 9 - 5，只要变量显著，影响方向均与总体样本一致。针对土壤改良，产权性质变量在七师、面积大于 50 亩、年龄大于等于 42 岁的样本中可以观察到比对应分组样本更大的影响效应，这表明，这些群体的租入户与承包户相比，更显著地感知到了较高的土壤改良价值；产权期限变量在七师样本中有更显著的正向影响，并且较长产权期限的承包户改良土壤的可能性更大。通常年龄大意味着种植经验丰富，更能意识到改良土壤带来的好处；面积大意味着改良土壤带来的收益更具吸引力，因而面积大于 50 亩、年龄大于等于 42 岁的租入户改良土壤比承包户更积极。根据相关分析，七师种植户的年龄相对较大、种植经验更丰富、面积更大、更能意识到改良土壤的好处，租入户也基本具备以上特征（除面积外），因而，与一师相比，七师的租入户改良土壤更积极，同时较长的产权期限对七师种植户的激励作用更明显。

针对地膜回收，产权性质变量在七师、面积大于 50 亩、年龄大于等于 42 岁的样本中可以观察到更大的影响效应，产权期限在七师和大于 50 亩的样本中可以观察到更显著的影响效应，这表明，这些群体特别是租入户并不能感知到较高的地膜回收价值（包括作物收益和回收补贴），因而其地膜回收频率显著更低；面积小于等于 50 亩、年龄小于 42 岁的样本中，较长产权期限的租入户回收地膜的频率显著更高。

9.7 不同性质产权对种植户土壤改良影响的进一步讨论

9.7.1 不同性质产权对种植户持续改良意愿的影响分析

样本中有 51.72% 的未改良种植户表示在未来会改良土壤，21.48% 的改良种植户表示在未来不一定会改良土壤。为探究稳定的土地产权是否促进了未改良户在未来改良土壤，以及不稳定的土地产权是否阻碍了改良户持续改良土壤，本节拟进一步考察土地产权稳定性对改良户持续改良意愿的影响，以及对未改良户改良意愿的影响。其中，被解释变量为种植户未来是否会改良土壤，会改良赋值为 2，看情况赋值为 1，不会改良赋值为 0。由于产权性质和产权期限为前定变量，因而，本节拟采用有序 Probit 模型进行估计。考虑到异方差问题，此处将采用有序 Probit＋稳健标准误的方法进行估计，结果如表 9 - 6 所示。

由表 9 - 6 可知，对于过去改良了土壤的种植户而言，拥有较长产权期限的租入户持续改良土壤的意愿比承包户更高。另外，家庭收入、社会规范与种植户的可持续改良意愿显著正相关。以上结果表明，不稳定的土地产权更显著地阻碍了租入户持续改良土壤，稳定的经营权流转契约能够激励租入户持续改良土壤；同时，改良户的持续改良意愿显著地受到社会规范和流动性约束的制约。

表 9-6　不同性质产权对种植户土壤改良意愿的结果分析

变量	改良户	未改良户
产权性质	-0.168	0.234
	(0.432)	(0.291)
产权期限	0.008	0.267***
	(0.009)	(0.008)
产权性质 * 产权期限	0.362**	-0.010
	(0.170)	(0.012)
控制变量	控制	控制
区域变量	控制	控制
N	548	511
Wald 卡方	67.22***	117.49***
伪 R^2	0.114	0.121

注：①括号外为回归系数，括号内为标准误；②***、**、*分别表示在1%、5%、10%的水平上显著。

对于过去未改良土壤的种植户而言，拥有较长产权期限的种植户改良土壤的意愿更高；家庭是否有基层干部、家庭收入、是否有补贴、社会规范与种植户的改良意愿显著正相关。以上结果表明，稳定的土地产权确实能促进未改良户在未来改良土壤；除了社会规范和流动性约束外，未改良户的改良意愿还显著地受到社会资本的影响，其决定了种植户是否可以意识到改良的好处并从中获益；同时，政府补贴对未改良种植户的激励作用更显著。

9.7.2　不同性质产权对种植户不同改良措施采纳行为的影响分析

由于经营权流转对种植户采取不同改良措施有不同影响，因而本节进一步讨论了产权性质和产权期限对不同改良措施的影响。考虑到种植户的不同改良措施存在替代关系，不同改良措施之间存在相关性，因而，以似无相关模型为基础，运用 STATA 中的 CMP 命令对模型进行了联合估计，联合估计结果如表 9-7 所示。与单一方程估计（表 A-7）相比，联合估计提升了模型的整体估计效率。

表 9-7　不同性质产权对不同改良措施的影响结果（联合估计）

变量	有机肥	微生物肥	配方肥	有机化肥	土壤改良剂	其他
产权性质	0.277 (0.233)	−0.063 (0.236)	−0.122 (0.237)	0.720*** (0.245)	0.119 (0.274)	−0.698** (0.332)
产权期限	0.018** (0.008)	−0.014* (0.008)	−0.011 (0.008)	0.015* (0.008)	0.017** (0.009)	−0.022** (0.010)
产权性质 * 产权期限	−0.030 (0.027)	−0.004 (0.028)	0.005 (0.028)	−0.067** (0.031)	0.001 (0.029)	−0.022 (0.063)
控制变量	控制	控制	控制	控制	控制	控制
区域变量	控制	控制	控制	控制	控制	控制
N				550		
LR 卡方				231.04***		

注：①括号外为回归系数，括号内为标准误；② ***、**、* 分别表示在 1%、5%、10% 的水平上显著。

如表 9-7 所示，产权性质变量与有机化肥显著正相关，与其他改良措施显著负相关。这表明租入户施用有机化肥的可能性显著高于承包户，而承包户采取深翻、铣平、倒茬等方式的可能性显著高于租入户。产权期限较长的种植户倾向于增施有机肥、有机化肥、土壤改良剂，而产权期限较短的种植户倾向于施用微生物肥和其他替代方式。

9.8　本章小结

本章基于不同产权特征主体养护耕地的经济模型，利用新疆国有农场棉农 1 021 个承包地和 170 个租入地的调查数据，采用考虑内生性的估计方法，考察了不同产权性质和产权期限的种植户在不同耕地养护行为上的差异。主要结论如下：①耕地退出机制不完善使承包户缺乏对耕地退出价值的感知，实际中承包户与租入户的耕地价值感知无差异，规模租入户因能从土壤改良中获得规模收益，缩短了投资回收期，从而比承包户更积极；②残膜对产出的影响存在"危害阈值"，并且政府对不同主体的干预影响有差别，因而承包地的回收程度显著高于租入地；③产权期限与种植户改良土壤并不总是显著正相关，与较长产权期限相关联的负面特征（较低的治污价值认知）导致了地膜回收中的反向结果。

以上结果表明，经营权流转能够促进耕地养护，因为租入户在耕地养护上并不比承包户消极，特别是对于规模租入户以及政府干预程度低或者无差别干预的养护行为（政府差别干预会改变不同主体治污的相对价值）；流转期限较短不是制约农户养护耕地的决定性因素，经营主体自身所具备的特质（如规模大、管理技术水平高），使其易于认识和掌握相关技术或服务、从中获取的收益能够抵消产权因素的不利影响。

因而，稳定的产权不一定能够激励种植户养护耕地，钟甫宁和纪月清（2009）认为在土地规模小、经营收益低的情形下，地权不稳定并不是影响农户投资的主要因素。Bugri（2008）认为如果忽视非产权因素（资金、资源禀赋等），仅仅靠增加地权稳定性的政策并不能提高农业生产和环境可持续性。当种植户缺乏足够的认知、受到技术服务或资金的约束、缺少经济拉力，即便产权稳定，种植户也不一定会积极地养护耕地，产权因素仅是种植户养护耕地的一个必要条件。

结合实际可知：①随着我国承包权的稳定，仍然有较大数量的种植户并未采取耕地养护措施，这意味着其他更重要的因素（如技术、可见收益等）限制了种植户的行为；②对于土地产权相对不稳定的对象（如较短期限的租入户、2018 年以前新疆兵团国有农场种植户），也可以观察到较多地耕地养护行为，这显然不是受到客观产权因素（非种植户主观认知，如产权期限、合同形式等）的激励，其有可能因为自身所具备的新型农业经营主体特质（如规模大、管理技术水平高），使其易于掌握相关技术或服务，从中获取的收益抵消了产权因素的不利影响。

另外，产权因素的影响呈现"阶段性"。当种植户不了解相关行为或技术时，产权因素比较重要，种植户的有限理性能够通过产权因素得到缓解，因为种植户从"认识→了解→习得→使用→受益"需要较长的过程；而种植户一旦掌握了相关行为或技术，产权因素的影响会进一步削弱，特别是对于中短期投资，种植户行为表现出显著的"惯性"。

10 激励种植户养护耕地的
思考与启示

10.1 主要结论

(1) 改良土壤对农户存在相对显著的经济拉力，但需考虑规模和技术约束，增加地膜回收程度的经济拉力并不显著

针对近两年采纳土壤改良措施的农户而言，其产出平均会增加11.5千克/亩左右。从不同改良措施的作用效果来看，配方肥与土壤改良剂的增产效果比较显著，针对近3年改良了土壤的农户而言，如果农户采用配方肥或者土壤改良剂改良土壤，那么其平均产出可分别显著增加约11.448千克/亩和12.731千克/亩。土壤改良可以提高产出，但存在最优用量和最优配比问题，涉及用多少、怎么用、什么时候用的复杂技术问题；同时，有的改良措施增产效果较小以至于其对小规模户并无吸引力。随着地膜回收频率的增加，农户产出有所增加，但由于内部差异较大，使其并没有表现出显著的影响水平，增加地膜回收程度的经济拉力并没有那么显著，特别是在残膜污染并未超过"危害阈值"的情况下。

(2) 承包权过去不稳定以及承包权的代际流转并不影响承包户改良土壤，相对较长的规划期（预期是5年或以上）**能够激励承包户改良土壤**

土地调整次数、产权期限与承包户土壤改良行为显著正相关，与子女是否继续耕种显著负相关，在考虑技术经验后，这一变量不显著。土地调整次数较多的种植户通常年龄更大、经验更丰富、种植面积更大、专业化程度较高，种植户的经验、动机、专业化程度对土壤改良的影响超过了产权因素的影响。土地承包权的代际转移不是影响承包户改良土壤的关键因素，两者的负相关关系与子女继续耕种的家庭人力资本和社会资本水平较低有关。相对较长的规划期（可能是5年或以上），能够激励种植户养护耕地，因为政府已承担了相对长期的耕地质量保护投资。

(3) 承包权的代际流转促进了承包户增加地膜回收程度，与较长产权期限相关联的负面特征（较低的治污价值认知）**使产权期限在地膜回收中出现了反向影响**

土地调整次数与承包户地膜回收程度没有显著影响关系，产权期限与地膜回收程度显著负相关，子女耕种在1‰的水平上与地膜回收程度正相关，但在加入非正式规制变量后变得并不显著。由于产权期限长的承包户种植经验少、种植面积小、相对年轻、家庭人力资本和收入水平较高，未能感知到残膜对单产的负面影响以及棉田中严重的地膜污染状况，并且认为残膜不会影响耕地退出价值和出租价值。产权期限较长的承包户不能感知到额外的治污投入所带来的远期重置价值和作物收益，因而影响结果与预期不一致。

（4）在相对规范的市场化流转中，较长的耕作预期对租入户采取土壤改良措施比较重要；但对于无明显经济拉力且有环境规制的地膜回收行为，经营权稳定与否并不重要

新疆兵团国有农场的土地流转发生在亲子或亲戚之间的非正式流转比较少见，但合约期限在5年以上的样本比例（12.12%）远低于农村（25.51%）。经营权稳定性变量中，经营预期与新疆兵团种植户的改良行为显著正相关，但经营权稳定性各代理变量与地膜回收频率均无显著相关关系。这一结论与以承包户为研究对象的结论比较相似：产权稳定性对有经济拉力、无环境规制的耕地质量保护行为有正向促进作用，但与无显著经济拉力、有环境规制的耕地质量保护行为无显著相关关系。

（5）非市场化流转（亲子两代代际流转、亲朋好友非正式流转等）所表现出的经营权不稳定（不确定期限和零租金）阻碍了农村种植户耕地质量保护投资

农村土地流转主要表现为亲子两代的代际流转、亲朋好友的非市场化流转，不确定期限、零租金是非市场化流转的主要特征。经营权稳定性的代理变量中，是否确定期限、是否支付租金与农村种植户耕地质量保护投资均显著正相关，转入期限与投资程度正相关，但不影响种植户是否进行耕地质量保护投资。农村地区的非市场化流转所表现出的经营权不稳定确实阻碍了农户进行耕地质量保护投资，因为通过非市场化流转而获得土地的农户多以生存型经营为主，缺乏耕地质量保护等额外投资的动机。

（6）随着经营权流转正规化、市场化，租入户在耕地养护上不比承包户消极，产权期限较短也不是制约种植户养护耕地的决定性因素

土壤改良行为中，产权性质与土壤改良行为显著正相关，即租入地被改良的可能性显著高于承包地；产权性质与产权期限的交互项在10%的水平上显著为负，即承包地产权期限越长，其被改良的可能性越大。地膜回收行为中，产权性质与种植户的地膜回收行为显著负相关，即承包地回收地膜的频率显著更高；产权期限并未显著促进种植户提高地膜回收频率，与较长产权期限相关联的负面特征（较低的治污价值认知）使其产生了反向影响。另外，大规模、

年长的组别中租入户改良土壤比对应分组样本更积极,但地膜回收频率显著更低。

(7)尽管相对较长的规划期能够推动种植户改良土壤,但产权因素的激励作用仍然有限

首先,2018 年兵团土地调整前,即分期签订承包合同、赋予有限使用权的情形下,采取各种改良措施的种植户就已达 45.39%,这表明产权以外的因素(如政府技术推广)在过去的土壤改良中发挥了重要作用。其次,7.1.4 节中,加入"技术经验"这一变量时,模型的拟合度提升了约 40%,其中资金、技术、区域的影响都超过了产权因素的影响。9.7.1 节中,产权期限对于改良过土壤的种植户继续改良土壤没有显著作用,而对于没有改良过的种植户有显著激励作用。最后,尽管租入户的产权期限及预期耕种的时间较短,但租入户在土壤改良上反而比承包户更积极。

(8)除产权因素外,社会规范、技术因素、感知获利性主要解释了种植户的土壤改良行为,非正式规制(社会规范)能在较大程度上解释种植户的地膜回收行为

无论是土壤改良还是地膜回收,种植户的行为都存在典型的羊群效应,因为社会规范或非正式规制变量的影响系数相对较大。特别是对于地膜回收行为,非正式规制(社会规范)的引入使模型的拟合优度提升了约 50%(见 5.2.4 节),并且这一变量在所有相关模型中始终有较大的显著影响。另外,对于承包户而言,技术因素对种植户改良土壤的影响更关键,因为技术经验变量的引入,使模型的拟合优度提升 40%左右,同时资金也是重要的制约因素;对于租入户而言,社会规范和感知获利性更关键,因为这些变量的影响系数相对较大。

10.2　政策建议

在国家、农场、承包户和租入户多主体之间的多重委托代理关系下,除了赋予和引导经营主体签订相对稳定的合约、长期的产权外,应重点考虑规避委托代理风险的激励机制,从而弥补产权不稳定可能带来的不利影响,因为从更广泛的涵义上来看,地权不稳定总会客观存在。结合国内外经验和本研究结论,本书提出以下建议:

(1)加快耕地质量保护立法并加强执法力度

世界上主要国家会通过立法促进耕地质量保护:美国 1933 年和 1977 年分别颁布了《土壤保护法》和《土壤和水资源保护法》,制定了"耕地储备计划"

"土壤保持计划""用地和养地结合计划"等一系列计划；德国1962年和1996年分别颁布了《肥料法》和《肥料施用条例》，指导农户精准施肥；日本政府1949年和1952年也先后制定了《土地改良法》《耕地培养法》，建立了国家、县、农协三级组织的土地改良体系。目前国内耕地质量监测、评价、建设、保护等业务类标准数量少甚至空缺，仅有少数省份出台了专门的耕地质量保护条例，同时已有法律规范对农业经营主体的约束和指导作用不够。相较国外而言，我国耕地质量保护立法滞后并且依法执行力度不够，未能在促进经营主体保护和提升耕地质量中发挥积极作用。因此，未来政府需在统一种植标准的基础上加快耕地质量保护立法，整合现行耕地质量保护法律法规体系，建立耕地资源高质量发展保护机制和监管法律保障体系，实现依法施肥、依法耕作、依法治污，确保耕地质量稳中有升。

（2）强化产业基础并完善土地市场以促进土地高效、长期流转

市场化的土地流转（非零租金、非代耕代种）有利于耕地质量保护技术采纳，因为转入主体较强的经营者意识、较高的管理技术水平使其有意愿并有能力从耕地保护中快速获益。相较而言，国外的土地市场更加成熟，例如法国建立了土地事务所以及土地银行，土地的转让和出租必须经过土地事务所批准，土地事务所对小块土地有先买权，整治合并后卖给有经营前途的农民；土地银行购买土地后租给农民，订立长期租约以刺激投资。当前我国土地市场还不完善，出现非市场化流转的原因在于：①耕地细碎化、产业基础不足未能有效带动耕地价值提升导致土地需求不足。②土地及其服务市场还不完善导致供需不匹配。为了推动土地市场化流转，需强化区域农产品的产业基础，完善土地市场及信息服务平台。进一步引导土地流转主体签订相对长期的流转合同，解决租期过短（样本中5年以下租期占比较高）导致的投资不足问题。

（3）完善土地承包经营退出机制以提升耕地养护的远期价值

产权不稳定总是客观存在，例如国有农场职工短期内可能面临退休并退地、农村种植户因各种原因也可能在短期内退出农业经营，采取措施规避产权不稳定可能带来的不利影响更加重要。许多国家会约束耕地使用者的经营和退出行为，例如澳大利亚大部分国有土地被出租时设有比较严格的耕作要求，政府可因承租人未能按要求耕作而随时收回土地，耕地租赁到期时因改良而带来的土地升值归改良者所有。我国虽然对承包地做了类似规定，但政府并未就如何补偿、补偿标准做出明确规定，耕地退出补偿实践还比较滞后；同时土地流转中也并未明确耕地地力提升补偿，总的来说，我国现有规定以及合同的约束和激励作用不强。为了促进不同主体均能够养护耕地，在条件逐渐成熟（地力或污染可监测）的情况下，需明确耕地退出标准，包括如何补偿（惩罚）以及补偿（惩罚）标准等问题，并且拉动承包方和租入方建立养护耕地的契约，同时推动相关规定和契约的实施。

（4）提供技术支持和信息干预以提升经营主体的获益能力

长期产权的激励作用有限，原因在于种植户的有限理性使其不能认识到相关保护性技术的作用，并且认识成本过高使其愿意保持有限理性。对于有技术要求的养护措施，若经营主体存在技术约束，其将缺乏获益能力。因而政府需加快建立市场化的技术推广体系，推动农资企业＋农资销售商＋经营主体自上而下的技术服务链条，鼓励农资企业产品服务模式创新，缓解种植户的技术约束或服务约束，最终提升经营主体养护耕地的获益能力；同时，采取信息干预如奖励惩罚、知识宣传、建立示范区、树立典型等方式缓解小农的有限理性，向其传递耕地养护价值以及如何实施的信息。

（5）完善农村金融服务体系以缓解种植户的资金约束

资金是限制种植户投资程度的因素，样本中虽然65.64％的种植户获得了抵押贷款，但仍有71.38％的种植户存在资金约束。缓解种植户的资金约束，需要完善农村金融服务体系。美国的土地银行通过向种植户发放长期低息贷款，从而帮助农民改良土地。以此为鉴，我国应加快创新绿色信贷体系、完善抵押贷款机制以提高需方的贷款意愿和供方的供给意愿，从而激励种植户增加相关投资，最终提升耕地质量。

（6）加强对残膜回收再利用企业的引进与扶持

回收再利用企业是残膜治理中最关键一环，对于充分发挥市场机制来提高农户回收和交售残膜的积极性至关重要。市场机制未建立起来前，种植户回收残膜的行为存在显著的正外部性并需要通过补贴弥补种植户额外付出的成本。补贴有两方面的作用：一是知识效应，二是激励效应。前者在于改变不合理认知，通过宣传增强残膜的影响认识、通过土壤监测了解耕地的残膜污染状况，从而增强种植户自身的保护意识；后者在于弥补种植户额外付出的成本。随着回收再利用企业逐步体现其市场价值，种植户和企业的利益联结纽带建立，种植户的残膜回收行为逐步具有市场价值，可逐步减少或取消对农户和两委的补贴。因此，当前比较重要的是加强对回收再利用企业的引进和扶持，并在技术改造方面给予适当的资金支持。

（7）加大土壤监测力度以发挥回收残膜的市场价值

种植户回收残膜的市场价值可从两方面考虑：一是卖给企业获益，二是转让耕地时获得较高租金获益，而后者的发挥，依赖于土壤监测数据。当前主要是种植户的主观判断和相关经验起作用，但科学的监测数据能进一步改变租方和承租方的信息不对称，有助于逐步规范土地流转市场。因此，检测土壤环境及残膜残留量情况，并向种植户解读相关数据，对于逐步发挥回收残膜的市场价值有基础作用。目前，土壤检测的实施主体主要有政府和测土配方企业，政府测土宣传＋企业测土推广将能有效突显种植户回收残膜的市场价值。

（8）完善残膜交售质量标准和奖补政策，注重奖补资金及时性

残膜补贴发放中，补贴标准以交售的残膜量来衡量。而按公斤交售残膜，扣杂标准不统一增加了各主体的内耗，种植户的人力、运输成本以及企业的抖膜、清洗成本均可能有所增加，还易造成种植户、回收网点和企业之间的争议和矛盾。因此，针对此情况，回收再利用企业应制定统一的残膜回收质量标准，化解种植户与回收网点、企业之间的回收和收购矛盾，减轻企业再加工成本高的问题。另外，奖补政策需加强目标导向，对两委的考核应与种植户的考核形成方向一致的激励力，并注重两方面激励，一是田间到地头（同时考虑面积、残留量），二是地头到企业。同时，若要奖补资金发挥最大的激励效果，应在考核结束后尽快给予奖励补贴，并在全团范围内进行公示、口头表彰。这能大大降低两委及种植户对补贴的不确定性认知，并在全团范围内形成示范效应。

参 考 文 献

安希伋，1988. 论土地国有永佃制 [J]. 中国农村经济 (11)：22-25.

毕继业，朱道林，王秀芬，2010. 耕地保护中农户行为国内研究综述 [J]. 中国土地科学 (11)：77-80.

曹慧，赵凯，2018. 代际差异视角下粮农保护性耕作投入意愿的影响因素分析 [J]. 西北农林科技大学学报：社会科学版 (1)：115-123.

柴富成，2013. 新疆兵团农地制度变迁与绩效问题研究 [D]. 石河子：石河子大学.

陈海秋，2002. 改革开放前中国农村土地制度的演变 [J]. 宁夏社会科学，23 (5)：24-31.

陈和平，2018. 民国时期永佃权之没落及其在抗日根据地法中的表达 [J]. 南昌大学法律评论 (00)：260-287.

陈胜祥，黄祖辉，2013. 集体所有制一定会阻碍耕地质量保护吗？——基于认知视角的农户耕地质量保护行为研究 [J]. 青海社会科学 (2)：7-14.

陈铁，孟令杰，2007. 土地调整，地权稳定性与农户长期投资——基于江苏省调查数据的实证分析 [J]. 农业经济问题 (10)：4-11.

程锋，王洪波，郧文聚，2014. 中国耕地质量等级调查与评定 [J]. 中国土地科学 (2)：75-82.

程玲娟，邹伟，2022. 契约稳定性能否提升家庭农场耕地质量保护行为？——基于空间计量分析 [J]. 西南大学学报 (社会科学版)，48 (2)：107-119.

代国玺，2019. 休耕制与战国秦汉的土地制度 [J]. 社会科学 (10)：125-144.

董合干，刘彤，李勇冠，等，2013. 新疆棉田地膜残留对棉花产量及土壤理化性质的影响 [J]. 农业工程学报，29 (8)：91-99.

董栓成，2010. 农地产权载体创新研究：基于委托—代理视角 [J]. 中国软科学 (4)：169-176.

段龙龙，李涛，叶子荣，2016. 中国式耕地质量保护之谜：从市场逻辑到政策规制 [J]. 农村经济 (4)：25-31.

费红梅，唱晓阳，姜会明，2021. 政府规制、社会规范与农户耕地质量保护行为——基于吉林省黑土区的调查数据 [J]. 农村经济 (10)：53-61.

冯克云，王宁，南宏宇，等，2021. 水分亏缺下化肥减量配施有机肥对棉花光合特性与产量的影响 [J]. 作物学报，47 (1)：125-137.

冯晓龙，仇焕广，刘明月，2018. 不同规模视角下产出风险对农户技术采用的影响——以苹果种植户测土配方施肥技术为例 [J]. 农业技术经济，11：120-131.

高立，赵丛雨，宋宇，2019. 农地承包经营权稳定性对农户秸秆还田行为的影响 [J]. 资源科学，41（11）：1972-1981.

郜亮亮，黄季焜，2011a. 不同类型流转农地与农户投资的关系分析［J］. 中国农村经济（4）：9-17.

郜亮亮，黄季焜，Rozelle Scott，等，2011b. 中国农地流转市场的发展及其对农户投资的影响［J］. 经济学（季刊），10（4）：1499-1514.

郜亮亮，冀县卿，黄季焜，2013. 中国农户农地使用权预期对农地长期投资的影响分析［J］. 中国农村经济，（11）：24-33.

耿鹏鹏，2021."规模实现"抑或"技术耗散"：地权稳定如何影响农户农业生产效率［J］. 南京农业大学学报（社会科学版），21（1）：108-120.

耿元骊，2007. 唐宋土地制度研究［D］. 长春：东北师范大学.

耿元骊，2009. 唐宋土地制度与政策演变论纲［J］. 东北师大学报（哲学社会科学版）（5）：117-122.

桂华，2017. 土地制度、合约选择与农业经营效率——全国6垦区18个农场经营方式的调查与启示［J］. 政治经济学评论，8（4）：63-88.

桂华，2019. 论我国农地制度的变迁模式与绩效——基于农村与国有农场两类经验的比较［J］. 思想战线，45（3）：133-141.

韩立达，王艳西，韩冬，2017. 农地"三权分置"的运行及实现形式研究［J］. 农业经济问题（6）：6，9-16.

何凌云，黄季焜，2001. 土地使用权的稳定性与肥料使用——广东省实证研究［J］. 中国农村观察（5）：42-48.

何蒲明，魏君英，贺亚亚，2018. 粮食安全视阈下地力保护补贴问题研究［J］. 农村经济（9）：49-54.

何伟，韩飞，关瑞，等，2018. 滨海盐碱地不同施肥模式对棉花氮磷养分积累和产量的影响［J］. 水土保持学报，32（3）：295-300.

贺雪峰，2017. 国有农场对农村经营体制改革的启示［J］. 华中农业大学学报（社会科学版）（3）.

洪炜杰，罗必良，2018. 地权稳定能激励农户对农地的长期投资吗［J］. 学术研究，9：78-86，177.

胡乃娟，孙晓玲，许雅婷，等，2019. 基于Logistic-ISM模型的农户有机肥施用行为影响因素及层次结构分解［J］. 资源科学（6）：1120-1130.

黄季焜，冀县卿，2012. 农地使用权确权与农户对农地的长期投资［J］. 管理世界（9）：76-81.

霍瑜，张俊飚，陈祺琪，等，2016. 土地规模与农业技术利用意愿研究——以湖北省两型农业为例［J］. 农业技术经济（7）：19-28.

江激宇，张士云，李博伟，2018. 社会资本、流转契约与土地长期投资［J］. 中国人口·资源与环境，28（3）：67-75.

靳相木，杜茎深，2013. 耕地保护补偿研究：一个结构性的进展评论［J］. 中国土地科学，

27（3）：47－54.

巨晓棠，谷保静，2014. 我国农田氮肥施用现状、问题及趋势［J］. 植物营养与肥料学报，20（4）：783－795.

孔喆，陈英，黄思琴，等，2016. 农户土地意识分化对耕地保护行为的影响研究——以甘肃省凉州区为例［J］. 干旱区资源与环境（8）：30－35.

堀敏一，韩昇，1983. 唐代田地的租赁和抵押的关系——从租佃契约到典地契的诸形态［J］. 中国社会经济史研究（4）：76－87.

兰勇，蒋龟，何佳灿，2019. 三种流转模式下家庭农场土地经营权的稳定性比较研究［J］. 农业技术经济（12）：21－33.

李博，王瑞梅，2021a. 土地产权稳定性对农户耕地质量保护行为影响综述［J］. 资源科学，43（5）：909－920.

李博，王瑞梅，卢泉，2022. 经营权不稳定是否阻碍了农户耕地质量保护投资［J］. 农业技术经济（5）：105－116.

李博伟，2019. 土地流转契约稳定性对转入土地农户化肥施用强度和环境效率的影响［J］. 自然资源学报，34（11）：2317－2332.

李成龙，周宏，2020. 农户会关心租来的土地吗？——农地流转与耕地保护行为研究［J］. 农村经济（6）：33－39.

李恒全，2007. 汉代限田制说［J］. 史学月刊（9）：30－40.

李红梅，2010. 国有农场土地流转模式的探索［J］. 时代经贸（2）：20－21.

李隆伟，2016. 土地承包经营权确权对农民土地流转行为的影响研究［D］. 北京：中国农业大学.

李敏，2007. 农地制度改革的一种选择——新型永佃权制的思考［J］. 农业经济问题（8）：47－50.

李勤通，2019. 中国古代土地私有制的存否再辨——以所有权的公、私对抗性差异为主要判断标准［J］. 北京社会科学（3）：79－90.

李然嫣，陈印军，2017. 东北典型黑土区农户耕地保护利用行为研究——基于黑龙江省绥化市农户调查的实证分析［J］. 农业技术经济（11）：80－91.

李尚蒲，罗必良，2015. 农地调整的内在机理及其影响因素分析［J］. 中国农村经济（3）：18－33.

李卫，薛彩霞，姚顺波，等，2017. 保护性耕作技术，种植制度与土地生产率——来自黄土高原农户的证据［J］. 资源科学，39（7）：1259－1271.

李文军，王茂盛，2008. 论明清以来"一田两主"的地权关系及其改造［J］. 重庆科技学院学报（社会科学版）（1）：147－148.

李先东，李录堂，米巧，2018. 中国土地制度的历史追溯与反思［J］. 农业经济问题（4）：43－49.

李兆亮，罗小锋，丘雯文，2019. 经营规模，地权稳定与种植户有机肥施用行为——基于调节效应和中介效应模型的研究［J］. 长江流域资源与环境，28（8）：1918－1928.

李子琳，韩逸，郭熙，等，2019. 基于 SEM 的种植户测土配方施肥技术采纳意愿及其影响因素研究 [J]. 长江流域资源与环境，28（9）：2119 - 2129.

廖光珍，2003.1949 年前国民党土地政策述评 [J]. 贵州社会科学（1）：102 - 104.

梁流涛，翟彬，樊鹏飞，2016. 基于 MA 框架的农户生产行为环境影响机制研究——以河南省传统农区为例 [J]. 南京农业大学学报（社会科学版），16（5）：145 - 153.

梁庆鹏，2020. 探究元朝时期的农田土地制度 [J]. 新农业（22）：61 - 63.

林文声，王志刚，2018. 中国农地确权何以提高农户生产投资？ [J]. 中国软科学，5：91 - 100.

林祥瑞，1981. 试论永佃权的性质 [J]. 福建师范大学学报：哲学社会科学版（1）：117 - 124.

刘洪彬，王秋兵，吴岩，等，2018. 耕地质量保护中农户的认知程度，行为决策响应及其影响机制研究 [J]. 中国土地科学，32（8）：52 - 58.

刘瑞峰，梁飞，王文超，等，2018. 农村土地流转差序格局形成及政策调整方向——基于合约特征和属性的联合考察 [J]. 农业技术经济（4）：27 - 43.

刘帅，余晓洋，吴迪，2019. 粮食主产区种植户耕地质量保护情况调查研究——基于吉林省 446 户样本的分析 [J]. 经济纵横，2：79 - 87.

龙云，任力，2017. 农地流转制度对农户耕地质量保护行为的影响——基于湖南省田野调查的实证研究 [J]. 资源科学，39（11）：2094 - 2103.

卢现祥，朱巧玲，2012. 新制度经济学 [M]. 北京：北京大学出版社.

卢合全，唐薇，罗振，等，2021. 商品有机肥替代部分化肥对连作棉田土壤养分、棉花生长发育及产量的影响 [J]. 作物学报，47（12）：2511 - 2521.

罗佳，盛建东，王永旭，等，2016. 不同有机肥对盐渍化耕地土壤盐分、养分及棉花产量的影响 [J]. 水土保持研究，23（3）：48 - 53.

罗玉辉，2020. 新中国成立 70 年农村土地制度改革的历史经验与未来思考 [J]. 经济学家（2）：109 - 116.

吕博，孟庆忠，张成，等，2021. 复合微生物肥对棉花生长与产量的影响 [J]. 新疆农业科学，58（6）：1006 - 1011.

马进川，2018. 我国农田磷素平衡的时空变化与高效利用途径 [D]. 北京：中国农业科学院.

马三喜，陈彦彦，2012. 黑龙江垦区国有农场土地制度的现状、问题和法律对策 [J]. 兰州学刊（7）：206 - 208.

马贤磊，2008. 现阶段农地产权制度对农业生产绩效影响研究 [D]. 南京：南京农业大学.

马贤磊，2009. 现阶段农地产权制度对农户土壤保护性投资影响的实证分析——以丘陵地区水稻生产为例 [J]. 中国农村经济（10）：31 - 41.

马兴旺，赵靓，李磐，等，2020. 捡拾方式对绿洲棉田地膜残留和棉花产量的影响 [J]. 农业环境科学学报，39（10）：2489 - 2494.

牛新湘，蒲胜海，吴湘琳，等，2021. 棉区有机肥替代化肥对棉花产量及其构成因子的影响 [J]. 新疆农业科学，58（9）：1672 - 1677.

钱龙，洪名勇，2018. 为何选择口头式、短期类和无偿型的农地流转契约——转出户控制权偏好视角下的实证分析 [J]. 财贸研究，29（12）：48 - 59.

钱龙，冯永辉，陆华良，等，2019. 产权安全性感知对农户耕地质量保护行为的影响——以广西为例 [J]. 中国土地科学，33（10）：93 - 101.

钱龙，冯永辉，卢华，2021. 地权稳定性对农户耕地质量保护行为的影响——基于新一轮确权颁证调节效应的分析 [J]. 南京农业大学学报（社会科学版），21（2）：104 - 115.

乔金杰，王维，王鸿，2019. 耕地保护补贴政策托底机制的现实考量与实现路径——基于 70 年政策文本和社会政策的视角 [J]. 经济问题，8：11 - 17.

沈仁芳，陈美军，孔祥斌，等，2012. 耕地质量的概念和评价与管理对策 [J]. 土壤学报，49（6）：1210 - 1217.

苏柳方，张瑞，陆岐楠，等，2019. 土地所有权认知与耕地保护性投资 [J]. 农业现代化研究，40（4）：547 - 555.

孙超，刘爱玉，2017. 地权、阶级与市场——明清"一田二主"土地制度研究述评 [J]. 学术论坛，40（5）：70 - 76.

孙梵，2010. 唐宋至清末土地流转制度的正负效应分析 [J]. 审计与经济研究，25（4）：108 - 112.

孙浩维，杨德才，2020. 土地流转、合约治理与租佃效率——兼论民国时期租佃治理对当前农地流转的启示 [J]. 农村经济（7）：46 - 53.

孙小龙，2018. 产权稳定性对农地流转，投资和产出的影响研究 [D]. 北京：中国农业大学.

陶林，2009. 改革开放三十年的农村土地制度变迁 [J]. 生产力研究（12）：1 - 4.

田传浩，方丽，2013. 土地调整与农地租赁市场：基于数量和质量的双重视角 [J]. 经济研究，48（2）：110 - 121.

王静，霍学喜，贾丹花，2011. 绿色农产品生产中的机会主义与农户网络组织信任 [J]. 农业技术经济（2）：66 - 75.

王军，李萍，詹韵秋，等，2019. 中国耕地质量保护与提升问题研究 [J]. 中国人口·资源与环境，29（4）：87 - 93.

王宁，南宏宇，冯克云，2020. 化肥减量配施有机肥对棉田土壤微生物生物量、酶活性和棉花产量的影响 [J]. 应用生态学报，31（1）：173 - 181.

王淇韬，郭翔宇，2020. 感知利益、社会网络与农户耕地质量保护行为——基于河南省滑县 410 个粮食种植户调查数据 [J]. 中国土地科学，34（7）：43 - 51.

汪苏洁，贵会平，董强，等，2021. 有机肥替代对棉花养分积累、产量及土壤肥力的影响 [J]. 棉花学报，33（1）：54 - 65.

王相平，杨劲松，张胜江，等，2020. 石膏和腐植酸配施对干旱盐碱区土壤改良及棉花生长的影响 [J]. 土壤，52（2）：327 - 332.

王艳西，2018. 集体永佃制：理论基础、制度内涵与实现途径［J］. 西北农林科技大学学报：社会科学版，18（5）：9-17.

王有强，2008. 中国古代土地权利制度研究［D］. 咸阳：西北农林科技大学.

吴璟，昝梦莹，王征兵，2020. 感知价值对农户参与耕地质量保护意愿的影响——以陕西省为例［J］. 中国土地科学，34（6）：66-74.

吴滔，2004. 清代江南的一田两主制和主佃关系的新格局——以苏州地区为中心［J］. 近代史研究（5）：137-163，316-317.

武建国，1993. 汉代名田和授田析论［J］. 思想战线（4）：69-75.

乌音嘎，乌恩，吴澜，等，2021. 复合微生物肥对碱土生物学性状与土壤肥力的影响［J］. 中国土壤与肥料（1）：197-203.

谢冬水，黄少安，2011. 中国历史上永佃制与小农经济的延续——中国农业农场化经营的思考［J］. 江西财经大学学报（2）：89-95.

谢文宝，陈彤，刘国勇，2018. 乡村振兴背景下农户耕地质量保护技术采纳差异分析［J］. 改革，11：117-129.

谢宗藩，姜军松，2015. 中国农地产权制度演化：权力与权利统一视角［J］. 农业经济问题，36（11）：64-72，111-112.

许庆，章元，2005. 土地调整，地权稳定性与农民长期投资激励［J］. 经济研究，（10）：59-69.

徐阳，何新林，杨丽莉，等，2021. 残膜对棉田土壤水盐、氮素及产量的影响［J］. 水土保持学报，35（5）：312-319，327.

徐志刚，崔美龄，2021. 农地产权稳定一定会增加农户农业长期投资吗？——基于合约约束力的视角［J］. 中国农村观察（2）：42-60.

徐志刚，张骏逸，吕开宇，2018. 经营规模、地权期限与跨期农业技术采用——以秸秆直接还田为例［J］. 中国农村经济（3）：61-74.

薛建良，2018. 流转土地经营权稳定性评价——基于新型农业经营主体的视角［J］. 西北农林科技大学学报（社会科学版），18（2）：63-70.

薛政超，2016. 再论唐代均田制下的土地买卖［J］. 云南社会科学（1）：160-166，179.

严宾，1991. 商鞅授田制研究［J］. 复旦学报（社会科学版）（5）：46-52.

杨国宜，1984. 从元朝的法令看当时的土地制度［J］. 安徽师大学报（哲学社会科学版）（3）：51-58.

杨际平，2005. 唐宋土地制度的承继与变化［J］. 文史哲（1）：38-40，47.

杨际平，2021. 论北朝隋唐的土地法规与土地制度［J］. 中国社会科学（2）：144-164，207.

杨柳，吕开宇，阎建忠，2017. 土地流转对种植户保护性耕作投资的影响——基于四省截面数据的实证研究［J］. 农业现代化研究，38（6）：946-954.

杨志海，王雅鹏，麦尔旦，等，2015. 农户耕地质量保护性投入行为及其影响因素分析——基于兼业分化视角［J］. 中国人口资源与环境，25（12）：105-112.

杨志海，2018. 老龄化、社会网络与农户绿色生产技术采纳行为——来自长江流域六省农户数据的验证 [J]. 中国农村观察，4：44-58.

叶剑平，丰雷，蒋妍，等，2018. 2016 年中国农村土地使用权调查研究——17 省份调查结果及政策建议 [J]. 管理世界，34（3）：98-108.

应瑞瑶，何在中，周南，等，2018. 农地确权、产权状态与农业长期投资——基于新一轮确权改革的再检验 [J]. 中国农村观察（3）：110-127.

于振波，2005. 从张家山汉简看汉名田制与唐均田制之异同 [J]. 湖南城市学院学报（1）：69-74.

余威震，罗小锋，黄炎忠，等，2019. 内在感知、外部环境与农户有机肥替代技术持续使用行为 [J]. 农业技术经济，5：66-74.

余威震，罗小锋，李容容，等，2017. 绿色认知视角下农户绿色技术采纳意愿与行为悖离研究 [J]. 资源科学，39（8）：1573-1583.

余也非，1981. 宋元私田地租制度 [J]. 四川大学学报（哲学社会科学版）（3）：46-53.

俞海，黄季焜，Scott Rozelle，等，2003. 地权稳定性、土地流转与农地资源持续利用 [J]. 经济研究（9）：82-91，95.

俞海，2002. 农地制度及改革对土壤质量演变的影响 [D]. 北京：中国农业科学研究院农业经济研究所.

臧知非，周国林，耿元骊，等，2020. 唯物史观视阈下的中国古代土地制度变迁 [J]. 中国社会科学（1）：153-203，207-208.

张建，诸培新，南光耀，2019. 不同类型农地流转对农户农业生产长期投资影响研究——以江苏省四县为例 [J]. 南京农业大学学报（社会科学版），19（3）：96-104，158-159.

张江辉，白云岗，张胜江，等，2011. 两种化学改良剂对盐渍化土壤作用机制及对棉花生长的影响 [J]. 干旱区研究，28（3）：384-388.

张金龙，2017. 北魏均田制实施考论 [J]. 首都师范大学学报（社会科学版）（1）：1-20.

张锦鹏，2006. 宋朝租佃经济效率研究 [J]. 中国经济史研究（1）：72-78.

张亮，杨清望，2014. 民国时期永佃制的结构与功能新探 [J]. 学术界（12）：33-44，325.

张倩月，吕开宇，张怀志，2019. 农地流转会导致土壤肥力下降吗？——基于 4 省种粮大户测土结果的实证研究 [J]. 中国农业资源与区划，40（2）：31-39.

张文斌，黄思琴，陈英，2016. 基于 AMOS 模型的农户土地价值观对耕地保护行为的影响研究——以凉州区为例 [J]. 干旱区资源与环境（10）：59-64.

张亚飞，马小兵，2010. 从土地产权制度的嬗变看中国法律近代化——基于律文的分析 [J]. 山西大学学报（哲学社会科学版），33（6）：134-139.

赵丹丹，周宏，2017. 农村土地流转对农户耕地质量保护选择行为的影响研究 [J]. 价格理论与实践（11）：54-57.

赵丹丹，周宏，高富雄，2020. 农户分化、技术约束与耕地保护技术选择差异——基于

不同约束条件下的农户技术采纳理论分析框架［J］. 自然资源学报，35（12）：2956 -
2967.

赵婧文，张庆伟，李政，等，2019. 膜下滴灌施用生物有机肥对土壤盐分及棉花产量的影
响［J］. 中国农业科技导报，21（3）：102 - 108.

赵旭强，穆月英，陈阜，2012. 保护性耕作技术经济效益及其补贴政策的总体评价——来
自山西省农户问卷调查的分析［J］. 经济问题（2）：74 - 77.

郑淋议，罗箭飞，洪甘霖，2019. 新中国成立 70 年农村基本经营制度的历史演进与发展取
向——基于农村土地制度和农业经营制度的改革联动视角［J］. 中国土地科学，033
（12）：10 - 17.

郑淋议，钱文荣，刘琦，等，2021. 新一轮农地确权对耕地生态保护的影响——以化肥、
农药施用为例［J］. 中国农村经济（6）：76 - 93.

郑品芳，李佑新，2021. 中国共产党百年农村土地政策制度改革研究［J］. 湖南大学学报
（社会科学版），35（2）：9 - 16.

郑雄飞，黄一倬，2021. 从均田到集中：民生演化视角下的唐朝土地制度变迁研究［J］.
东岳论丛，42（3）：131 - 138.

郑彧豪，郑林，2017. 中国农地私有化的理论质疑及农地制度的创新设想［J］. 经济经纬，
34（3）：49 - 54.

郑中云，2020. 从“双层所有权”到“单一所有权”之变——民国时期永佃权在江苏地区
的继受［J］. 中国农业大学学报（社会科学版），37（1）：105 - 118.

钟甫宁，纪月清，2009. 土地产权、非农就业机会与农户农业生产投资［J］. 经济研究，
44（12）：43 - 51.

周力，王镱如，2019. 新一轮农地确权对耕地质量保护行为的影响研究［J］. 中国人口资
源与环境，29（2）：63 - 71.

朱道林，甘藏春，程建，2020. 论土地制度的公私矛盾［J］. 中国土地科学，34（10）：
1 - 7.

朱金儒，王振华，李文昊，等，2021. 长期膜下滴灌棉田残膜对土壤水盐、养分和棉花生
长的影响［J］. 干旱区资源与环境，35（5）：151 - 156.

朱玲，2018. 中国农业现代化中的制度尝试：国有农场的变迁［J］. 经济学动态（2）：
4 - 10.

邹伟，崔益邻，2019. 农地经营权稳定性对农业生产绩效的影响——基于中介效应模型的
分析［J］. 中国土地科学，33（7）：48 - 57.

Abdulai A，Owusu V，Goetz R，2011. Land tenure differences and investment in land im-
provement measures：Theoretical and empirical analyses［J］. *Journal of Development
Economics*，96（1）：66 - 78.

Abdulai A，Goetz R，2014. Time - related characteristics of tenancy contracts and investment
in soil conservation practices［J］. *Environmental and Resource Economics*，59（1）：87 -
109.

Adimassu Z, Langan S J, Johnston R M, et al, 2016. Understanding determinants of farmers' investments in sustainable land management practices in Ethiopia: review and synthesis. Environment [J]. *Development and Sustainability*, 18 (4): 1005 - 1023.

Akram N, Akram M W, Wang H, et al, 2019. Does land tenure systems affect sustainable agricultural development? [J]. *Sustainability*, 11 (14): 3925.

Ali A, Abdulai A, Goetz R, 2012. Impacts of tenancy arrangements on investment and efficiency: evidence from Pakistan [J]. *Agricultural Economics*, 43: 85 - 97.

Alston L J, Libecap G D, Schneider R, 1996. The determinants and impact of property rights: Land titles on the Brazilian frontier [J]. *The Journal of Law, Economics, and Organization*, 12 (1): 25 - 61.

Amsalu A, De Graaff J, 2007. Determinants of adoption and continued use of stone terraces for soil and water conservation in an Ethiopian highland watershed [J]. *Ecological economics*, 61 (2 - 3): 294 - 302.

Bambio Y, Agha S B, 2018. Land tenure security and investment: Does strength of land right really matter in rural Burkina Faso? [J]. *World Development*, 111: 130 - 147.

Battershill M R J, Gilg A W, 1997. Socio - economic constraints and environmentally friendly farming in the Southwest of England [J]. *Journal of Rural Studies*, 13 (2): 213 - 228.

Baumgartgetz A, Prokopy L S, Floress K, et al, 2012. Why farmers adopt best management practice in the United States: A meta - analysis of the adoption literature [J]. *Journal of Environmental Management*, 96 (1): 17 - 25.

Besley T, 1995. Property rights and investment incentives: Theory and evidence from Ghana [J]. *Journal of political Economy*, 103 (5): 903 - 937.

Brasselle A S, Gaspart F, Platteau J P, 2002. Land tenure security and investment incentives: puzzling evidence from Burkina Faso [J]. *Journal of Development Economics*, 67 (2): 373 - 418.

Broegaard R B, 2009. Land access and titling in Nicaragua [J]. *Development and Change*, 40 (1): 149 - 169.

Bugri J T, 2008. The dynamics of tenure security, agricultural production and environmental degradation in Africa: Evidence from stakeholders in north - east Ghana [J]. *Land Use Policy*, 25 (2): 271 - 285.

Burton R J F, 2004. Seeing through the 'good farmer's' eyes: towards developing an understanding of the social symbolic value of 'productivist' behaviour [J]. *Sociologia Ruralis*, 44 (2): 195 - 215.

Burton R J F, 2014. The influence of farmer demographic characteristics on environmental behaviour: A review [J]. *Journal of Environmental Management*, 135: 19 - 26.

Cary J W, Wilkinson R L, 1997. Perceived profitability and farmers' conservation behaviour

[J]. *Journal of Agricultural Economics*, 48 (1 - 3): 13 - 21.

Deci E L, 1971. Effects of externally mediated rewards on intrinsic motivation [J]. *Journal of Personality and Social Psychology*, 18 (1): 105.

Defrancesco E, Gatto P, Runge F, et al, 2008. Factors affecting farmers' participation in agri - environmental measures: A Northern Italian perspective [J]. *Journal of Agricultural Economics*, 59 (1): 114 - 131.

Deininger K, Jin S, 2006. Tenure security and land - related investment: Evidence from Ethiopia [J]. *European Economic Review*, 50 (5): 1245 - 1277.

Deininger K, Jin S, 2009. Securing property rights in transition: Lessons from implementation of China's rural land contracting law [J]. *Journal of Economic Behavior & Organization*, 70 (1 - 2): 22 - 38.

Ervin C A, Ervin D E, 1982. Factors Affecting the Use of Soil Conservation Practices - Hypotheses, Evidence, and Policy Implications [J]. *Land Economics*, 58 (3): 277 - 292.

Falconer K, 2000. Farm - level constraints on agri - environmental scheme participation: a transactional perspective [J]. *Journal of Rural Studies*, 16 (3): 379 - 394.

Fenske J, 2011. Land tenure and investment incentives: Evidence from West Africa [J]. *Journal of Development Economics*, 95 (2): 137 - 156.

Foguesatto C R, Rossi Borges J A, Dessimon Machado J A, 2020. A review and some reflections on farmers' adoption of sustainable agricultural practices worldwide [J]. *Science of the Total Environment*, 729: 138831.

Fraser E, 2004. Land tenure and agricultural management: Soil conservation on rented and owned fields in southwest British Columbia [J]. *Agriculture and Human Values*, 21 (1): 73 - 79.

Gao L, Sun D, Huang J, 2017. Impact of land tenure policy on agricultural investments in China: Evidence from a panel data study [J]. *China Economic Review*, 45: 244 - 252.

Gao L, Zhang W, Mei Y, et al, 2018. Do farmers adopt fewer conservation practices on rented land? Evidence from straw retention in China [J]. *Land Use Policy*, 79: 609 - 621.

Gao X, Li B, Jiang S, et al, 2021. Can increasing scale efficiency curb agricultural nonpoint source pollution? [J]. *International Journal of Environmental Research and Public Health*, 18 (16): 8798.

Garcia, Bruno, 2013. Implementation of a double - hurdle model [J]. *Stata Journal*, 13 (4): 776 - 794.

Gebremedhin B, Swinton S M, 2003. Investment in soil conservation in northern Ethiopia: the role of land tenure security and public programs [J]. *Agricultural Economics*, 29 (1): 69 - 84.

Ghebru H, Holden S T, 2015. Technical efficiency and productivity differential effects of land right certification: a quasi - experimental evidence [J]. *Quarterly Journal of International Agriculture*, 54 (1): 1 - 31.

Goldstein M, Udry C, 2008. The Profits of Power: Land Rights and Agricultural Investment in Ghana [J]. *Journal of Political Economy*, 116 (6): 981 - 1022.

Gould B W, Saupe W E, Klemme R M, 1989. Conservation Tillage - The Role of Farm and Operator Characteristics and the Perception of Soil - Erosion [J]. *Land Economics*, 65 (2): 167 - 182.

Govindasamy R, Cochran M J, Sharma J, et al, 1995. A comparison of conservation tillage to conventional tillage: An economic analysis [J]. *Proceedings of the* 1995 *Cotton Research Meeting and* 1995 *Summaries of Cotton Research in Progress*, 172: 90 - 94.

Greiner R, Patterson L, Miller O, 2009. Motivations, risk perceptions and adoption of conservation practices by farmers [J]. *Agricultural Systems*, 99 (2 - 3): 86 - 104.

Greiner R, Gregg D, 2011. Farmers' intrinsic motivations, barriers to the adoption of conservation practices and effectiveness of policy instruments: Empirical evidence from northern Australia [J]. *Land Use Policy*, 28 (1): 257 - 265.

Greiner R, 2015. Motivations and attitudes influence farmers' willingness to participate in biodiversity conservation contracts [J]. *Agricultural Systems*, 137: 154 - 165.

Haque Z, Jinan T, 2017. Land tenure and credit - a study in selected areas of Mymensingh [J]. *Journal of Environmental Science and Natural Resources*, 10 (2): 143 - 150.

Hayes J, Roth M, Zepeda L, 1997. Tenure security, investment and productivity in Gambian agriculture: A generalized probit analysis [J]. *American Journal of Agricultural Economics*, 79 (2): 369 - 382.

Heckman J J, 1978. Dummy Endogenous Variables in A Simultaneous Equation System [J]. *Econometrica*, 46 (4): 931 - 959.

Higgins D, Balint T, Liversage H, et al, 2018. Investigating the impacts of increased rural land tenure security: A systematic review of the evidence [J]. *Journal of Rural Studies*, 61: 34 - 62.

Holden S, Yohannes H, 2002. Land redistribution, tenure insecurity, and intensity of production: A study of farm households in southern Ethiopia [J]. *Land Economics*, 78 (4): 573 - 590.

Jacoby H G, Li G, Rozelle S, 2002. Hazards of expropriation: Tenure insecurity and investment in rural China [J]. *American Economic Review*, 92 (5): 1420 - 1447.

Jacoby H G, Mansuri G, 2008. Land tenancy and non - contractible investment in rural Pakistan [J]. *The Review of Economic Studies*, 75 (3): 763 - 788.

Jr. James H S, Hendrickson M K, 2008. Perceived economic pressures and farmer ethics [J]. *Agricultural Economics*, 38 (3): 349 - 361.

Kleemann L, 2016. The relevance of business practices in linking smallholders and large agro -

businesses in Sub - Sahara Africa [J]. *International Food and Agribusiness Management Review*, 19 (4): 65 - 77.

Kleijn D, Berendse F, Smit R, et al, 2001. Agri - environment schemes do not effectively protect biodiversity in Dutch agricultural landscapes [J]. *Nature*, 413 (6857): 723 - 725.

Knowler D, Bradshaw B, 2007. Farmers' adoption of conservation agriculture: A review and synthesis of recent research [J]. *Food Policy*, 32 (1): 25 - 48.

Lapar M, Pandey S, 1999. Adoption of soil conservation: the case of the Philippine uplands [J]. *Agricultural Economics*, 21 (3): 241 - 256.

Lastra - Bravo X B, Hubbard C, Garrod G, et al, 2015. What drives farmers' participation in EU agri - environmental schemes: Results from a qualitative meta - analysis [J]. *Environmental Science & Policy*, 54: 1 - 9.

Lawin K G, Tamini L D, 2019. Land Tenure Differences and Adoption of Agri - Environmental Practices: Evidence from Benin [J]. *Journal of Development Studies*, 55 (2): 177 - 190.

Lee L K, Stewart W H, 1983. Landownership and the Adoption of Minimum Tillage [J]. *American Journal of Agricultural Economics*, 65 (2): 256 - 264.

Leonhardt H, Penker M, Salhofer K, 2019. Do farmers care about rented land? A multi - method study on land tenure and soil conservation [J]. *Land Use Policy*, 82: 228 - 239.

Li B, Wang R, Lu Q, 2022. Land Tenure and Cotton Farmers' Land Improvement: Evidence from State - Owned Farms in Xinjiang, China [J]. *International Journal of Environmental Research and Public Health*, 19 (1): 117.

Lin J, 1992. Rural Reforms and Agricultural Growth in China [J]. *American Economic Review*, 82 (1): 34 - 51.

Liu H, Zhou Y, 2018. Farmers' Cognition and Behavioral Response towards Cultivated Land Quality Protection in Northeast China [J]. *Sustainability*, 10 (6): 1905.

Lovo S, 2016. Tenure Insecurity and Investment in Soil Conservation. Evidence from Malawi [J]. *World Development*, 78: 219 - 229.

Lynne G D, Shonkwiler J S, Rola L R, 1988. Attitudes and Farmer Conservation Behavior [J]. *American Journal of Agricultural Economics*, 70 (1): 12 - 19.

Lyu K, Chen K, Zhang H, 2019. Relationship between land tenure and soil quality: Evidence from China's soil fertility analysis [J]. *Land Use Policy*, 80: 345 - 361.

Ma X, Heerink N, van Ierland E, et al, 2013. Land tenure security and land investments in Northwest China [J]. *China Agricultural Economic Review*, 5 (2SI): 281 - 307.

Ma X, Heerink N, Feng S, et al, 2015. Farmland tenure in China: Comparing legal, actual and perceived security [J]. *Land Use Policy*, 42: 293 - 306.

Ma W, Abdulai A, Goetz R, 2018. Agricultural Cooperatives and Investment in Organic Soil

Amendments and Chemical Fertilizer in China [J]. *American Journal of Agricultural Economics*, 100 (2): 502-520.

Macours K, de Janvry A, Sadoulet E, 2010. Insecurity of property rights and social matching in the tenancy market [J]. *European Economic Review*, 54 (7): 880-899.

Mcconnell K E, 1983. An Economic - Model of Soil Conservation [J]. *American Journal of Agricultural Economics*, 65 (1): 83-89.

Mcguire J M, Morton L W, Jr. Arbuckle J G, et al, 2015. Farmer identities and responses to the social - biophysical environment [J]. *Journal of Rural Studies*, 39: 145-155.

Muraoka R, Jin S, Jayne T S, 2018. Land access, land rental and food security: Evidence from Kenya [J]. *Land Use Policy*, 70611-70622.

Myyra S, Ketoja E, Yli - Halla M, et al, 2005. Land improvements under land tenure insecurity: The case of pH and phosphate in Finland [J]. *Land Economics*, 81 (4): 557-569.

Nahayo A, Omondi M O, Zhang X, et al, 2017. Factors influencing farmers' participation in crop intensification program in Rwanda [J]. *Journal of Integrative Agriculture*, 16 (6): 1406-1416.

Osgood O T, 1941. Some Observations on the Relation of Farm Land Tenure to Soil Erosion and Depletion [J]. *The Journal of Land & Public Utility Economics*, 17 (4): 410-422.

Paltasingh K R, 2018. Land tenure security and adoption of modern rice technology in Odisha, Eastern India: Revisiting Besley's hypothesis [J]. *Land Use Policy*, 78: 236-244.

Pavlis E S, Terkenli T S, Kristensen S B P, et al, 2016. Patterns of agri - environmental scheme participation in Europe: Indicative trends from selected case studies [J]. *Land Use Policy*, 57: 800-812.

Prokopy L S, Floress K, Arbuckle J G, et al, 2019. Adoption of agricultural conservation practices in the United States: Evidence from 35 years of quantitative literature [J]. *Journal of Soil and Water Conservation*, 74 (5): 520-534.

Rao F, Spoor M, Ma X, et al, 2020. Perceived land tenure security in rural Xinjiang, China: The role of official land documents and trust [J]. *China Economic Review*, 60: 101038.

Reimer A P, Weinkauf D K, Prokopy L S, 2012. The influence of perceptions of practice characteristics: An examination of agricultural best management practice adoption in two Indiana watersheds [J]. *Journal of Rural Studies*, 28 (1): 118-128.

Rivers D, Vuong Q H, 1988. Limited Information Estimators and Exogeneity Tests for Simultaneous Probit Models [J]. *Journal of Econometrics*, 39 (3): 347-366.

Roodman D, 2011. Fitting fully observed recursive mixed - process models with cmp [J].

Stata Journal，11 (2)：159 - 206.

Sklenicka P，Molnarova K J，Salek M，et al，2015. Owner or tenant：Who adopts better soil conservation practices? [J]. *Land Use Policy*，47：253 - 261.

Smith R E，2004. Land tenure，fixed investment，and farm productivity：Evidence from Zambia's southern province [J]. *World Development*，32 (10)：1641 - 1661.

Soule M J，Tegene A，Wiebe K D，2000. Land tenure and the adoption of conservation practices [J]. *American Journal of Agricultural Economics*，82 (4)：993 - 1005.

Teshome A，2014. Tenure security and soil conservation investment decisions：empirical evidence from East Gojam，Ethiopia [J]. *Journal of Development and Agricultural Economics*，6 (1)：22 - 32.

Teshome A，de Graaff J，Ritsema C，et al，2016. Farmers' perceptions about the influence of land quality，land fragmentation and tenure systems on sustainable land management in the north western Ethiopian highlands [J]. *Land Degradation & Development*，27 (4)：884 - 898.

Van Dijk W F A，Lokhorst A M，Berendse F，et al，2016. Factors underlying farmers' intentions to perform unsubsidised agri - environmental measures [J]. *Land Use Policy*，59：207 - 216.

Van Gelder J L，2010. What tenure security? The case for a tripartite view [J]. *Land use policy*，27 (2)：449 - 456.

Wang H，Tong J，Su F，et al，2011. To reallocate or not：Reconsidering the dilemma in China's agricultural land tenure policy [J]. *Land Use Policy*，28 (4)：805 - 814.

Wang Y，Li X，Li W，et al，2018. Land titling program and farmland rental market participation in China：Evidence from pilot provinces [J]. *Land Use Policy*，74：281 - 290.

Wauters E，Bielders C，Poesen J，et al，2010. Adoption of soil conservation practices in Belgium：an examination of the theory of planned behaviour in the agri - environmental domain [J]. *Land Use Policy*，27 (1)：86 - 94.

Wooldridge J M，2015. Control Function Methods in Applied Econometrics [J]. *Journal of Human Resources*，50 (2)：420 - 445.

Xin L，Li X，2019. Rental rates of grain land for consolidated plots and their determinants in present - day China [J]. *Land Use Policy*，86：421 - 426.

Xu H，Huang X，Zhong T，et al，2014. Chinese land policies and farmers' adoption of organic fertilizer for saline soils [J]. *Land Use Policy*，38：541 - 549.

Xu H，Zhao Y，Tan R，et al，2017. Does the Policy of Rural Land Rights Confirmation Promote the Transfer of Farmland in China? [J]. *Acta Oeconomica*，67 (4)：643 - 660.

Zhang L，Cheng W，Cheng E，et al，2020. Does land titling improve credit access? Quasi - experimental evidence from rural China [J]. *Applied Economics*，52 (2)：227 - 241.

Zhou Y，Shi X，Heerink N，et al，2019. The effect of land tenure governance on technical efficiency：evidence from three provinces in eastern China [J]. *Applied Economics*，51 (22)：2337 - 2354.

Zikhali P，2010. Fast Track Land Reform Programme，tenure security and investments in soil conservation：Micro - evidence from Mazowe District in Zimbabwe [J]. *Natural Resources Forum*，34 (2)：124 - 139.

附　　录

表 A-1　关于稳定土地承包关系的表述

来源	内容
1984 年中央 1 号文件	土地承包期一般应在十五年以上。生产周期长的和开发性的项目，如果树、林木、荒山、荒地等，承包期应当更长一些。在延长承包期以前，群众有调整土地要求的，可以本着"大稳定，小调整"的原则，经过充分商量，由集体统一调整。
1993 年《中共中央、国务院关于当前农业和农村经济发展的若干政策措施》	在原定的耕地承包期到期之后，再延长三十年不变。开垦荒地、营造林地、治沙改土等从事开发性生产的，承包期可以更长。为避免承包耕地的频繁变动，防止耕地经营规模不断被细分，提倡在承包期内实行"增人不增地、减人不减地"的办法。
2007 年中央 1 号文件	坚持农村基本经营制度，稳定土地承包关系，规范土地承包经营权流转，加快征地制度改革。
2008 年中央 1 号文件	稳定农村土地承包关系，认真开展延包后续完善工作；严格执行土地承包期内不得调整、收回农户承包地的法律规定。
2009 年中央 1 号文件	赋予农民更加充分而有保障的土地承包经营权，现有土地承包关系保持稳定并长久不变；坚决禁止和纠正违法收回农民承包土地的行为。
2010 年中央 1 号文件	加快制定具体办法，确保农村现有土地承包关系保持稳定并长久不变；加快构建农村土地承包经营纠纷调解仲裁体系。
2012 年中央 1 号文件	加快修改完善相关法律，落实现有土地承包关系保持稳定并长久不变的政策；健全土地承包经营纠纷调解仲裁制度；完善农村集体土地征收有关条款。
2013 年中央 1 号文件	抓紧研究现有土地承包关系保持稳定并长久不变的具体实现形式，完善相关法律制度；加强农村土地承包经营纠纷调解仲裁体系建设。
2014 年中央 1 号文件	稳定农村土地承包关系并保持长久不变；赋予农民对承包地占有、使用、收益、流转及承包经营权抵押、担保权能。
2015 年中央 1 号文件	要明确现有土地承包关系保持稳定并长久不变的具体实现形式，界定农村土地集体所有权、农户承包权、土地经营权之间的权利关系。

（续）

来源	内 容
2018 年中央 1 号文件	落实农村土地承包关系稳定并长久不变政策，衔接落实好第二轮土地承包到期后再延长 30 年的政策。
2019 年中央 1 号文件	保持农村土地承包关系稳定并长久不变，研究出台配套政策指导各地明确第二轮土地承包到期后延包的具体办法，确保政策衔接平稳过渡；完善落实集体所有权、稳定农户承包权、放活土地经营权的法律法规和政策体系。
2020 年中央 1 号文件	完善农村基本经营制度，开展第二轮土地承包到期后再延长 30 年试点，在试点基础上研究制定延包的具体办法。
2021 年中央 1 号文件	坚持农村土地农民集体所有制不动摇，坚持家庭承包经营基础性地位不动摇，有序开展第二轮土地承包到期后再延长 30 年试点，保持农村土地承包关系稳定并长久不变。

表 A-2 中央 1 号文件中关于土地确权的表述

年份	内 容
2008 年	确保农村土地承包经营权证到户；加快建立土地承包经营权登记制度。
2009 年	稳步开展土地承包经营权登记试点。
2010 年	要求全面落实承包地块、面积、合同、证书"四到户"，扩大农村土地承包经营权登记试点范围。
2012 年	稳步扩大农村土地承包经营权登记试点。
2013 年	用 5 年时间基本解决地块面积不准、四至不清等问题。
2014 年	抓紧抓实农村土地承包经营权确权登记颁证工作；可以确权确地，也可以确权确股不确地。
2015 年	要抓紧抓实土地承包经营权确权登记颁证工作，扩大整省推进试点范围，总体上要确地到户，从严掌握确权确股不确地的范围。
2016 年	要继续扩大农村承包地确权登记颁证整省推进试点。
2017 年	加快推进农村承包地确权登记颁证，扩大整省试点范围。
2018 年	全面完成土地承包经营权确权登记颁证工作，实现承包土地信息联通共享。
2019 年	在基本完成承包地确权登记颁证工作基础上，开展"回头看"，做好收尾工作，妥善化解遗留问题，将土地承包经营权证书发放至农户手中。

表 A-3　经营权流转的有关规定

阶段	来源	内　容
明令禁止阶段 （1978—1988 年）	1982 年《宪法》	第十条，任何组织或者个人不得侵占、买卖、出租或者以其他形式非法转让土地。
	1984 年中央 1 号文件	承包地可以转包，但不允许买卖与出租。
解禁阶段 （1988—2003 年）	1988 年《宪法》修正案	第十条修改为：任何组织或者个人不得侵占、买卖或者以其他形式非法转让土地，土地的使用权可以依照法律的规定转让。
	1993 年《中共中央、国务院关于当前农业和农村经济发展的若干政策措施》	在坚持土地集体所有和不改变土地用途的前提下，经发包方同意，允许土地的使用权依法有偿转让。
规范化阶段 （2003 年以后）	2003 年《农村土地承包法》	承包方可以自主决定依法采取出租（转包）、入股或者其他方式向他人流转土地经营权。
	2013 年《中共中央、国务院关于加快发展现代农业进一步增强农村发展活力的若干意见》	鼓励和支持承包土地向专业大户、家庭农场、农民合作社流转。

表 A-4　中央 1 号文件中关于"三权"分置的表述

年份	内　容
2014 年	赋予农民对承包地占有、使用、收益、流转及承包经营权抵押、担保权能，要求在落实农村土地集体所有权的基础上，稳定农户承包权、放活土地经营权，实现所有权、承包权、经营权"三权"分置。
2015 年	要抓紧修改农村土地承包方面的法律，界定农村土地集体所有权、农户承包权、土地经营权之间的权利关系，保障好农村妇女的土地承包权益。
2016 年	要完善"三权"分置办法，依法推进土地经营权有序流转。
2017 年	落实农村土地集体所有权、农户承包权、土地经营权"三权"分置办法。
2018 年	完善农村承包地"三权"分置制度，在依法保护集体土地所有权和农户承包权前提下，平等保护土地经营权。

表 A-5 "三权"分置以来中央 1 号文件中关于经营权流转和使用的指导意见

年份	内　容
2015 年	引导土地经营权规范有序流转，创新土地流转和规模经营方式，积极发展多种形式适度规模经营；鼓励发展规模适度的农户家庭农场；引导农民专业合作社拓宽服务领域，促进规范发展；推进农业产业化示范基地建设和龙头企业转型升级；引导农民以土地经营权入股合作社和龙头企业；鼓励工商资本发展适合企业化经营的现代种养业、农产品加工流通和农业社会化服务；做好承包土地的经营权抵押担保贷款试点工作。
2016 年	鼓励发展股份合作，引导农户自愿以土地经营权等入股龙头企业和农民合作社，采取"保底收益＋按股分红"等方式，让农户分享加工销售环节收益，建立健全风险防范机制。在风险可控前提下，稳妥有序推进农村承包土地的经营权抵押贷款试点。
2017 年	大力培育新型农业经营主体和服务主体，通过经营权流转、股份合作、代耕代种、土地托管等多种方式，加快发展土地流转型、服务带动型等多种形式规模经营。深入推进承包土地的经营权抵押贷款试点。
2018 年	农村承包土地经营权可以依法向金融机构融资担保、入股从事农业产业化经营；实施新型农业经营主体培育工程，培育发展家庭农场、合作社、龙头企业、社会化服务组织和农业产业化联合体，发展多种形式适度规模经营。
2019 年	健全土地流转规范管理制度，发展多种形式农业适度规模经营，允许承包土地的经营权担保融资；抓好家庭农场和农民合作社两类新型农业经营主体，启动家庭农场培育计划，开展农民合作社规范提升行动，深入推进示范合作社建设，建立健全支持家庭农场、农民合作社发展的政策体系和管理制度。
2020 年	重点培育家庭农场、农民合作社等新型农业经营主体，培育农业产业化联合体，通过订单农业、入股分红、托管服务等方式，将小农户融入农业产业链。推动温室大棚、养殖圈舍、大型农机、土地经营权依法合规抵押融资。鼓励发展多种形式适度规模经营，健全面向小农户的农业社会化服务体系。
2021 年	突出抓好家庭农场和农民合作社两类经营主体，鼓励发展多种形式适度规模经营；实施家庭农场培育计划，把农业规模经营户培育成有活力的家庭农场。推进农民合作社质量提升，加大对运行规范的农民合作社扶持力度。

注：作者根据资料整理。

表 A-6 子女继续耕种的影响因素

变量	系数	标准误	T 值	P 值	显著性
所在连队子女耕种水平	1.684	0.236	7.120	0.000	***
土地调整次数	0.231	0.146	1.580	0.113	

（续）

变量	系数	标准误	T 值	P 值	显著性
产权期限	0.004	0.061	0.070	0.943	
户主年龄	−0.005	0.007	−0.730	0.464	
家庭最高学历	−0.177	0.049	−3.600	0.000	***
基层干部	−0.330	0.150	−2.200	0.028	**
种植经验	0.006	0.007	0.920	0.360	
棉地面积	0.002	0.002	0.770	0.443	
专业化程度	−0.035	0.153	−0.230	0.816	
风险偏好	0.120	0.067	1.790	0.074	*
区域变量	−0.247	0.119	−2.070	0.038	**
感知获利性	−0.034	0.092	−0.370	0.708	
家庭收入	−0.082	0.092	−0.890	0.376	
资金约束	−0.080	0.111	−0.720	0.471	
政府技术指导	0.214	0.105	2.040	0.041	**
企业技术服务	−0.043	0.099	−0.440	0.660	
技术服务约束	−0.020	0.100	−0.200	0.843	
政府投入	−0.028	0.164	−0.170	0.865	
补贴感知	0.184	0.108	1.700	0.089	*
社会规范	−0.094	0.067	−1.410	0.160	
常数项	−0.372	0.518	−0.720	0.473	
N	847				
LR chi2	126.33***				
伪 R^2	0.117				
工具变量的 F 值	6.94***				

注：***、**、*分别表示在1%、5%、10%水平上显著。

表 A-7　不同性质产权对不同改良措施的影响结果（单一方程估计）

变量	有机肥	微生物肥	配方肥	有机化肥	土壤改良剂	其他
产权性质	0.284 (0.233)	−0.072 (0.233)	−0.121 (0.237)	0.674*** (0.242)	0.154 (0.270)	−0.584* (0.327)
产权期限	0.018** (0.008)	−0.014* (0.008)	−0.010 (0.008)	0.014* (0.008)	0.017* (0.009)	−0.022** (0.010)

土地产权与种植户耕地质量保护行为研究

（续）

变量	有机肥	微生物肥	配方肥	有机化肥	土壤改良剂	其他
产权性质 * 产权期限	−0.030	−0.003	0.007	−0.060**	−0.002	−0.032
	(0.027)	(0.027)	(0.029)	(0.030)	(0.029)	(0.063)
区域变量	控制	控制	控制	控制	控制	控制
N	550	550	550	550	550	550
LR 卡方	33.04**	32.64**	45.07***	71.27***	49.65***	31.19**
伪 R^2	0.045	0.046	0.062	0.098	0.091	0.068

注：***、**、*分别表示在 1%、5%、10%水平上显著。

图书在版编目（CIP）数据

土地产权与种植户耕地质量保护行为研究：以新疆生产建设兵团国有农场植棉户为例 / 李博，王瑞梅著．—北京：中国农业出版社，2023.9
ISBN 978-7-109-30899-2

Ⅰ.①土… Ⅱ.①李… ②王… Ⅲ.①棉花－耕地保护－研究－新疆 Ⅳ.①F323.211

中国国家版本馆 CIP 数据核字（2023）第 131698 号

中国农业出版社出版

地址：北京市朝阳区麦子店街 18 号楼
邮编：100125
责任编辑：王秀田　　文字编辑：张楚翘
版式设计：王　晨　　责任校对：张雯婷
印刷：北京中兴印刷有限公司
版次：2023 年 9 月第 1 版
印次：2023 年 9 月北京第 1 次印刷
发行：新华书店北京发行所
开本：700mm×1000mm　1/16
印张：13.5
字数：253 千字
定价：88.00 元